CATALOGUE

DE LA RICHE COLLECTION

D'ESTAMPES

ET

DE DESSINS

COMPOSANT LE CABINET

DE FEU

M. F. VAN DEN ZANDE

Officier de la Légion-d'honneur, ancien administrateur des Douanes,

Rédigé par F. GUICHARDOT.

———

PARIS,

CHEZ F. GUICHARDOT, MARCHAND DE DESSINS ET D'ESTAMPES,

RUE DE GRAMMONT, 13.

———

1855

CATALOGUE

DU CABINET

DE FEU

M. F. VAN DEN ZANDE.

VENTE

Le Lundi 30 Avril 1855 et jours suivants,

heure de midi,

HÔTEL DES COMMISSAIRES-PRISEURS,

rue Drouot, 5,

Salle n° 3, au premier étage.

EXPOSITION PUBLIQUE

Salle n° 1, le dimanche 29 avril 1855, de midi à quatre heures,
des principaux morceaux de la collection.

Commissaires-priseurs.

M. GUÉRIN, rue du Hasard-Richelieu, 9.
M. DELBERGUE-CORMONT, rue de Provence, 8.

CATALOGUE

DE LA RICHE COLLECTION

D'ESTAMPES

ET

DE DESSINS

COMPOSANT LE CABINET

DE FEU

M. F. VAN DEN ZANDE

Officier de la Légion-d'honneur, ancien administrateur des Douanes,

Rédigé par F. GUICHARDOT.

PARIS,

CHEZ F. GUICHARDOT, MARCHAND DE DESSINS ET D'ESTAMPES,

RUE DE GRAMMONT, 13.

1855

Ce Catalogue se distribue :

Aix-la-Chapelle...	Buffa frères.
Amsterdam.......	J. A. Brondgeest.
	Buffa et fils.
	Buffa frères.
	W. Gruyter.
	C. F. Roos.
Augsbourg........	F. Ebner.
Basle...........	H. Fisher.
	J. L. Fuchs et Cie.
Berlin...........	J. F. Linck.
	A. Meyer.
	Rocca frères.
	Schenk et Gerstaecker.
Bonn............	Ad. Marcus.
Brême...........	H. Helmers.
	J. G. Heyse.
	H. L. J. Kraus.
Breslau..........	W. G. Korn.
	Max et Cie.
	Trewend et Granier.
Brunswick.......	E. Leibrock.
Bruxelles........	Heris.
	B. Vander Kolk.
	Etienne Leroy.
	C. Muquardt.
Carlsruhe........	Kunstverlag.
Cassel...........	W. Appel.
Cologne..........	Eisen.
	J. M. Heberle.
	Kraus et Rothe.
	Rommerskirchen.
Copenhague......	A. F. Höst.
	T. Lind.
	C. C. Lose et Delbanco
	P. W. Olsen.
	C. A. Reitzel.
	Schubothe.
Crefeld..........	Gehrich et Cie.
Dantzick.........	L. Homann.
	Kabus.
	F. A. Weber.
Darmstadt.......	J. C. Diehl.
Dorpat..........	E. F. Karow.
Dresde..........	E. Arnold.
	A. Reichel.
Dusseldorf.......	Buddeus.
	J. Schaub.
	A. E. W. Schulgen.
Flensbourg.......	Buinuh et Cie.
Francfort-s.-le-Mein	F. A. C. Pres el.
	Schmerber.
Gottingue........	Dieterich.
Hambourg........	B. S. Behrenzsohn.
	Commeter.
	G. Heubel.
	Makler C. Meyer.
Hanovre........C.	Schrader's Nacholger.
Inspruck.........	F. Unterberger.
Kiel.............	Th. Klose.
Kœnisberg.......	W. Koch.
	Pfitzer et Heilmann.
Leipsick..........	C. G. Börner.
	C. F. Köhler.
	Kössling.
	Voigt.
	R. Weigel.
	T. O. Weigel.
Liège............	Avanzo.
	Ch. Van Marck.
Londres..........	Dom. Colnaghi et Cie.
	A. E. Evans et fils.
	Graves et Cie.
	Tiffin.
	White.
Lubeck..........	V. Rohden.
Magdebourg......	F. Kaegelmann.
	Aug. Quednow.
Mannheim........	Artaria et Fontaine.
	G. Fritsch.
Mayence.........	V. V. Zabern.
Moscou..........	M. Arlt.
Munich..........	J. Aumüller.
	F. Gypen.
	L. V. Montmorillon.
	D. Nagler.
	C. F. Zeller.
Munster.........	Coppenrath
	Wundermann.
Nuremberg.......	Börner.
	J. A. Stein.
Oldenbourg.......	Schulze.
Paderborn......	W. Crüwell.
Posen...........	E. S. Mittler.
Postdam.........	Gropius.
Prague..........	Credner et Kleinbub.
Rotterdam.......	Lamme.
Schwerin........	Oertzen et Schloepke.
Stockholm.......	C. E. Fritze.
	Bonnier.
Stuttgard........	J. Ebner.
	J. Weise.
	A. Liesching et Cie.
Tubingue........	L. F. Fues.
Turin...........	J. B. Maggi.
Vienne..........	Artaria et Cie.

PARIS, IMPRIMERIE DE A. GUYOT ET SCRIBE,
rue Neuve-des-Mathurins, 18.

ORDRE DE LA VENTE.

On commencera à une heure très-précise, en suivant l'ordre
numérique. Cependant, comme les œuvres de Boissieu, d'Ostade et
de Rembrandt présentent un grand nombre de pièces, il n'en sera
vendu que trente par jour, dans l'ordre des numéros. Chaque va-
cation sera précédée de l'exposition des pièces qui devront être
vendues dans la journée; cette exposition aura lieu de dix à onze
heures.

Conditions de la Vente :

Elle aura lieu au comptant.

Les acquéreurs payeront cinq centimes par franc en sus du
prix des adjudications.

ERRATA.

12,   Beham (B.), *au lieu de* mort à Rome en 1520, *lisez* : mort à Rome en 1540.

18,   151, *au lieu de* eu lieu de A. C. N., *lisez* : au lieu de A. C. IN. (Annibal Carrache *invenit*.)

28,   332, *au lieu de* Vue du port de Dozieu près de Lyon, *lisez* : Vue du pont de Dorieu près de Lyon.

30,   Boissieu (Jean-Jacques de), *au lieu de* mort dans la même, *lisez* : mort dans la même ville en 1810.

93,   839, *au lieu de* renfermé dans une cartouche, *lisez* : renfermé dans un cartouche.

97,   876, *au lieu de* François Delboc Sylvius, *lisez* : François Deleboo Sylvius.

110,   1095, *au lieu de* Iodocus Citermans, *lisez* : Iudocus Citermans.

120,   Earlom (R.), mort à Londres vers, *ajoutez* : 1790.

126,   1145, *au lieu de* Jaliot de Crébillon, *lisez* : Joliot de Crébillon.

127,   1152, *au lieu de* d'après Demoustier, *lisez* : d'après Dumoustier.

149,   *au lieu de* clair-obscur de trois couleurs, *lisez* : Pièces en clair-obscur de trois couleurs.

163,   1478, *au lieu de* Très-belles épreuves, *lisez* : Très-belle épreuve.

166,   1506, *au lieu de* et la marge du premier morceau, portant le titre, coupée, *lisez* : la marge du premier morceau, portant le titre, est coupée.

180,   Frey (Jean de), *au lieu de* : mort à Paris en 1734, *lisez* : mort à Paris en 1634.

189,   1703 à 1706 compris, *au lieu de* cabinet P. Visscher, de Bâle, *lisez* : cabinet P. Vischer, de Bâle.

202,   Montagna (B.), *au lieu de* florissait à Vienne, *lisez* : florissait à Vicence.

205,   1830, *au lieu de* avant l'adresse de Baset, *lisez* : avant l'adresse de Basset.

206,   1843, *au lieu de* d'après Z. Fouquier, *lisez* : d'après J. Fouquier.

208,   1861, dans la note, *au lieu de* la Sybille de Cumes, *lisez* : la Sibylle de Cumes.

219,   1953, *au lieu de* au-dessus du bras droit de la mère, *lisez* : au-dessous du bras droit de la mère.

254,   2262, *au lieu de* très-belles épreuves, *lisez* : très-belle épreuve.

277,   2461, *au lieu de* Belle épreuve, *lisez* : Belles épreuves.

284,   2524, *au lieu de* d'après son frère Antoine Bouzannet, *lisez* : d'après son frère Antoine Bouzonnet.

L'année dernière a vu se disperser la collection de
livres que feu M. Van den Zande, ancien administrateur
des douanes, s'était plu à réunir durant un espace de
cinquante années. Les estampes qui composaient le cabinet de cet amateur distingué vont suivre le même sort,
et leur mérite est assez généralement connu pour que
nous n'ayons pas besoin de stimuler à cet égard l'atten-
tion des connaisseurs. Tant de morceaux précieux, enlevés jadis au feu des enchères sur les champs de bataille
de la France et de l'Étranger, vont se retrouver en lice.

Heureux les vainqueurs ! — Quant à nous, ce ne sera pas sans un serrement de cœur que nous verrons disparaître de nos yeux telle estampe rare, telle eau-forte témoin unique du génie du maître, et que nous étions habitué à saluer comme une vieille connaissance.

On a beaucoup écrit sur les gravures ; on a rédigé de nombreux catalogues ; on a traité *des estampes* sous toutes leurs faces, et rarement on s'est occupé *de l'es-tampe* en elle-même, c'est-à-dire de sa condition propre, et des règles qui président à la formation d'une collection respectable. En toucher quelques mots, c'est encore faire l'éloge du cabinet de M. Van den Zande : il était difficile en pareille matière, comme en tout ce qui tenait à l'art en général. « Ce qui est bientôt fait est bientôt vu, » disait David à ses élèves ; « ce qui est rapidement collectionné est bientôt parcouru, » peut-on dire avec autant de raison. Aussi, les portefeuilles que nous offrons aux amateurs, résultats de patientes recherches, offraient-ils, dans leur classement méthodique, l'histoire de l'art de la gravure, et tel morceau, d'une importance secondaire par lui-même, tirait-il son intérêt de la place qu'il occupait, de la lacune qu'il avait été appelé à remplir.

Les moyens avec lesquels un artiste a cherché à produire un certain effet par la pointe ou le crayon, et y a réussi quelquefois d'une manière étonnante, étant très-simples, puisqu'ils sont le résultat de la seule opposition du noir et du blanc, c'est encore la simplicité qui doit présider à la mise en relief de son œuvre. C'est contrairement aux règles du bon goût qu'on a vu, au milieu du siècle dernier (époque où, à la vérité, la surcharge d'ornements était le type de l'élégance), les estampes entourées de filets d'or et encadrées dans un triple trait soutenu d'un lavis en couleur. Le sieur Glomy avait la vogue en ce genre : il coupait impitoyablement les estampes sur le trait de la composition pour les assujétir à cette convenance, et nous déplorons les mutilations qu'il a fait subir aux belles pièces qui ont passé par ses mains. Cela s'appelle encore *glomiser* parmi les iconophiles. Aujourd'hui on s'y entend mieux ; plus de ces dorures qui nuisent aux effets que l'artiste a voulu rendre : on reconnaît que le ton chaud d'une eau-forte ancienne, opposé à celui plus tranquille d'un papier sur lequel elle est fixée, suffit pour donner aux travaux tout le ressort dont ils sont susceptibles.

De tout temps les amateurs d'estampes se sont plu à s'entourer des objets de leur prédilection : ils les placent sous verre et montrent avec orgueil les pièces capitales des maîtres, dont la vue est pour eux la source d'un plaisir toujours renaissant. Nous n'avons pas le courage de les blâmer ; mais qui ne sait aujourd'hui que la lumière, qui absorbe tout à la longue, exerce une action désastreuse et incessante sur le noir d'impression, dont elle pompe la partie huileuse pour n'en laisser subsister que l'âcreté (1)? — M. Van den Zande ne l'ignorait pas; aussi, ses beaux morceaux, acquis à grands frais et sortis intacts de collections renommées, ont-ils conservé toute leur fraîcheur primitive dans ses portefeuilles, où ils reposaient en paix pour ne voir le jour qu'à certains moments.

C'est alors que nous passions en revue ces maîtres célèbres, qui ne laisseront à ceux qui vont admirer leurs productions que l'embarras du choix : PESNE, le savant traducteur de Nicolas Poussin, leur offrira la plus belle épreuve connue de son *Testament d'Eudamidas*, provenant des cabinets Scitivaux et Debois, tirée avant les contre-tailles sur la hampe de la lance; G. F. SCHMIDT, le *Portrait de Mignard*, avant toute lettre, morceau de réception de son auteur à l'Académie; P. PONTIUS, le *Saint Roch implorant la miséricorde divine pour les pestiférés* et la *Reine Tomyris plongeant la tête de Cyrus dans un bain de sang*, superbes épreuves; J. SUYDERHOEF, l'interprète un peu âpre, mais fidèle d'Adrien van Ostade, le *Coup de couteau*, d'après ce maître, épreuve rarissime avant toute adresse et avant diverses modifications dans les travaux; ADRIEN VAN OSTADE lui-même, son *œuvre complet*, dont la plupart des pièces présentent

---

(1) On nous fit remarquer un jour une eau-forte de Rembrandt encadrée qui, soumise à une lumière intense, avait déposé contre le verre qui la recouvrait, la silhouette de la composition au tiers de vigueur de l'épreuve elle-même.

jusqu'à cinq ou six variantes, notamment le *Goûter*,
(Bartsch, n° 50), épreuve magnifique avant les vers de
Tibulle; C. VISSCHER, le génie de la gravure hollandaise,
la *Fricasseuse*, morceau de la plus grande beauté, avant
toute indication d'éditeur, le *Portrait de Bouma,* superbe épreuve dite *avec le livre blanc;* J. J. DE BOIS-
SIEU, ses eaux-fortes pures, d'une excessive rareté, notamment le *Portrait de l'artiste*, les *Bulles de savon,*
épreuve sur papier de Chine presque unique, le *Peintre
au chevalet,* avec la tête de l'enfant, etc.; J. CALLOT, ses
Supplices, épreuve de premier état d'une beauté extraordinaire, ses *Misères de la guerre,* avant les vers et
avant les numéros; MARC-ANTOINE RAIMONDI, l'élève
chéri de Raphaël, quelques-uns de ses chefs-d'œuvre,
notamment la *Bacchanale*, diamant de la collection
(Cette surprenante épreuve nous rappelle que son heureux possesseur, avant de tourner le feuillet qui allait
nous l'offrir, se levait pieusement pour tirer le verrou
de son cabinet, afin d'en interdire la vue aux profanes.);
J. CLAESSENS, la *Femme hydropique,* avant toute lettre;
SCHELTE A. BOLSWERT, *Hérodiade,* superbe épreuve
avant la lettre, le *Satyre portant des fruits,* rarissime
avant la lettre et divers travaux; G. EDELINCK, la *Sainte
Famille,* avant les armes, et le *Portrait de Ch. Colbert, marquis de Croissy,* de premier état (M. Robert
Dumesnil ne connaissait de cette condition que l'é-
preuve appartenant à M. Forster); enfin Rembrandt, le

Paysage aux trois arbres, magnifique épreuve provenant du cabinet Révil, le *Juif à la rampe*, la *Descente de croix*, etc., etc.

Nous en passons, et des meilleurs, sans avoir parlé des dessins, qui répondent au reste; mais cette nomenclature excéderait les bornes d'une simple notice. Les connaisseurs y suppléeront, et nous croyons rendre service en leur offrant l'occasion, qui ne se présentera peut-être pas de longtemps, d'acquérir ce qu'ils chercheront souvent sans espoir de le rencontrer jamais.

F. H.

CATALOGUE
DES ESTAMPES

ET

DES DESSINS

COMPOSANT LE CABINET DE FEU

M. VAN DEN ZANDE

ADMINISTRATEUR DES DOUANES

AKEN (JEAN VAN), peintre et graveur à l'eau-forte; né en Hollande, vers 1614.

1. Différents chevaux, suite de six pièces (B. 1 à 6). Très-belles épreuves, tirées avant que l'adresse de *Clément Ionge*, au premier morceau, n'ait été effacée et remplacée par celle de *J. Bormeester*, qui a été supprimée dans le dernier état. Cabinets William Esdaile et Debois.

2. Les voyageurs à cheval (B. 17). Très-belle épreuve, tirée avant que le nom du maître, à gauche sur les eaux, n'ait été effacé; mais elle est coupée près du trait carré.

3. Même sujet. Belle épreuve, tirée après que le nom du maître a été effacé; sur le ciel, à la gauche du haut : *P. Pot;* à droite, dans le bas de la marge : 4.

4. Vues du Rhin, suite de quatre pièces, savoir : les Paysans en conversation au haut de la colline;

1

l'Homme portant un paquet sur le dos; la Pêche aux
écrevisses; le Repos des Voyageurs (B. 18 à 21).
Belles épreuves du deuxième état, avec l'adresse de
Nicolas Visscher, au premier morceau. Cabinet Turin,
de Lyon.

AKERSLOOT (WILLEM OU GUILLAUME), peintre et graveur; né à
Harlem vers 1600.

5. Stellion changé en lézard par Cérès, d'après J. Van
de Velde. Pièce rare. Superbe épreuve.

ALBERTI (CHERUBIN), peintre et graveur au burin; né à Borgo
San-Sepolcro en 1552; mort à Rome en 1615.

6. La sainte Famille, sainte Elisabeth et saint Jean-
Baptiste (B. 38). Morceau en hauteur, composé de
sept figures, dont deux anges dans le ciel. Très-rare et
belle épreuve du premier état, inconnue à Bartsch,
avant les mots : *Cum priuilegio summi pontificis*,
dans la marge à gauche.

ALDEGREVER (HENRI), peintre et graveur; né à Soest, en
Westphalie, en 1502; mort dans la même ville, vers 1562.

7. Ève debout, tenant un fruit de la main gauche (B. 12).
Très-belle épreuve, mais mal conservée.

8. Ammon renvoyant Thamar avec mépris (B. 24);
Absalon invite le roi David et ses frères à un festin
(B. 26). Deux pièces. Epreuves doublées.

9. Trois pièces de l'histoire de Suzanne : les Vieillards
accusant Suzanne d'adultère (B. 31); les Vieillards
convaincus de faux témoignage par le jeune David
(B. 32); les Vieillards lapidés par le peuple (B. 33).

10. La Nativité, 1553. (B. 39). Très-belle épreuve. Cabinet Delbecq, de Gand.

11. Hercule (B. 97). Epreuve sans le chiffre du graveur;
état non mentionné par Ad. Bartsch. Cabinet Delbecq, de Gand.

12. Adam condamné à cultiver la terre (B. 138). Belle
épreuve.

13. Jean Van Leyden. 1536. (B. 182). Morceau rare.
Très-belle épreuve.

ALES (. . . . . . :), dessinateur et graveur à l'eau-forte et au burin, moderne.

14. Quatre pièces : trois paysages, une marine. Belles épreuves à toutes marges.

ALIAMET (Jacques), graveur à l'eau-forte et au burin; né à Abbeville, en 1727 ou 1728; mort à Paris en 1788.

15. La Philosophie endormie. Très-beau morceau en hauteur, d'après Greuze. Rare et superbe épreuve avant la dédicace et l'adresse du graveur; elle a de grandes marges.

16. Même sujet. Belle épreuve avec la dédicace à madame Greuze, et avec l'adresse d'Aliamet.

17. Le Massacre des Innocents, d'après le tableau de Ch. Lebrun, de la galerie du duc d'Orléans. Belle épreuve.

18. Le départ pour le Sabbat, et l'arrivée au Sabbat, d'après D. Teniers. Belles épreuves avec l'adresse du graveur.

ALIGNY (Claude-Félix-Théodore CARUELLE), peintre et graveur à l'eau-forte; né à Chaumes en 1798.

19. Campagne de Rome. Vue prise sur l'ancienne voie des tombeaux. Très-belle épreuve sur papier de Chine fixé; elle est à toutes marges.

ALLEMAND (Louis-Hector), amateur, peintre et graveur à l'eau-forte, né en 1809, à Lyon, où il réside.

20. L'intérieur d'un bois (Le Bl. 12). Belle épreuve; elle est teintée au lavis par le graveur.

ALMELOVEEN (Jean), peintre et graveur à l'eau forte hollandais; florissait dans le 17ᵉ siècle.

21. Vue de villages hollandais, suite de douze estampes : Capel (B. 1); Iaarsveld (B. 2); Langerack (B. 3); Krimpen (B. 4); de Hoeck van Kleyr Ammers (B. 5); Loopick (B. 6); Thienhoven by Ameyde (B. 7); Groot Ammers (B. 8); Schoonhoven (B. 9); Lekker-Kerck (B. 10); Lexemond (B. 11); Streeskerck (B. 12). Superbes épreuves, avec marges.

22. Différents paysages, suite de six pièces numérotées
de 1 à 6, savoir : le petit Port (B. 21), deux épreuves :
la première, *non décrite* par Bartsch, est avant quelques travaux au burin, à la gauche du devant, dans les
parties ombrées, et avant le n° 1 ; la seconde, avec le
numéro et les travaux additionnels. Les Moissonneurs
(B. 22), trois épreuves : la première, *non décrite*, est
avant le n° 2 ; la deuxième avec le numéro, mais avant
les contre-tailles sur le groupe de quatre arbres qu'on
voit à gauche au delà du champ de blé ; la troisième
entièrement terminée. Le Moulin à vent (B. 23), deux
épreuves : la première avec le n° 3, mais avant la totalité des travaux sur le ciel ; la seconde terminée. La
Promenade (B. 24), deux épreuves : la première *non
décrite*, avant divers travaux sur la montagne du fond
et au premier plan, et avant le n° 4 ; la seconde avec
le numéro et entièrement terminée. La Barque à voile
(B. 25), épreuve avec le n° 5. Les cinq Voyageurs
(B. 26), deux épreuves : la première avec le n° 6, mais
avant que les travaux sur les parties ombrées de la
montagne du fond, à gauche, n'aient été raccordés ; la
seconde terminée. (En tout 12 estampes.)

23. Trois pièces de la suite des quatre paysages (B. 33
à 36). Le numéro 33 manque. Très-belles épreuves.

ALTDORFER (ALBERT), peintre et graveur, né à Altdorf en
1488 ; mort à Ratisbonne en 1538.

24. Le Repos en Egypte (B. 5). Très-belle épreuve.

25. La Vierge (B. 13). Superbe épreuve.

26. Le Jugement de Pâris (B. 36). Superbe épreuve.

27. Deux satyres se battant pour une nymphe (B. 38).
Très-belle épreuve.

28. La Fable de la Marguerite poétique (B. 43). Très-
belle épreuve.

AMATO (FRANÇOIS), peintre et graveur à l'eau-forte ; né e
Italie, dans le 17ᵉ siècle.

29. Saint Joseph (B. 2). Belle épreuve.

ANDREA (Zoan ou Jean), graveur italien ; florissait dans les premières années du 16ᵉ siècle.

30. La Danse de quatre femmes (B. 18). Très-belle épreuve.

ANDREANI (André), peintre et graveur en camaïeu, et éditeur ; né à Mantoue, vers 1540 ; mort en 1623 ou 1626.

31. Les Honneurs rendus à Psyché, d'après Jos. Salviati (B. sect. 7, n° 26.) Très-belle épreuve du deuxième état, avec la marque du graveur.

ANGELI (Jean-Baptiste d'), surnommé *Torbido del Moro*, peintre et graveur à l'eau-forte ; né à Vérone ; florissait vers le milieu du 16ᵉ siècle.

32. Repos en Egypte (B. 3). Belle épreuve du premier état, avant l'adresse : *Apud Camocium*, sur la terrasse, au-dessous du pied gauche de la Vierge. Elle porte, au verso, la signature *P. Mariette* et la date de 1668.

33. Le même sujet. Belle épreuve du deuxième état, avec l'adresse de l'éditeur.

34. Sainte Famille, d'après Jules Romain (B. 11). Très-belle épreuve.

35. Saint Roch (B. 14). Très-belle épreuve.

36. Trucia, d'après Bernard Campi (B. 30). Très-belle épreuve sur papier bleu.

ANGELI (Marc d'), surnommé *Torbido del Moro*, peintre et graveur à l'eau-forte ; fils du précédent.

37. La Sibylle Tiburtine (B. 3). Rare et très-belle épreuve du premier état, *non décrit*, avant l'adresse : *Apud Camocium*, au milieu du bas.

38. Le même sujet. Belle épreuve du deuxième état, avec l'adresse de l'éditeur.

AQUILA (Pierre), peintre et graveur ; né à Palerme, vers 1677.

39. La sainte Famille. Petite pièce en hauteur. Très-belle épreuve.

ARDELL (James-Mac), graveur en manière noire ; né en Irlande, vers 1710 ; mort à Londres en 1765.

40. Le Portrait en pied de Rubens, ayant à côté de lui

sa femme qui mène un enfant à la lisière. Morceau en hauteur, d'après le tableau de P. P. Rubens. Très-belle épreuve du premier état, avant la lettre.

ASPAR (. . . . .), artiste allemand sur lequel on n'a pas de notions.

41. Un sujet d'histoire. Morceau en hauteur, très-rare. Fort belle épreuve.

AUBERT père (Pierre-Eugène), graveur à l'eau-forte et au burin; né à Paris en 1788.

42. Ulysse abordant à l'île des Phéaciens, d'après P. P. Rubens. Belle épreuve sur papier de Chine.

AUDRAN (Girard ou Gérard), dessinateur et graveur à l'eau-forte et au burin; né à Lyon en 1640; mort à Paris en 1703.

43. Dieu apparaissant à Moïse, au milieu du buisson ardent, d'après Raphaël. Très-belle épreuve du premier état, avant la lettre; seulement les noms d'auteurs. Elle a de la marge. Cabinet Debois.

44. Enée sauvant son père de l'embrasement de Troie, d'après le Dominiquin. Belle épreuve.

AUDRAN (Benoît et Jean), frères, graveurs à l'eau-forte et au burin; nés à Lyon, le premier en 1661, le second en 1667. Benoît mourut à Lonzouer, près de Sens, en 1721; Jean, à Paris, en 1756.

45. Six sujets de l'histoire d'Alexandre : le Passage du Granique, la Bataille d'Arbelles, la Famille de Darius, Porus attaqué par l'armée d'Alexandre, la Défaite de Porus, et l'Entrée triomphante d'Alexandre dans Babylone. Ces six morceaux sont d'après Charles Le Brun. Très-belles épreuves.

AUDRAN (Jean).

46. Galatée, d'après C. Maratti. Rare et superbe épreuve avant toutes lettres; elle a de la marge.

47. Cupidon vient au secours de Psyché, d'après Ant. Coypel. Très-rare et belle épreuve avant la lettre et avant les armes; elle a de la marge.

48. Victor-Marie comte d'Estrées, d'après N. Largillière. Très-belle épreuve, à toutes marges.

AUDRAN (Benoît), fils du précédent, dessinateur et graveur à l'eau-forte et au burin; né à Paris en 1700; mort dans la même ville en 1772.

49. Concert champêtre, d'après A. Watteau. Très-belle épreuve, avec l'adresse de F. Chereau.

AUDROUIN (Pierre), graveur au burin, né à Paris, en 1768.

50. Cavalier assis près d'une dame, à laquelle il offre de l'argent, d'après Terburg. Très-belle épreuve avant la lettre; seulement les noms d'auteurs.

51. Portrait de Mme Vigée Le Brun, d'après un tableau peint par elle-même. Belle épreuve.

AVELINE (Pierre), dessinateur et graveur à l'eau-forte et au burin; né à Paris en 1710; mort en 1760.

52. La Famille, d'après A. Watteau. Très-belle épreuve.

BAECK (Elias), dessinateur et graveur; né à Lauhauch, en Carinthie, en 1680; mort à Augsbourg en 1747.

53. Six paysages, en hauteur, ornés de figures et d'animaux. A l'un de ces morceaux, représentant une forêt où est un chasseur, dans la marge à gauche : *Ieri* ! *Wolff. exc. : Aug. vin;* au milieu, un n° 2 ; à droite : *Elias Bæck. sc.* Suite rare. Epreuves provenant du cabinet Rigal.

BAILLU (Pierre de), graveur au burin; né à Anvers, vers 1614, mort dans la même ville, on ne sait en quelle année.

54. Honoré d'Urfé, gentilhomme de la chambre, auteur de l'Astrée, d'après Antoine Van Dyck. Très-belle épreuve du premier état, avant que l'adresse de Jean Meyssens n'ait été effacée.

BAKHUISEN (Ludolf *ou* Louis), peintre et graveur à l'eau-forte; né à Embden en 1631; mort à Amsterdam en 1709.

55. Le bord de la mer; sur le devant, à gauche, un marchand de poissons, debout entre deux matelots assis à terre (B. 2). Superbe épreuve, avec marge.

56. La mer bordée dans le lointain par la vue d'Amsterdam, qui s'étend sur toute la largeur de la planche (B. 4). Superbe épreuve.

57. Vaisseau s'avançant à pleines voiles vers le specta-

teur; à l'horizon, la ville d'Amsterdam (B. 5). Superbe épreuve, avec marge.

58. Vue d'une partie d'un port de mer; sur le devant, un homme pousse une brouette chargée de paquets (B. 9). Superbe épreuve, avec marge.

BALECHOU (Jean-Joseph), graveur au burin; né à Arles en 1715; mort à Avignon en 1764.

59. La sœur de Mme Aved. Elle est représentée un rouet sur les genoux et filant; d'après Aved peintre du roi. Deux épreuves : la première avant toutes lettres, et avant que l'encadrement n'ait été terminé; la seconde avec la lettre.

60. Jean de Jullienne, amateur célèbre, d'après de Troy, le père. Très-belle épreuve.

61. Charles Rollin, recteur de l'Université de Paris, et professeur d'éloquence, d'après C. Coypel. Belle épreuve du premier état, avant les adresses des éditeurs successifs : N. B. de Poilly et L. Surugue, graveurs, et Denos, ingénieur-géographe, dans la marge du bas. Cabinet Debois.

62. Le calme, d'après Joseph Vernet. Très-rare épreuve avant toutes lettres; elle est doublée sur une feuille de papier.

BARBARY (Jacques de), dit *le Maître au Caducée*, peintre et graveur au burin; né en Allemagne selon les uns, en Italie selon les autres, dans la deuxième moitié du xvᵉ siècle.

63. Le sacrifice à Priape (B. 19). Superbe épreuve, extrêmement rare à rencontrer de cette beauté. Cabinet P. Vischer, de Bâle.

BARBIERE (Dominique del), peintre et graveur à l'eau-forte et au burin; né à Florence en 1501; l'année de sa mort n'est pas connue.

64. Cléopâtre debout, tenant un aspic, près d'un sarcophage, sur lequel on voit les lettres D. F. Pièce non décrite par Bartsch. Hauteur, 26 c. 1 m.; largeur, 12 c. 1 m. Superbe épreuve.

BARBIERI (Jean-François), dit *le Guerchin*, peintre et graveur à l'eau forte; né à Cento en 1590; mort à Bologne en 1666.

65. Saint Antoine de Padoue (B. 1). Belle épreuve; la marge du bas coupée.

BARGAS (A. F.), peintre et graveur à l'eau forte; né à Bruxelles, vers la fin du xviie siècle.

66. Halte de cavaliers à la porte d'un cabaret. Belle épr.

67. Halte de gens de la campagne devant la porte d'une hôtellerie. Dans la marge à gauche, *P. Bout inuen*; du côté opposé : *F. Bargas fecit*. Très-belle épreuve.

68. La foire à la porte d'une ville, d'après Pierre Bout. Très-belle épreuve de premier état. Avant le titre : *Marché de Campagne*; et avant l'adresse de *Bazan, graveur*.

BARLOW (François), peintre et graveur à l'eau forte; né en Angleterre, dans la première moitié du xviie siècle.

69. Suite d'oiseaux de diverses espèces. En quinze pièces, y compris le titre, sur lequel on lit, en onze lignes, sur une draperie : *Multæ et diversæ Avium species Multifarijs Formis et Pernaturalebus Figuris per Franciscum Barlovium Anglum Artis Pingendi celeberimæ Philomusum Indigenam Londinensem. Lond. : Printed et sould by P. Stent at y whit horse in Gilt spur street betwixt Newgate and Pye-corner 1655. With aditions* (1). Rares et très-belles épreuves du premier état; avant le changement d'adresse et les travaux au burin dans les parties ombrées; elles ont des marges.

70. La même suite. Belles épreuves du deuxième état, avec les travaux additionnels. Au premier morceau, on lit cette adresse : *London printed and sould by John Overton at the white horse without Newgate with new aditions* 1671.

71. Nouvaux livre d'oyseaux dessinée au naturel. *F. B. delin : J. Gole exc : cum Privilegio ordin : Hollandiæ*, etc. Sept pièces. Très-belles épr. Cabinet Rigal.

(1) Soit dit une fois pour toutes, nous citons textuellement, sans rien changer à l'ortographe, les titres et les lettres des estampes.

BAROCHE (Frédéric), peintre et graveur à l'eau-forte et au burin; né à Urbin en 1528; mort à Rome en 1612.

72. L'Annonciation (B. 1). Superbe épreuve, extrêmement rare de cette beauté.

73. Le même sujet. Epreuve ordinaire.

74. La Vierge assise (B. 2). Belle épreuve.

BARTOLI (Pietro-Santi), peintre et graveur; né à Pérouse en 1635; mort à Rome en 1700.

75. La Promenade pontificale. Jolie pièce en hauteur; très-belle épreuve.

76. La Continence de Scipion, d'après Jules Romain. Très-belle épreuve; elle porte, au verso, la signature de *P. Mariette* et la date de 1668.

BARY (Henri), graveur au burin; né à Anvers, vers 1625; l'année de sa mort n'est pas connue.

77. Vieille femme vidant son pot de chambre par la fenêtre, d'après F. Mieris. Superbe épreuve du premier état, avant l'adresse d'E. Koning.

78. Jacob Dirksz Brouver. Très-belle épreuve.

79. Mathieu van Gherwen, J. U. D., d'après Gérard Terburg. Superbe épreuve avec marge; l'inscription mise à la plume.

BASSE (Willem ou Guillaume), dessinateur et graveur à l'eau-forte; né dans les Pays-Bas, vers le commencement du xvii᷎ siècle.

80. Saint Jérôme dans sa cellule. Il est assis devant une table, lisant dans un livre placé sur un pupître. Ce morceau, en hauteur, sans nom de graveur, est d'après Albert Durer, dont il porte le chiffre avec l'année 1512.

BAST (Pierre), dessinateur et graveur; né en Hollande, dans la deuxième moitié du xvi᷎ siècle.

81. La parabole du semeur. Au milieu, Jésus-Christ avec quatre de ses disciples; à gauche, le semeur dans ses sillons. Très-belle épreuve.

BAUDOUINS *ou* **BAUDUINS** (Antoine-François), peintre et
graveur à l'eau-forte; né à Dixmude en 1640; mort à Paris
en 1700.

82. Paysage en largeur, où un homme et une femme sont
assis près de deux arbres qu'on voit à droite. Deux
belles épreuves: la première à l'eau-forte pure, très-
rare; la deuxième terminée.

83. Paysage, avec pont de pierre et cascades vers le milieu du second plan. Très-belle épreuve.

BAUR (Jean-Wilhem *ou* Jean-Guillaume), peintre et graveur à
l'eau-forte; né à Strasbourg en 1600; mort à Vienne en 1640.

84. Suite de seize pièces, y compris le titre, représentant les différentes nations. Pièces rares. Très-belles
épreuves.

BEAUVARLET (Jacques-Firmin), dessinateur et graveur au
burin; né à Abbeville en 1731; mort à Paris en 1797.

85. Les Couseuses, d'après le tableau de Guido Reni, dit
Le Guide. Très-belle épreuve avant toutes lettres, et
signée à la mine de plomb par le graveur; elle a de la
marge. Cabinet Debois.

86. La Marchande d'Amours, d'après Jos. Marie Vien,
sur une peinture antique d'Herculanum. Belle épreuve
de premier état, avant toutes lettres.

87. La Confidence, d'après Carle Van Loo. Très-belle
épreuve de premier état, avant toutes lettres. Elle est
signée par le graveur.

88. Les soins maternelle (*sic*), d'après Greuze. Très-belle
épreuve, avec l'adresse du graveur.

BEGA (Corneille), peintre et graveur à l'eau forte; né à Harlem, vers 1620; mort dans la même ville, en 1664.

89. Buste de jeune femme (B. 2).

90. L'homme avec la main dans le pourpoint (B. 10); la
Fumeuse (B. 11); la Vieille tenant un grand pot (B. 12);
le Fumeur (B. 13). Quatre pièces. Belles épreuves.

91. L'homme avec la main dans le pourpoint (B. 10).

92. Le Buveur (B. 16); le Paysan au chapeau bas (B. 17) Deux pièces.

93. La Femme portant un panier (B. 18). Très-belle épreuve, avec la ligne qui traverse le bout du pied droit de la femme.

94. Le Paysan allumant sa pipe (B. 20).

95. L'Assemblée près de la cheminée (B. 23). Trois épreuves différentes.

96. Les caresses mal reçues (B. 24). Belle épreuve.

97. Les Deux amoureux (B. 25). Très-belle épreuve.

98. La Danse (B. 26). Très-belle épreuve du deuxième état, avant que le fond n'ait été ébarbé.

— Le même sujet. Épreuve de troisième état, avec le fond ébarbé.

99. La Mère (B. 28). Belle épreuve.

100. Les Trois buveurs (B. 29). Très-belle épreuve.

101. La Mère au cabaret (B. 31). Ce morceau n'a pas été terminé.

102. La vieille aubergiste (B. 32). Belle épreuve du premier état, avant l'adresse de *I. Covens et C. Mortier*.

103. La Jeune aubergiste (B. 33). Rare et superbe épreuve, avant l'adresse de *I. Covens et C. Mortier*, qui a été effacée dans le dernier état.

104. La Jeune cabaretière caressée (B. 34). Rare et superbe épreuve du premier état, avant l'adresse de *I. Covens et C. Mortier*, qui a été effacée dans le troisième état.

BEHAM (Barthélemy), peintre et graveur au burin; né à Nuremberg en 1496 ou 1502; mort à Rome en 1520.

105. Adam et Ève (B. 1). Épreuve du premier état, avant la retouche.

106. L'Avare (B. 38). Très-belle épreuve du deuxième état, avec le cadre du tableau. Cabinet Delbecq, de Gand.

107. Le Hallebardier à cheval (B. 49). Belle épreuve.

BEHAM (Hans Sebald), peintre et graveur au burin et à l'eau-forte; né à Nuremberg en 1500; mort à Francfort, vers 1550.

108. Adam et Ève. 1543 (B. 6). Belle épreuve du premier état.

109. Job s'entretenant avec ses amis. 1547 (B. 16). Superbe épreuve du premier état, *non décrite par Ad. Bartsch,* avant les plantes parasites au-dessus de l'arcade ruinée.

110. La Vierge au perroquet. 1449 (B. 19). Très-belle épreuve.

111. Jésus-Christ et la Samaritaine (B. 24). Très-belle épreuve.

112. L'Homme de douleurs. 1520 (B. 26). Belle épreuve.

113. Les Apôtres, suite de douze pièces numérotées depuis 1 à 12, savoir : Saint Pierre (B. 33), épreuve du premier état, avec les ombres formées de deux rangs seulement de tailles. Saint André (B. 44), épreuve du premier état. Saint Jacques le Mineur (B. 45), épreuve du premier état. Saint Jean (B. 46), épreuve du deuxième état, avec les ombres formées de trois rangs de tailles. Saint Philippe (B. 47), épreuve du deuxième état. Saint Barthélemy (B. 48). Manque. Saint Thomas (B. 49), deux épreuves, l'une du premier état, l'autre du deuxième état. Saint Mathieu (B. 50), épreuve du deuxième état. Saint Jacques le Majeur (B. 51), deux épreuves, l'une du premier état, l'autre du deuxième état. Saint Judas Thadée (B. 52), deux épreuves, l'une du premier état, l'autre du deuxième état. Saint Simon (B. 53), deux épreuves, l'une du premier état, l'autre du deuxième état. Saint Mathias (B. 54), épreuve du deuxième état. (En tout 15 estampes.)

114. Les Quatre évangélistes (B. 55 à 58). Très-belles épreuves.

115. Saint Sébalde. 1521 (B. 65). Belle épreuve du deuxième état.

116. Cléopâtre (B. 77). Superbe épreuve.

117. Lucrèce. 1519 (B. 78). Rare et très-belle épreuve du premier état, *non décrit*, avec le fond blanc, le haut de la gauche excepté.

118. Le même sujet (B. 78). Très-belle épreuve du deuxième état, avec le fond terminé; on remarque derrière le personnage, une muraille en ruines.

119. Lucrèce (B. 79). Très-belle épreuve.

120. Trajan (B. 82). Très belle épreuve du premier état, avant l'année 1537, par moitié de chaque côté du monogramme.

121. Les Travaux d'Hercule, suite de douze pièces, savoir : Hercule défait les Centaures (B. 96), deux épreuves, l'une de premier état, avec le fond formé de tailles horizontales croisées d'un seul rang de contre-tailles diagonales, l'autre du deuxième état, avec le second rang de contre-tailles diagonales sur le fond, en sens inverse des premières contre-tailles, mais avant les derniers travaux. Il perce Nessus de ses flèches (B. 97), trois épreuves : premier état avant les deux touffes de plantes vers l'extrémité du rocher, au fond à droite; deuxième état, avec ces deux touffes de plantes, mais avant divers travaux; troisième état, avec une troisième touffe de plantes à l'extrémité du rocher à la droite du fond, et des contre-tailles diagonales sur ce rocher. Déjanire lui envoie par Lycas une chemise trempée dans le sang de Nessus (B. 98), épreuve du premier état, avant divers travaux. Hercule enlève Iole (B. 99), deux épreuves, l'une du premier état, avant la contre-taille diagonale sur le fond à droite, l'autre du deuxième état, avec cette contre-taille diagonale. Il arrache le chien Cerbère de l'enfer (B. 100), deux épreuves, l'une du premier état, avant la bordure extérieure des croisées rondes du bâtiment à gauche; l'autre du deuxième état, avec cette bordure, mais

avant les derniers travaux. Il punit la perfidie de Laomédon (B. 101), deux épreuves, l'une du premier état, avant la seconde contre-taille diagonale sur le terrain, dans les parties ombrées; l'autre du deuxième état, avec cette seconde contre-taille, mais avant les derniers travaux. Il abat l'hydre de Lerne (B. 102), deux épreuves, l'une du premier état, avant que le feuillage entre Hercule et le rocher n'ait été couvert de contre-tailles; l'autre du deuxième état, avec ces contre-tailles, mais avant les derniers travaux. Il place deux colonnes au détroit de Gade (B. 103), deux épreuves, l'une du premier état, avant les tailles perpendiculaires sur le mur du bâtiment à gauche, au-dessous de la tablette; l'autre du deuxième état, avec ces tailles perpendiculaires, mais avant les derniers travaux. Il tue Cacus (B. 104), trois épreuves: premier état, avant les tailles sur le bord du terrain, entre la cuisse droite d'Hercule et le rocher; deuxième état, avec les tailles sur le bord du terrain, mais avant que le rocher du fond à droite n'ait été surmonté de deux touffes de plantes; troisième état avec les deux touffes de plantes sur l'extrémité du rocher. Il étouffe Anthée (B. 105), trois épreuves: premier état, avant trois touffes de plantes sur le rocher du fond à droite; deuxième état, avec les trois touffes de plantes sur le rocher, mais avant les derniers travaux; troisième état, avec les travaux additionnels. Il terrasse le lion de la forêt de Némée (B. 106), épreuve du premier état avant divers travaux. Il se brûle sur un bûcher allumé par Philoctète (B. 107), épreuve du premier état avant divers travaux. (En tout 24 estampes, dont 22 proviennent du cabinet Robert-Dumesnil.)

122. Hercule punit la perfidie de Laomédon (B. 101.) Épreuve mal conservée. Plus, les copies en contre-partie des n° 98, 101, 105 et 106 de ce maître, par le graveur au monogramme B. B. I. BI. (V. Bartsch, t. IX, p. 532). Cinq estampes.

123. La Géométrie (B. 126); l'Astrologie (B. 127). Deux pièces. Très-belles épreuves.

124. La Connaissance de Dieu (B. 129); la Foi (B. 133). Deux pièces. Très-belles épreuves.

125. La Bonne fortune. 1541 (B. 140). Très-belle épreuve du premier état, avant le ciel terminé par des points, et les contre-tailles sur la boule. Cabinet Donadieu.

126. Le même sujet. Belle épreuve du deuxième état, avec les contre-tailles sur la boule et le ciel terminé.

127. Le Triomphe (B. 142). Très-belle épreuve.

128. Le Triomphe. 1549 (B. 143). Très-belle épreuve.

129. Jeune femme accompagnée d'un bouffon. 1540 (B. 148). Morceau gravé à l'eau-forte. Belle épreuve.

130. La Mort se saisissant d'une femme nue et debout. 1546 (B. 150). Superbe épreuve.

131. Le Banquet (B. 164). Très-belle épreuve.

132. L'Enseigne, le tambour et le fifre (B. 198). Rare et très-belle épreuve du premier état, avant l'inscription; *Wo nun* etc.; le chiffre et l'année ne sont pas renfermés dans une tablette.

133. Le Soldat. 1620 (B. 203). Ce morceau est gravé à l'eau-forte sur fer. Superbe épreuve du premier état, avant que la planche ne fût rouillée.

134. Le Bouffon et les deux couples d'amoureux (B. 212). Très-belle épreuve du premier état, *non décrit*, avant l'année (1535), et avant les contre-tailles sur le vêtement du Bouffon.

135. La Femme couchée, vue par le dos (B. 215). Belle épreuve de l'avant-dernier état.

136. Armoiries d'imagination, 1544 (B. 255). Très-belle épreuve.

PIÈCES GRAVÉES EN BOIS.

137. La Vierge assise sous une tente (B. 121). Belle épreuve.

138. La Vierge assise sous un arbre (B. 123). Très-belle épreuve.

BEICH (Joachim-François), peintre et graveur à l'eau-forte;
né à Ravensbourg, en Souabe, en 1665; mort à Munich en
1748.

139. Six vues de sites agrestes, prises dans le Tyrol. A
la gauche du premier morceau; un muletier et deux
mulets; à droite, dans l'ombre, près d'une fontaine :
Beich fecit; et au bas du même côté; dans la marge,
au milieu de laquelle est le numéro : *Jeremias Wolff
excudit.* Belles épreuves du premier état : on n'y voit
de numéro qu'aux deuxième, troisième et quatrième
morceaux. Cabinet Rigal.

140. Huit vues prises dans la campagne de Bavière. A la
première, vers la gauche, à un grand piédestal : *Joachim Franc : Beich. invent. et fecit àqua forte Jeremias Wolff excudit Aug: Vind. n° 76.* Belles épreuves du premier état, avant que l'adresse de Wolff n'ait
été effacée et remplacée par celle de Jean-Michel
Probst. Cabinet Rigal.

141. Six vues de la Souabe. De ce nombre, celle d'un
port de mer. Morceaux en travers, sans noms d'auteurs ni numéros. Très-belles épreuves. Cabinet Rigal.

BEIN (Jean); graveur au burin; né à Goxweiler (Bas-Rhin)
en 1789.

142. La Vierge tenant sur ses genoux l'Enfant-Jésus, assis sur un coussin. Morceau en hauteur, d'après Raphaël. Superbe épreuve avant la lettre sur papier de
Chine; seulement les noms d'auteurs légèrement tracés
à la pointe. Elle est à toutes marges.

BELLA (Étienne-Della), dessinateur et graveur à l'eau forte;
né à Florence en 1610; mort dans la même ville en 1664.

143. Saint Antoine. Il est monté sur un monstre ayant
deux têtes, une de femme et une d'homme (Jomb. 6).
Morceau extrêmement rare. Très-belle épreuve.

144. Saint Prosper, évêque, descendant du ciel, une épée
à la main, pour secourir une ville assiégée, qu'on croit
être celle de Reggio, en Italie (Jomb. 68). Morceau
extrêmement rare. Très-belle épreuve du premier état,
avant les armes et la dédicace.

145. Le Reposoir. Dédié à M. Tubeuf, baron de Vert, président en la chambre des Comptes, etc. (Jomb. 83). Belle épreuve du premier état, avant cette adresse: *Arnoldo Van Wersterhout formis Romæ*, dans le bas de la marge, à la gauche des armes.

146. Livre de huit petites marines (Jomb. 134-1 à 8). Suite complète. Très-belles épreuves du premier état, avant que l'adresse d'Israël, dans la marge du premier morceau, n'ait été effacée.

147. Neuf chasses d'animaux (Jomb. 180-1 à 9). Suite complète. Très-belles épreuves.

148. Sujets divers et paysages décrits sous les n⁰ˢ suivants: 20, 93, 94, 109, 110, 121, 122, 127, 134, 137, 144, 155, 156, 158 à 160, 164, 175, 181, 182, 189, 191, 195, 199, 207 à 211, 213. En tout 42 pièces, cinq copies comprises. Cet article sera divisé.

BELLANGE (Jacques), peintre et graveur à l'eau forte; né à Nancy en 1594; mort dans la même ville en 1638.

149. La Vierge et l'Enfant-Jésus (R. D. 3). Superbe épreuve.

150. Combat de deux gueux (R. D. 46). Superbe épreuve du premier état, avant l'adresse de *Le Blond*.

BELLAVIA (Marc-Antoine), peintre et graveur à l'eau forte, italien; florissait dans les premières années du xvıı⁰ siècle.

151. Fleuve couché. Il tient de la main droite une rame et porte la gauche sur l'ouverture de son urne (B. 49). Belle épreuve du premier état, avec *A. C. I.* eu lieu de *A. C. N.*

BELLAY (. . . . .), peintre et graveur à l'eau-forte et en manière noire; né à Lyon, vers la fin du siècle dernier.

152. Le Muletier. Il est représenté debout, le corps dirigé vers la droite, d'où vient le jour, tenant de la main gauche la bride d'un mulet et de l'autre son fouet. Morceau en travers. Rare. Belle épreuve, avec marge.

153. Tombereau attelé de deux chevaux. Très-belle épreuve sur papier du Japon.

154. Vue de Lyon, prise du quai Saint-Antoine, d'après J. Jacques de Boissieu. Très-belle épreuve avant toutes lettres, sur papier de Chine; elle est avec toutes ses marges.

BEMMEL (Pierre von), peintre et graveur à l'eau forte; né à Nuremberg en 1685; mort à Ratisbonne en 1754.

155. Cinq vues de pays agrestes. Très-belles épreuves du premier état, avec cette adresse: *H. J. Osterlay Excud. in Ragensburg*, au bas de la gauche du premier morceau.

BENASCHI (Jean-Baptiste), peintre et graveur à l'eau forte; né à Turin en 1636; mort à Rome, vers 1690.

156. Sainte Famille, d'après Jean-Dominique Cerrini (B. 1). Seule pièce gravée par ce maître. Très-belle épreuve.

BERGER (Daniel), graveur à l'eau-forte et au burin; né à Berlin en 1744; mort dans la même ville en 1824.

157. Vieillard coiffé d'une espèce de turban. Il est dirigé vers la droite et éclairé par la gauche. Belle épreuve.

BERGHEM (Claas *ou* Nicolas), peintre et graveur à l'eau-forte; né à Harlem en 1624; mort dans la même ville en 1683.

158. La Vache qui s'abreuve (B. 1). Belle épreuve.

159. La Vache qui pisse (B. 2). Très-belle épreuve du premier état, avant l'adresse de F. de Wit.

160. Le même sujet. Épreuve du troisième état, avec l'adresse de G. Valk, qui a été effacée dans le dernier état.

161. Le Pâtre jouant du flageolet (B. 6). Rare et très-belle épreuve, tirée avant le n° 51, à droite de la marge du bas. Cabinet Revil.

162. Cinq sujets d'animaux. Le berger assis sur la fontaine (B. 8). Le troupeau traversant le ruisseau (B. 9). Le troupeau en repos (B. 10). Halte près du cabaret (B. 11). Le ruisseau traversé (B. 10). Superbes épreuves. Le premier morceau est avant l'adresse de Frédérick de Widt et le n° 1; le dernier avec l'adresse de P. Goos.

163. Quatre sujets d'animaux. La vache couchée près de celle qui est debout (B. 13). Les chevaux (B. 14). La vache couchée près de la vache qui pisse (B. 15). L'âne (B. 16). Très-rares et superbes épreuves du premier état, avant les numéros et la lettre.

164. Les quatre sujets précédents. Belles épreuves du deuxième état, avec les numéros et la lettre.

165. Les Vaches à la laitière. Suite de six estampes (B. 23 à 28). Belles épreuves.

166. Bergère assise près d'une pierre carrée sur laquelle on lit : *Animalia ad vivum delineata et aqua forti æri impressa, studio et arte Nicolai Berchemi. Thi Matham excud. Amst.* (B. 41). Une Brebis et deux agneaux couchés (B. 42). Une Brebis tondue; un agneau la tette (B. 44). Une brebis qui pisse, non loin d'un mouton qu'on voit par derrière (B. 46). Une pierre carrée, ornée d'un bas-relief représentant des figures et des animaux (B. 48). Rares et superbes épreuves avant les numéros. Plus une autre très-belle épreuve de la dernière pièce; elle est avec le n° 8. En tout 6 estampes.

BERNARDI (Jacques), graveur moderne; né à Vérone.

167. Voltaire assis dans un fauteuil, d'après la sculpture de Houdon. Belle épreuve sur papier de Chine.

BERTAUX (Jean-Duplessi), dessinateur et graveur à l'eau-forte et au burin; né à Paris en 1750; mort dans la même ville en 1818.

168. Histoire de l'Enfant prodigue, en douze tableaux, etc., en 1815. Paris, Didot, 1816. 12 estampes, avec texte, en 1 vol. in-4°, cartonné.

169. Vignettes pour l'Histoire de la révolution française. 75 estampes, y compris 13 doubles, avec ou sans différences, collées dans un volume oblong, demi-reliure.

170. Album de la jeunesse, des amateurs et des artistes, etc., présenté à Son Altesse Monseigneur le duc

de Bordeaux par Jombert, éditeur, 1823. 26 estampes,
avec texte, en un volume oblong, broché.

BERTINOT (Gustave), graveur moderne.

171. Femme nue, assise sur une draperie. Très-belle
épreuve avant la lettre; elle est à toutes marges.

BERVIC (Charles-Clément), graveur au burin; né à Paris
en 1756; mort dans la même ville en 1822.

172. Le Repos, d'après N. B. Lépicié. Superbe épreuve
avant la lettre et avant la dédicace à M. et Mme de
Brancas; elle est à toutes marges.

173. L'Innocence, d'après Mérimée. Très-belle épreuve
avant la lettre; elle est à toutes marges.

174. Le même sujet. Belle épreuve avec la lettre; elle a
de grandes marges.

BETTILINI (Pierre), dessinateur et graveur à l'eau forte et au
burin; né à Lugano en 1763; mort à Rome en 1823.

175. La statue de Palamèdes, par le chevalier Canova,
vue de face et vue de dos. Deux pièces. Belles épreuves
à toutes marges.

BIDAULD (Jean-Pierre-Xavier), peintre et graveur à l'eau
forte; né à Carpentras en 1743; mort à Lyon en 1813.

176. Deux femmes agenouillées au bord d'une pièce
d'eau, lavant du linge. Derrière elles, vers la gauche,
une autre femme est debout près d'un petit garçon et
d'une jeune fille. Ce rare morceau, en travers, est
d'après Carême. Très-belle épreuve.

177. Homme vu à mi-corps, la tête coiffée d'un turban
orné de plumes. Morceau en hauteur, dans un ovale
sur une planche carrée. Rare. Très-belle épreuve.

178. Feuille d'études de quatre têtes de moutons. Morceau en travers. Belle épreuve, avec de très-grandes
marges.

179. Paysage avec pont d'une seule arche; au milieu du
premier plan, un homme assis sur un tronc d'arbre
renversé; à gauche, dans l'eau, une vache et deux chè-

vres. Morceaux en travers. Rare. Très-belle épreuve, avec marge.

180. Vue du rocher de Pierre-Scise, à Lyon; dans la marge du bas, le nom du graveur. Epreuve sur papier de Chine fixé sur papier blanc; elle est à toutes marges.

BILLOIN (Ch. . . .), dessinateur et graveur à l'eau forte, moderne.

181. Soldats jouant aux cartes, d'après Madou. Très-belle épreuve à toutes marges, sur papier de Chine.

182. Le Cordonnier, d'après le même. Très-belle épreuve à toutes marges, sur papier de Chine.

BINCK *ou* **BINK** (Jacques), peintre et graveur au burin; né à Cologne, vers 1490; mort à Kœnigsberg en 1568.

183. Proserpine (B. 33); Hébé (B. 41); Pallas (B. 45). Trois pièces en hauteur.

BINET (Louis), graveur à l'eau forte et au burin; né à Paris en 1744; l'année de sa mort n'est pas connue.

184. Le Ménage ambulant, d'après Greuze. Rare et superbe épreuve avant toutes lettres et les armes, et avant grand nombre de travaux; elle n'est presque qu'à l'eau-forte.

185. Le même sujet. Très-belle épreuve de la planche terminée, avec les armes et la lettre.

BIONDI (Vincent), graveur italien moderne.

186. Sainte Cécile, d'après le tableau de Carlo Dolci, de la galerie de Florence. Belle épreuve avant la lettre; seulement les noms d'auteurs légèrement tracés à la pointe.

BISCAINO (Barthélemy), peintre et graveur à l'eau forte; né à Gênes en 1632; mort dans la même ville en 1657.

187. La Vierge allaitant l'Enfant-Jésus (B. 21). Épreuve tirée avant le n° 251, sur le terrain, au-dessous du pied de la Vierge.

188. Saint Jérôme (B. 34). Belle épreuve du premier état, avant le nom de Guido Reni et l'adresse de I. Frey.

189. Saint Antoine et saint Paul (B. 37). Belle épreuve, avec l'adresse de Daman.

> **BISCHOP** (Jean de), dit *Episcopus*, dessinateur et graveur à l'eau forte; né à La Haye, en 1646; mort à Amsterdam, en 1686.

190. Un religieux assis entre deux autres religieux à ge-noux, d'après F. Vanni. Très-rare et belle épreuve avant toutes lettres.

191. Satyre couché sur le dos, tenant de la main gauche un pipeau, d'après Poelemburgh. Très-rare et fort belle épreuve avant toutes lettres.

> **BISCHOP** (Chrétien), amateur, dessinateur et graveur à l'eau-forte; né en Hollande, dans la deuxième moitié du siècle dernier.

192. Trois vaches dans une prairie : de ce nombre, une est couchée; à droite un homme porte un seau. Deux très-belles épreuves : la première avant les fonds; la seconde avec les fonds, mais avant le ciel et la lettre.

> **BISI** (Frère Bonaventure), religieux de l'ordre de Saint-François, peintre et graveur à l'eau forte; né à Bologne en 1610; mort à Modène en 1662.

193. La sainte Famille. Très-belle pièce, en hauteur, marquée *F. B. B. F.* 1634. Superbe épreuve.

> **BISSELL** (A. . . . . .), artiste allemand, sur lequel on n'a pas de données.

194. Homme assis sous de grands arbres, à la gauche d'une campagne; à droite, une pièce d'eau. Morceau en hauteur. Très-belle épreuve.

> **BLANCHARD** père, graveur au burin; né à Paris en 1766.

195. Portrait du roi Louis-Philippe; dans la marge, le titre : *Louis-Philippe, duc de Chartres, lieutenant-général en* 1792. *Louis-Philippe Ier, roi des Français en* 1830. D'après Cogniet. Très-belle épreuve sur papier de Chine.

> **BLEKER** (G. . . . . .), peintre et graveur à l'eau forte; né à Harlem; florissait dans la première moitié du XVIIe siècle.

196. Le Vacher (B. 6). Superbe épreuve.

197. Le Troupeau qui s'abreuve (B. 7). Superbe épreuve.

198. Le Troupeau en marche (B. 8). Superbe épreuve.

199. La Laitière (B. 9). Superbe épreuve avec marge.

200. Le Chariot à quatre roues (B. 10). Superbe épreuve. Cabinet Duriez, de Lille.

201. Le Chariot à deux roues (B. 11). Très-belle épreuve. Cabinet Duriez, de Lille.

202. Le Cabriolet (B. 12). Très-belle épreuve.

BLÉRY (Eugène-Stanislas-Alexandre), dessinateur et graveur à l'eau forte ; né à Fontainebleau en 1805. Résidant à Paris.

203. Cinq pièces, y compris l'ovale décrit sous le n° 31, représentant des paysages (37 à 41). Très-belles épreuves sur papier de Chine, non fixé sur papier blanc.

204. Le Moulin d'Allevard (50); les deux Bouleaux (52); les Petits terrains (53); le Petit dessous de bois (54); les Branches d'arbres (55); la petite Forêt (56); les Chenaux (57); les Chênes penchés (58). En tout huit pièces. Très-belles épreuves sur papier de Chine non fixé.

205. Moulin près d'Alby, en Savoie (62); Près de Coudes, bords de l'Allier. 1846 (63); Ruines du château de Chapotais, en Bujey. 1846 (64); Cul-de-lampe servant de titre à cette suite (65); Au ravin de la Faille, Auvergne (66); Moulin de Saint-Didier, Savoie. 1846 (67); Près Saint-Rambert, Bujey. 1846 (68). En tout sept pièces. Très-belles épreuves sur papier de Chine non fixé.

206. Près de Coudes, bords de l'Allier. 1846 (63). Superbe épreuve du premier état, à l'eau-forte pure; elle porte, sur la marge du bas, l'autographe suivant du graveur : *Épr. naturelle, troisième et dernière tirée, Eug. Blery, offerte à M. Van den Zande.* Cette épreuve, extrêmement rare, est sur papier roux fixé sur papier blanc.

207. Moulin de Saint-Didier, Savoie. 1846 (67). Superbe épreuve du premier état, à l'eau-forte pure; sur

la marge du bas, on lit cette note de la main même de l'auteur : *Deuxième et avant-dernière épreuve naturelle, E. Blery, offerte à M. Van den Zande.* Elle est tirée sur papier de Chine fixé sur papier blanc.

208. Le Chemin dans les bouleaux (69); le Hêtre mort (70). Deux pièces. Très-belles épreuves sur papier de Chine non fixé.

209. Les Hêtres au rocher (71); les Chênes dans la plaine (72); les Chênes sur la butte (74); les Deux vieux chênes (75); le Chêne à la mare (76). Cinq pièces gravées sur nature, à Fontainebleau. Très-belles épreuves sur papier de Chine non fixé.

210. Souvenirs pittoresques : le Feu (79); le Coup de vent (80); le Ravin à la nappe d'eau (81); les Petits chênes au bord du lac (82); le Torrent au sapin (83); les Petites chaumières (84); la Petite scierie (85); la Vourgine (86). En tout huit pièces. Très-belles épreuves sur papier de Chine non fixé.

211. Le Tronc de hêtre (92); le Charlemagne (94); les Arbres coupés (95); le Hêtre mort au voyageur (96); les Rochers (97); le Vieux chêne du nid de l'aigle (98). Six pièces gravées sur nature, à Fontainebleau. Très-belles épreuves sur papier de Chine non fixé.

212. Ronce et lierre (100); les Tussilages des torrents (101); le Cep de vigne (102); les Roseaux (103); la Fougère (104); la Bardane (105). Six pièces. Très-belles épreuves sur papier de Chine non fixé.

213. Les Roches plates (107); la Chaumière au puits (100); la Chaumière au poirier (109); la Petite Berle (118); l'Arbre aux racines (111), la petite Cascade en hauteur (112); la Bardane au saule (113). Les sept morceaux sont gravés sur nature à Dampierre. Très-belles épreuves sur papier de Chine non fixé.

214. La Source (118); le Moulin de l'étang (119); le Ruisseau à la roche plate (120); la Mare aux châtaigniers (121); les petites Cascades (122); le Ruisseau aux deux arbres (123). Ces six morceaux sont gravés

près de Dampierre. Très-belles épreuves sur papier de
Chine fixé.

215. Les Chaumières par un temps d'hiver (134); l'Orme,
étude (135); les Buissons d'épines (136); le Bouleau,
étude (137); le Hêtre, *étude* (138); les Chênes, *étude*
(139); le Genévrier, *étude* (140); l'Entrée de forêt,
étude (141); la Bardane, *étude* (142); la Patience d'eau,
étude (143). Ces dix morceaux sont gravés d'après nature. Très-belles épreuves sur papier de Chine non fixé.

216. Le Bouleau, *grande étude* (145): le Chêne, *grande
étude* (146); le Hêtre, *grande étude* (147). Trois pièces. Superbes épreuves des planches terminées, mais
avant le nom et l'année; elles sont sur papier de Chine
non fixé.

217. Le Paysage de Ruysdaël. Dans la marge du bas on
lit : *D'après le dessin original de Ruisdaël, tiré du
cabinet de M. Simon* (166). Superbe épreuve du premier état, sur papier de Chine fixé; elle porte l'autographe suivant du graveur : *Eau forte pure. Eug.
Blery,* 3 *épreuves seulement :* 1 *à M. Simon,* 1 *à
M. Vandenzande,* 1 *P. l'artiste.* Extrêmement rare.

218. Le même paysage. Belle épreuve de la planche entièrement terminée; avant que l'inscription, dans la
marge, n'ait été effacée. Elle est sur papier de Chine
non fixé.

219. Le même paysage. Belle épreuve tirée après que les
mots *d'après le dessin..... de M. Simon* ont été effacés,
mais avant l'indication *Ruisdaël delineavit;* elle est
sur papier de Chine non fixé.

220. Le Paysage de Ruysdaël. Répétition en contre-
partie du numéro qui précède (167). Superbe épreuve
du deuxième état, sur papier de Chine fixé, avec des
travaux à la pointe sèche et à la roulette ajoutés pour
lui donner plus d'effet; elle porte l'autographe suivant
du graveur : *Pièce non terminée et brisée sans tirage
(deuxième état)* 1 *eau-forte pure seulement pour ré-
serve d'artiste. Eug. Blery.* Très-rare.

221. Le Torrent (175). Très-belle épreuve sur papier de Chine non fixé.

222. Le Vieux chêne (176). Superbe épreuve du troisième état, selon M. Le Blanc, et du deuxième d'après la note suivante de la main même du graveur : *Troisième et dernière épreuve du deuxième état. Eug. Blery, offerte à M. Vandenzande ;* et plus bas, *les vaches changées et pas de ciel.* Elle est tirée sur papier de Chine fixé sur papier blanc.

223. Le même. Très-belle épreuve de la planche terminée sur papier de Chine non fixé.

224. Le grand dessous de bois (177). Très-belle épreuve sur papier de Chine non fixé.

225. Le Chêne à la baraque (178). Très-belle épreuve sur papier de Chine non fixé.

226. Le Moulin de Montreux (181). Très-belle épreuve sur papier de Chine non fixé.

227. La Grande Bardane (182); les Grands Tussilages (183); le Grand chardon (184); les Patiences d'eau et la Ronce (185). Suite de quatre pièces. Très-belles épreuves sur papier de Chine non fixé.

228. — La Grande Bardane (182). Très-belle épreuve du premier état à l'eau-forte pure ; elle porte, dans la marge du bas, l'autographe suivant du graveur : *Epreuve naturelle, quatrième et dernière tirée. Il n'y a eu après ce tirage qu'un état de retouche et non édité; puis l'arbre au lierre, l'ortie, la molène et l'arbre du coin ont été effacés et remplacés par ce qui existe dans la planche telle qu'elle est maintenant dans le commerce. Eug. Blery, offert à M. Vandenzande.* Extrêmement rare.

229. Patience d'eau et Nénuphars (188); la grande Berle et les Houblons (190). Deux pièces. Très-belles épreuves sur papier de Chine non fixé.

230. — Le Chêne au ravin (192); les Chênes des Vaux de Cernay (193). Deux pièces. Très-belles épreuves sur

papier de Chine non fixé; celle du dernier morceau
est avant le nom du maître.

231. Le Moulin de Senlis (195). Très-belle épreuve sur
papier de Chine non fixé.

232. Vue du port de Dozieu près de Lyon, d'après Antoine Duclaux (194). Très-belle épreuve avant le nom
du maître et avant la planche terminée; elle est sur
papier de Chine non fixé.

BLEY (André), amateur, dessinateur et graveur à l'eau forte et
à la pointe sèche ; né à Lyon, dans la première moitié du
XVIIIe siècle.

233. Feuille de neuf études de têtes d'hommes d'âges
différents. Sur le fond, à droite : *A. B.*, formant monogramme, et 1773.2. Morceau en hauteur, très-rare.
Belle épreuve.

BLOEMAERT (Corneille), dessinateur et graveur au burin;
né à Utrecht en 1603; mort à Rome en 1680.

234. La sainte Famille, dite la Vierge aux lunettes, d'a-
près Annibal Carrache. Très-belle épreuve du premier
état, avant l'adresse de l'éditeur : *Jo. Jacobus de Rubeis
formis ad templum S. M. de Pace*, à la suite du mot
licentia.

235. La sainte Vierge assise, tenant sur ses genoux l'Enfant-Jésus qui embrasse le petit saint Jean. Derrière
elle, à gauche, saint Joseph et sainte Anne. Morceau
en hauteur, d'après François Mazzuoli, dit *Le Parmesan*. Très-belle épreuve de premier état, *non décrit*,
avant les armes et la lettre. Extrêmement rare.

236. Le même sujet. Epreuve du deuxième état, avec les
armes et la lettre.

237. L'Adoration des bergers, d'après Raphaël. Epreuve
mal conservée.

238. La Libéralité représentée par une jeune femme qui
donne à boire à un enfant, d'après A. Bloemaert. Belle
épreuve; elle manque de conservation.

239. Le révérend père dom Martinus, jésuite. Superbe

épreuve; elle porte, au verso, la signature de *P. Mariette* et la date de 1674.

240. Le Mangeur de jambon, d'après G. V. Honthorst.
Superbe épreuve.

BLOTELING, BLOTELINGH *ou* **BLOOTELING** (ABRAHAM),
graveur à l'eau forte, au burin et en manière noire; né à
Amsterdam en 1634; l'année de sa mort n'est pas connue.

241. Constantin Huyghens, d'après G. Netscher. Superbe
épreuve tirée avant la lettre; elle porte, au verso, la
signature de J. G. Wille et la date de 1762. Cabinet
Debois.

242. Egbert Meesy Kortenaer, amiral hollandais, d'après
Bartholomé Vander Helst. Superbe épreuve du premier état, avant : *et excudit,* à la suite du mot *sculpsit.*

243. François Mieris, d'après lui-même. Morceau en
manière noire. Très-belle épreuve.

244. Le marquis de Mirabelle, d'après Ant. Van Dyck.
Belle épreuve. Cabinet Verstolk de Soelen.

245. Le portrait d'Edouard, lord de Montaigu, d'après
P. Lely. Très-belle épreuve, avec de grandes marges.

246. Le portrait de Michel-Adrien Ruyter, lieutenant-
amiral-général de Hollande. Superbe épreuve, avec de
grandes marges.

247. Homme représenté à mi-corps, tenant une mé-
daille. Morceau en manière noire. Très-belle épreuve.

248. Chat couché et endormi. Morceau en manière noire.
Très-rare. Très-belle épreuve.

249. Les lions et les lionnes. Suite de quatre morceaux,
d'après P. P. Rubens, sous le titre de *Variæ Leonum
Icones.* Belles épreuves tirées avant que les travaux
n'aient été repris au burin, dans les parties ombrées.

BOEL (CORYN) graveur à l'eau forte et au burin; né à Anvers;
florissait dans le XVIIᵉ siècle.

250. Le Buveur, d'après D. Teniers. Épreuve avec l'a-
dresse du peintre.

BOEL (Pierre), peintre et graveur à l'eau-forte; né à Anvers en 1625; mort en 1680.

251. Les Aigles (B. 3). Pièce très-rare. Très-belle épreuve; le coin du haut de la droite est restauré à la plume.

252. Les Eperviers (B. 6). Pièce très-rare. Très-belle épreuve; elle a quelques petites taches d'huile.

253. La Chasse au sanglier (B. 7). Superbe épreuve du tout premier état, *non décrit*, avant que la planche n'ait été nettoyée et terminée, et avant que les initiales du maître, tracées à l'eau-forte, en grands caractères, n'aient été effacées et remplacées par de plus petites lettres gravées au burin; elle a de la marge. Extrêmement rare.

254. La même chasse. Très-belle épreuve de la planche nettoyée et terminée avec cette adresse : *A Paris, chez J. Ph. Le Bas, premier graveur du Roy, rue de la Harpe*, à la gauche du bas, au-dessous du trait carré; elle a de la marge.

— Le même sujet. Belle épreuve tirée après que l'adresse de Le Bas a été effacée; les témoins du cuivre manquent.

BOGUET (D. . . . . .), peintre et graveur à l'eau-forte; né en France, dans la deuxième moitié du siècle dernier.

255. Deux vues prises dans la campagne de Rome. Très-belles épreuves.

BOISSIEU (Jean-Jacques de), peintre, dessinateur et graveur à l'eau-forte; né à Lyon en 1736; mort dans la même ville.

Pour cet œuvre, l'un des plus beaux et des plus riches qui aient jamais été formés, tant par le choix, la variété et la belle conservation des épreuves, toutes imprimées du vivant de leur auteur, que par le grand nombre de planches tirées sur papier de Chine, nous avons suivi les numéros de l'œuvre de ce maître, publié dans le catalogue du cabinet de M. le comte Rigal.

Le portrait de Jean-Jacques de Boissieu; il est vu de face, tenant à la main un dessin (n° 1). Trois épreuves :

256. La première, à l'eau-forte pure; elle porte, au milieu du bas de la marge inférieure, un autographe de l'auteur : *Pure eau-forte;* 1ᵉʳᵉ *eppreuve auant d'être*

poussée à l'effet. De la plus grande rareté et superbe.
Cabinet Lainé, de Lausanne.

257. La deuxième, poussée à l'effet, avec la pointe sèche
et la roulette; mais avant que le portrait en profil de la
femme du graveur n'ait été effacé et remplacé par un
paysage. Superbe. Cabinet Rossi.

258. La troisième, avec le paysage. Très-belle. Cabinet
William Esdaile.

Saint Jérôme, assis près d'un arbre, occupé à écrire. Au
milieu de la marge, près du trait carré, le titre : *Saint
Jérôme;* à gauche : *J. J. D. B.* 1797 (n° 2). Trois
épreuves :

259. La première, avant que les morsures des étaux
n'aient été entièrement effacées, et les angles du cuivre
fortement arrondis. Rare et superbe.

260. La deuxième, avec les marges du cuivre nettoyées,
et les angles du cuivre fortement arrondis. Très-belle.

261. La troisième sur papier de Chine, du même état
que la précédente; elle porte, au bas de la marge inférieure, une note de la main même de l'artiste : *Belle
eppr.*, *papier de Soye.* Très-rare et fort belle.

Deux Pères du désert; l'un debout, en extase; l'autre
assis, plongé dans la méditation; au milieu de la
marge du bas, le titre : *Les Pères du Désert;* à gauche : *D. B.* 1797 (n° 3). Quatre épreuves :

262. La première, à l'eau-forte pure; il n'y a pas de
titre. Elle porte, dans la marge du bas, un autographe
du graveur : *Pure eau-forte, auant que d'être poussée
à un plus grand effet.* De la dernière rareté et superbe.

263. La deuxième, portée à un ton très-vigoureux, à
l'aide des travaux à la pointe sèche et à la roulette;
mais avant le mot *Désert,* à la suite de *les Pères du.*
Superbe.

264. La troisième, avec le mot *Désert.* Très-belle.

265. La quatrième sur papier de Chine, du même état
que la précédente.

Le pape Pie VII bénissant des enfants qu'une mère lui
présente (n° 4). Trois épreuves :

266. La première, avant la totalité des travaux à la roulette, notamment sur les cordons qui soutiennent le
dais. Très-belle.

267. La deuxième, sur papier de Chine, du même état
que la précédente. Très-belle.

268. La troisième, entièrement terminée ; les cordons
qui soutiennent le dais ont disparu. Très-belle.

269. La Promenade du pape Pie VII, sur les bords de la
Saône, lors de son passage à Lyon (n° 5). Très-belle
épreuve.

270. Autre épreuve de la même planche. Elle est sur papier de Chine. Très-belle.

Les Moines au chœur chantant l'office (n° 6). Cinq
épreuves :

271. La première, à l'eau-forte pure. De la dernière rareté et superbe.

272. La deuxième, poussée à l'effet par le moyen des
travaux à la pointe sèche et à la roulette, mais avant
que les morsures des étaux, dans la marge, n'aient été
effacées. Rare et très-belle.

273. La troisième, sur papier de Chine, du même état
que la précédente. Très-rare et superbe.

274. La quatrième, avec la marge du cuivre nettoyée.
Très-belle.

275. La cinquième, du même état que la précédente,
mais avec quelques teintes de lavis de la main même
de l'auteur. Très-belle.

La Soirée villageoise (n° 7). Quatre épreuves :

276. La première, à l'eau-forte pure. De la plus grande
rareté et superbe.

277. La deuxième, poussée à l'effet avec la pointe sèche et la roulette, mais avant que l'épaule droite du fumeur n'ait été élargie. Elle est tirée sur papier de Chine et enrichie de teintes au lavis par le graveur. Rare, précieuse et superbe.

278. La troisième, entièrement terminée. Belle.

279. La quatrième, sur papier de Chine, du même état que la précédente. Belle.

L'Ecrivain public (n° 8). Trois épreuves :

280. La première, à l'eau-forte pure. Extrêmement rare et superbe.

281. La deuxième, poussée à l'effet par le moyen de la roulette, mais avant divers travaux faits depuis en différentes fois ; la culotte de l'homme vu de dos est d'un ton clair. Rare et superbe.

282. La troisième, avec la culotte de l'homme d'un ton foncé, mais avant la totalité des travaux à la roulette et ceux à la pointe sèche sur le bonnet de l'écrivain. Très-belle.

Quatre tonneliers dans un caveau. Morceau piquant d'effet, connu sous le nom des *Grands Tonneliers* (n° 9). Pendant au sujet précédent. Quatre épreuves :

283. La première, à l'eau-forte pure. Extrêmement rare et superbe.

284. La deuxième, poussée à l'effet par le moyen de la roulette, mais avant divers travaux faits depuis en différentes fois ; il n'y a pas de légères tailles perpendiculaires à la pointe sèche sur l'épaule droite du tonnelier, tête nue. Rare et superbe.

285. La troisième, avec le léger travail à la pointe sèche sur l'épaule droite du tonnelier, mais avant que la planche n'ait été entièrement terminée. Très-belle.

286. La quatrième, avec les derniers travaux : sur le chapeau de l'homme, qui tient un pot à la main, il

y a une contre-taille perpendiculaire qui n'existe pas dans les états précédents. Elle est sur papier de Chine. Rare et belle.

287. Les Joueurs de boules. Au milieu de la marge du bas : *Ancienne porte de Vaize, à Lyon ;* et à droite : *J. J. D. B.* 1803 (n° 10). Superbe épreuve.

288. Autre épreuve de la même planche. Elle est sur papier de Chine. De la plus grande beauté.

L'Hermitage adossé à des rochers (n° 11). Quatre épreuves :

289. La première, avant que les marges du cuivre n'aient été nettoyées et le travail à la pointe sèche ébarbé. Très-rare et superbe.

290. La deuxième, avec les marges du cuivre nettoyées, mais avant les travaux repris au burin dans les parties ombrées du premier plan. Très-belle.

291. La troisième, entièrement terminée : il y a une touffe d'herbe ajoutée près d'une plante de chardons. Belle.

292. La quatrième, sur papier de Chine, du même état que la précédente. Rare et belle.

Vieillard qui amuse, par ses gestes, un enfant qu'une mère assise tient sur ses genoux (n° 12). Trois épreuves :

293. La première, avant l'ombre portée par la tête de l'enfant sur la robe de sa mère. Extrêmement rare et superbe.

294. La deuxième, avec l'ombre portée par la tête de l'enfant, mais avant que les travaux au pied de l'arbre n'aient été repris au burin. Rare et très-belle.

295. La troisième, entièrement terminée. Belle.

296. Intérieur de ferme : à droite, un vieillard et cinq enfants ; du côté opposé, deux vaches dans une étable (n° 13). Superbe épreuve.

297. Autre épreuve de la planche; elle est sur papier de Chine. Très-belle.

298. Une troisième épreuve de la même planche; elle est teintée au lavis par l'auteur. Précieuse et très-belle.

299. Le Maître d'école (n° 14), faisant pendant au morceau précédent. Belle épreuve.

300. Autre épreuve de la même planche; elle est sur papier de Chine. Très-rare et superbe.

Maréchal, ferrant un cheval attaché à la porte de sa maison (n° 15). Cinq épreuves :

301. La première, avant la lettre et avant que les marges du cuivre n'aient été réduites à la grandeur ordinaire et nettoyées. Très-rare et fort belle.

302. La deuxième, sur papier de Chine, du même état que la précédente. Très-rare et fort belle.

303. La troisième, avec les marges diminuées et nettoyées; mais avant la lettre et l'adresse de J. F. Frauenholz et Ce. Rare et très-belle.

304. La quatrième, sur papier de Chine, du même état que la précédente. Rare et très-belle.

305. La cinquième, avec la lettre et l'adresse. Belle.

Vieillard faisant l'aumône à une vieille qu'un enfant accompagne; à gauche, un homme et une femme près d'un rémouleur (n° 16). Trois épreuves :

306. La première, avant que la morsure de l'étau et les essais de pointe, sur la marge du haut, à gauche, n'aient été effacés et avant la totalité des travaux ajoutés à la roulette pour lui donner plus d'effet; elle est tirée sur papier de Chine. Rare et très-belle.

307. La deuxième, entièrement terminée. Très-belle.

308. La troisième, sur papier de Chine, du même état que la précédente. Rare et belle.

309. Vieux mendiant assis, les deux mains dans son chapeau (n° 17). Très-belle épreuve.

310. Autre épreuve de la même planche, que l'auteur s'est plu à enrichir de quelques teintes. Précieuse et belle.

Un vieillard faisant lire un enfant. Morceau connu sous le nom du *Petit maître d'école* (n° 18). Six épreuves :

311. La première, à l'eau-forte pure, avant le second point à la suite du monogramme du graveur. Très-rare et superbe.

312. La deuxième, sur papier de Chine. du même état que la précédente. Extrêmement rare et superbe.

313. La troisième, à l'eau-forte seulement, mais avec les deux points. Très-rare et superbe.

314. La quatrième, poussée déjà à l'effet par le moyen de la roulette, mais avant les travaux à la pointe sèche, notamment sur le bras et sur la hanche du vieillard. Rare et très-belle.

315. La cinquième, avec les travaux à la pointe sèche, mais avant ceux ajoutés depuis à la roulette, principalement sur les pieds de la table. Très-belle.

316. La sixième, entièrement terminée. Très-belle.

Deux enfants jouant avec un chien (n° 19). Six épreuves :

317. La première, à l'eau-forte pure, avec le fond éclaté en plusieurs endroits. De la dernière rareté et superbe.

318. La deuxième, avec les crevasses de l'eau-forte raccommodées; elle a plus d'harmonie; le genou gauche de l'enfant qui tient une corde, est blanc. Très-rare et belle.

319. La troisième, poussée à l'effet; le genou gauche est teinté; mais elle est avant la totalité des travaux à la roulette, notamment sur le devant, à droite. Rare et très-belle.

320. La quatrième, sur papier de Chine, du même état que la précédente. Très-rare et superbe.

321. La cinquième, entièrement terminée. Très-belle.

322. La sixième, sur papier de Chine, du même état que celle qui précède. Rare et belle.

Vieillard dans un bosquet touffu, donnant une leçon de botanique à quatre enfants (n° 20). Quatre épreuves :

323. La première, avant le trait carré renforcé, en haut et à gauche, et avant que la morsure de l'étau n'ait été effacée. Elle est tirée sur papier de Chine. Extrêmement rare et superbe.

324. La deuxième, avec la marge du cuivre nettoyée et le trait carré renforcé, mais avant les tailles diagonales sur un des peupliers, à la gauche du fond. Très-rare et fort belle.

325. La troisième, entièrement terminée ; sur papier de Chine. Rare et superbe.

326. La quatrième, du même état que la précédente, mais destinée à l'édition grand papier de la *Flore d'Europe*.

Fête champêtre. On y voit le seigneur du village accompagné de sa femme (n° 21). Trois épreuves :

327. La première, avant l'astérisque à la suite de la date. Très-rare et superbe.

328. La deuxième, avec l'astérisque, mais avant que l'extrémité de l'angle inférieur, à droite, coupée diagonalement, n'ait été arrondie. Rare et très-belle.

329. La troisième, avec l'angle dont nous venons de parler, arrondi. Belle.

Les Petits Charlatans (n° 22). Cinq épreuves :

330. La première, avant l'astérisque à la suite de l'année 1773. Très-rare et belle.

331. La deuxième, du même état que la précédente, mais sur papier de Chine. Extrêmement rare et superbe.

332. La troisième, imprimée sur satin ; elle est aussi

avant l'astérisque. De la dernière rareté et très-harmonieuse.

333. La quatrième, avec l'astérisque, mais avant le second point entre le monogramme du graveur et la date. Rare et très-belle.

334. La cinquième, avec le double point. Belle.

Deux tonneliers dans un caveau. Pièce dite les *Petits Tonneliers* (n° 23). Cinq épreuves :

335. La première, avant que le travail à la pointe sèche, sur la main droite du tonnelier qui est à gauche, n'ait été ébarbé. Extrêmement rare et superbe.

336. La deuxième, avec le travail de la pointe sèche ébarbé, mais avant l'astérisque; elle est aussi avant que la coulure d'eau-forte sur la marge, au bas de la gauche, n'ait été effacée. Très-rare et fort belle.

337. La troisième, sur papier de Chine, du même état que la précédente. Extrêmement rare et superbe.

338. La quatrième, avec l'astérisque, mais avant que le bord du cuivre, à la gauche du bas, n'ait été redressé. Rare et très-belle.

339. La cinquième, avec le bord de la marge inférieure régularisé. Belle.

Deux enfants faisant des bulles de savon (n° 25). Quatre épreuves :

340. La première, à l'eau-forte pure, sur papier de Chine; elle porte au bas de la marge inférieure une note de la main de l'auteur : *Une des premières eppreuves auant que d'être à son dernier effet sur papier de soye.* Rarissime et superbe.

341. La deuxième, poussée à tout son effet avec la pointe sèche et la roulette. Superbe.

342. La troisième, sur papier de Chine, du même état que la précédente. Au bas de la marge inférieure on lit une note de la main même de l'artiste : *Eppreuve superieure p. de soye.* Superbe.

343. La quatrième, du même état que les deux qui précèdent, mais enrichie de teintes par le graveur. Précieuse et fort belle.

Peintre dans son atelier, peignant un vénérable vieillard à longue barbe (R. 26). Quatre épreuves :

344. La première, à l'eau-forte pure, avec un enfant qui regarde par dessus l'épaule du peintre; elle porte, au bas de la marge inférieure, une note de la main de l'auteur : *Premiere eppreuve avec la Tête de L'enfant et avant le travail à La Roulette.* De la plus grande rareté et superbe.

345. La deuxième, poussée déjà à l'effet à l'aide de la roulette et de la pointe sèche, mais avant divers travaux faits depuis, en différentes fois, avec les instruments dont nous venons de parler. L'enfant a été supprimé, on aperçoit la place qu'il a occupée; le fond est mal raccordé. Superbe.

346. La troisième, avec la totalité du travail à la roulette, ne laissant plus d'indice de l'endroit où était l'enfant, mais avant la teinte de pointe sèche sur le bonnet du peintre. Très-belle.

347. La quatrième, entièrement terminée : la partie éclairée du bonnet de l'artiste est couverte de légers travaux. Très-belle.

Vieillard jouant du hautbois, en présence de deux jeunes paysans (n° 27). Quatre épreuves :

348. La première, avant les travaux à la roulette : les ombres sont transparentes. Très-rare et belle.

349. La deuxième, poussée déjà à l'effet, mais avant nombre d'autres travaux à la roulette; le dos du vieillard se détache en vigueur sur le fond. Rare et très-belle.

350. La troisième, de la planche plus travaillée à la roulette; le dos du vieillard se détache à peine du fond; mais elle est avant l'ombre portée par la tête de ce vieillard. Très-belle.

351. La quatrième, du même état que la précédente, mais enrichie de teintes par l'auteur. Précieuse et très-belle.

352. Vieillard jouant de la vielle de la main gauche. Première planche (n° 28). Très-belle épreuve. Rare.

Vieillard jouant de la vielle, de la main droite (n° 29). Trois épreuves :

353. La première, avant l'astérisque. Très-rare et fort belle.

354. La deuxième, sur papier de Chine, du même état que la précédente. Extrêmement rare et superbe.

355. La troisième, avec l'astérisque. Très-belle.

Vue du temple de la Sibylle et de la cascade à Tivoli. Au milieu de la marge du bas, près du trait carré, le titre : *Temple de la sibylle Tiburtine, à Tivoli;* à droite : *J. J. D. B.* 1809 (n° 30). Six épreuves :

356. La première, avant que la planche n'ait été terminée à la roulette. Très-rare et superbe.

357. La deuxième, sur papier de Chine, du même état que la précédente. Extrêmement rare et superbe.

358. La troisième, poussée à un grand effet par le moyen du travail à la roulette, mais avant que les angles du cuivre n'aient été fortement arrondis. Très-rare et superbe.

359. La quatrième, avec les angles fortement arrondis, mais avant le titre gravé au burin et l'adresse de *J. F. Frauenholz et C*. Rare et très-belle.

360. La cinquième, sur papier de Chine, du même état que la précédente. Rare et très-belle.

361. La sixième, avec le titre et l'adresse. Belle.

Vue du passage du Garillano, en Italie (n° 31). Trois épreuves :

362. La première, avant que la morsure de l'étau, au haut de la droite, n'ait été effacée. Rare et très-belle.

363. La deuxième, après la morsure de l'étau effacée, mais avant que l'ombre derrière le cheval près d'une auge n'ait été retravaillée à la roulette. Belle.

364. La troisième, entièrement terminée. Belle.

Vue du Temple du soleil, de l'arc de Tite, et fragment du palais des Empereurs (n° 32). Trois épreuves. :

365. La première, avec le titre, les armes et la dédicace à M. le duc de La Rochefoucault et avec le nom de *de Boissieu* en entier ; elle est sur papier de Chine. Extrêmement rare et superbe.

366. La deuxième, avec les initiales seulement du graveur, les autres lettres qui complétaient son nom ayant été supprimées, mais elle est avant que les armes et la dédicace n'aient été effacées. Très-belle.

367. La troisième, sans les armes et la dédicace ; il n'y reste plus que le titre. Belle.

Vue d'Aqua pendente, sur la Route de Sienne à Rome (n° 33). Trois épreuves :

368. La première, avec la morsure de l'étau, et le mot *dédiée* et la lettre *a* apparents. Rare et superbe.

369. La deuxième, après qu'on a enlevé le mot *dédiée* et la lettre *a* en effaçant la morsure de l'étau, mais avant les travaux à la roulette et avant l'angle droit supérieur fortement arrondi. Très-belle.

370. La troisième, poussée à un grand effet, avec la roulette. Très-belle.

Vue du temple de Vesta et des vestiges d'anciens aqueducs, à la gauche d'une campagne (n° 34). Deux épreuves :

371. La première, avant que les taches d'eau-forte sur le bord gauche de la marge n'aient été effacées. Elle est sur papier de Chine. Extrêmement rare et superbe.

372. La deuxième, avec la marge de cuivre nettoyée. Très-belle.

42

Vue du sépulcre de Cecilia Metella, à Capo di Bove
(n° 35). Quatre épreuves :

373. La première, avec le titre, les armes et la dédicace
à M. le duc de La Rochefoulcault, et avant que le bas de
la marge inférieure n'ait été nettoyé. Rare et superbe.

374. La deuxième, avec le bas de la marge nettoyé ;
mais avant que le titre, les armes et la dédicace n'aient
été effacés. Très-belle.

375. La troisième, après que le titre, les armes et la dédicace ont été enlevés ; il ne reste que la date de 1780.
Belle.

376. La quatrième, sur papier de Chine, du même état
que la précédente.

Vue du pont Lucano, sur la route de Rome à Tivoli
(n° 36). Cinq épreuves :

377. La première à l'eau-forte pure ; elle est avant le
titre, les armes et la dédicace à M. le duc de La Rochefoucault. De la plus grande rareté et très-belle.

378. La deuxième avec le titre, les armes et la dédicace ;
mais avant les changements dans l'inscription : M. de
La Rochefoucault y est qualifié de *colonel du régiment
de la Sarre*, et le nom de *de Boissieu* y est écrit en
toutes lettres ; elle est sur papier de Chine. Extrêmement
rare et très-belle.

379. La troisième, avec la qualité de *pair de France*,
substituée à celle de *colonel du régiment de la Sarre* ;
du nom du graveur, il ne reste que *de B*, non suivis d'un astérisque. Rare et très-belle.

380. La quatrième, avec l'astérisque ; mais avant que le
trait carré du haut n'ait été redressé par une seconde
ligne légèrement tracée. Très-belle.

381. La cinquième, avec le trait carré supérieur régularisé. Belle.

Vue de l'isle Barbe sur la Saône, à une lieue de Lyon
(n° 37). Quatre épreuves :

382. La première, avec le titre gravé à l'eau-forte, et avec la ligne échappée du trait carré, dans la marge du bas. Très-rare et superbe.

383. La deuxième, après que la ligne échappée a été effacée; mais avant le titre gravé au burin, et l'adresse de *J.-F Frauenholz et C°*. Rare et très-belle.

384. La troisième, sur papier de Chine, du même état que la précédente. Rare et très-belle.

385. La quatrième, avec le titre et l'adresse. Belle.

Charmant paysage, connu sous le nom des *Petits-Maçons*; au milieu de la marge du bas, le titre : *Entrée du village de Lantilly*; à gauche et à droite : *J. J. D. B.* 1804 (n° 38). Deux épreuves :

386. La première, avec la répétition du titre, entre celui que nous venons de mentionner et le trait carré. De la dernière rareté et superbe.

387. La deuxième, avec un seul titre; la répétition du reste très-légèrement tracée, ayant été effacée. Très-belle.

Vue du pont et du château de Sainte-Colombe, en Dauphiné (n° 39). Deux épreuves :

388. La première, avant que les morsures des étaux, à gauche et à droite des marges de la planche, n'aient été effacées; elle est sur papier de Chine. Très-rare et superbe.

389. La deuxième, après que les morsures des étaux ont été effacées; elle porte, au milieu du bas de la marge inférieure, cette note de la main même du maître : *Eppr. choisie*. Très-belle.

Vue de l'Arbresle, en Lyonnais ; sur le devant, près d'un champ de blé, contigu à une maison entourée d'arbres, qui est à droite, un pâtre conduit un troupeau de vaches, de chèvres et de moutons (n° 40). Cinq épreuves :

390. La première, avant que les marges du cuivre n'aient

été nettoyées, et le trait carré supérieur régularisé : il ne va pas jusqu'à l'angle gauche. Extrêmement rare et superbe.

391. La deuxième, avec le prolongement du trait carré du haut; mais avant les marges du cuivre nettoyées, celle supérieure exceptée, et avant les éraillures sur le ciel. Très-rare et superbe.

392. La troisième, avec les éraillures sur le ciel; mais avant les marges du cuivre entièrement nettoyées, et les ombres du premier plan rentrées au burin.

393. La quatrième, tout à fait terminée. Belle.

394. La cinquième, sur papier de Chine, du même état que la précédente. Très-belle. Cabinet Lainé, de Lausanne.

Vue de Saint-Andéol, en Lyonnais; au milieu du second plan, un vieillard fait sa prière au pied d'une croix (n° 41). Deux épreuves :

395. La première, avant que les esais de pointe sur la marge, à droite, n'aient été effacés. Très-rare et superbe.

396. La deuxième, après les essais de pointe effacés. Très-belle.

Vue des bords de la rivière d'Ain; à droite, deux hommes assis, l'un pêche à la ligne (n° 42). Quatre épreuves :

397. La première, avant que l'angle du haut du cuivre, à gauche, coupé diagonalement, n'ait été arrondi pour faciliter l'impression de la planche. Rare et superbe.

398. La deuxième, sur papier de Chine, du même état que celle qui précède. Très-rare et fort belle.

399. La troisième, avec l'angle supérieur, à gauche, arrondi. Très-belle.

400. La quatrième, sur papier de Chine, du même état que la précédente. Rare et superbe.

Vue de champ verd, près de Lyon, dessinée et gravée par Jean-Jacque de Boissieu......(n° 43). Cinq épreuves :

401. La première, avant que la planche n'ait été terminée; il y a un intervalle blanc entre le ciel et le sommet de la montagne, au milieu du lointain. Très-rare
et fort belle.

402. La deuxième, avec l'intervalle couvert de légères
tailles à la pointe sèche; mais avant l'adresse: *A Mannheim, chez Dom : Artaria*, au milieu de la marge inférieure. Belle.

403. La troisième, sur papier de Chine, du même état
que la précédente. Belle.

404. La quatrième, avec l'adresse de l'éditeur.

405. La cinquième, sur papier de Chine, du même état
que celle qui précède.

Vue du château de Madrid, maison royale près de Paris,
dessinée et gravée par Jean-Jacques de Boissieu n° 44).
Quatre épreuves.

406. La première avant l'adresse : *A Mannheim, chez
Dom : Artaria*, au milieu du bas de la marge inférieure. Belle.

407. La deuxième sur papier de Chine, du même état
que celle qui précède. Belle.

408. La troisième avec l'adresse de l'éditeur.

409. La quatrième sur papier de Chine, du même état
que la précédente.

*Vue de Saint-Romain-sur Giez, en Lyonnois, dessinée
et gravée par Jean-Jacque de Boissieu (n° 45). Trois
épreuves.*

410. La première avant le second point, à la suite du
nom du graveur. Très-rare et fort belle.

411. La deuxième avec le double point; mais avant que
le trait carré n'ait été repris, à la gauche du haut.
Belle.

412. La troisième avec le trait carré repris à gauche.
Belle.

*Vue du grand chemin de Fontainebleau à Bouron, des-
sinée et gravée par Jean-Jacque de Boissieu, à Paris,
1764 (n° 46). Deux épreuves.*

413. La première avant le second point, à la suite de la
date. Très-rare et fort belle.

414. La deuxième avec le double point. Belle.

*Entrée de la forêt de Fontainebleau sur la route de Lyon,
dessinée et gravée par Jean-Jacque de Boissieu, à Paris, 1764 (n° 47). Trois épreuves.*

415. La première avant le second point, à la suite de
l'année 1764. Très-rare et fort belle.

416. La deuxième avec le double point; mais avant que
l'angle du bas du cuivre, à droite, n'ait été fortement
arrondi. Très-belle.

417. La troisième ave l'angle susmentionné très-arrondi. Belle.

Vue de la fontaine de Choulan, près Lyon (n° 48). Deux
épreuves.

418. La première avant les deux autres points ajoutés à
celui qui suit la lettre F. Très-rare et fort belle.

419. La deuxième avec les trois points, après l'F. Belle.

Vue de montagnes, avec cascades sur le devant (n° 49).
Deux épreuves.

420. La première sans aucun point, après l'année 1764.
Très-rare et fort belle.

421. La deuxième avec deux points, à la suite de la date.
Belle.

Vue d'une cascade tombant d'une maison très-élevée
(n° 50). Trois épreuves.

422. La première avant le second point, à la suite de la
lettre F. Très-rare et fort belle.

423. La deuxième du même état que la précédente, mais
coupée près du trait carré.

424. La troisième avec le double point. Belle.

13

425. *Vue de l'ancien Saint-Clair qui a servi d'emplace-
ment aux maisons Milanois et Munet* (n° 51). Pièce
rare. Très-belle épreuve.

9

426. *Vue du fort de Saint-Clair, et d'une partie de la
ville de Lion* (n° 52). Pièce rare. Très-belle épreuve,
mais coupée près du trait carré.

13,

427. *Vue de la porte d'Ainay, à Lion* (n° 53). Pièce rare.
Très-belle épreuve d'eau-forte pure, extrêmement difficile à rencontrer.

13

428. *Vue du pont sur le Rosne à Lion* (n° 54). Pièce
rare. Très-belle épreuve.

Intérieur d'une forêt où des bûcherons abattent un vieil
arbre. Morceau très-capital, dit *la Grande-Forêt*
(n° 55). Deux épreuves.

3 f.

429. La première avant la troisième taille sur le ciel, à
gauche, et avant la totalité des travaux à la roulette.
Très-rare à rencontrer de cette beauté.

2 f.

430. La deuxième entièrement terminée à la pointe sèche et à la roulette; elle est sur papier de Chine. Très-
belle.

Deux vaches passant à gué une rivière; elles sont suivies
d'un jeune homme qui les conduit, d'un vieillard portant un enfant et d'une femme montée sur un âne. Morceau dit *les Grandes Vaches* (n° 56). Trois épreuves.

30.

431. La première avant beaucoup de travaux ajoutés
depuis, en différentes fois, à la pointe sèche et à la
roulette: la partie supérieure du tronc du plus gros
des deux arbres, à gauche, se détache à peine du fond.
Elle est aussi avant que la morsure de l'étau, à la droite
de la marge du bas, n'ait été effacée. Très-rare et fort
belle.

8

432. La deuxième, du même état que la précédente,
quant aux travaux; mais coupée près du trait carré.

10.

433. La troisième, poussée à un grand effet, avec la

pointe sèche et la roulette : le haut du tronc du gros arbre se détache parfaitement du fond ; mais elle est avant les derniers travaux, notamment les légères contre-tailles sur la montagne, au-dessus de la tête de la vache qui est à droite. Superbe.

434. Des hommes au bord d'une rivière, d'où ils viennent de retirer un noyé ; à gauche, la tour de Metellus (n° 57). Très-belle épreuve tirée avant que l'angle du bas, à gauche, n'ait été plus arrondi.

Paysage avec un vieux pont de pierre de trois arches, sur lequel passe une charrette attelée d'un cheval (n° 58). Deux épreuves.

435. La première avant la totalité des travaux à la roulette, dans les parties ombrées. Superbe.

436. La deuxième, entièrement terminée ; le haut du tronc des arbres, à droite, se détache en vigueur sur le feuillé.

437. Des villageois se reposant au coin d'un bois, près d'une femme qui fait manger un enfant (n° 59). Très-belle épreuve.

438. Autre épreuve de la même planche ; elle est teintée au lavis par l'auteur, pour plus d'effet. Rare, très-précieuse et superbe.

439. Joli paysage connu sous le nom de *l'Oratoire;* sur le premier plan, deux hommes et une femme debout font la conversation (n° 60). Très-belle épreuve.

440. Autre épreuve de la même planche ; elle est sur papier de Chine. De la plus grande beauté.

Un homme à cheval, un villageois et deux vaches passant à gué une rivière (n° 61). Quatre épreuves :

441. La première, à l'eau-forte pure. De la dernière rareté et très-belle.

442. La deuxième, poussée à l'effet ; mais avant que l'essai à la roulette sur la marge, au coin gauche supérieur, n'ait été effacé. Très-rare et superbe.

443. La troisième, sans l'essai de la roulette sur la marge. Très-belle.

444. La quatrième, du même état que la précédente, mais avec quelques teintes de lavis par l'auteur. Précieuse et très-belle.

La cascade. Elle est formée par une rivière qui serpente entre des montagnes, des rochers et des bois ; à droite, sous des arbres violemment agités par le vent, un pâtre et un petit garçon conduisent deux vaches (n° 62). Quatre épreuves :

445. La première, avant que la planche n'ait été terminée à la roulette. Très-rare et superbe.

446. La deuxième, poussée à un grand effet ; mais avant que les marges du cuivre n'aient été diminuées et ses angles fortement arrondis. Très-rare et superbe.

447. La troisième, avec les marges du cuivre réduites à la grandeur ordinaire et les angles fortement arrondis ; mais avant la lettre et l'adresse de *J. F. Frauenholz et C⁴*. Rare et très-belle.

448. La quatrième, avec l'adresse et la lettre. Belle.

449. Paysage d'un site champêtre ; sur le devant, à droite, au bord d'une rivière, deux hommes, dont l'un dessine, l'autre lit (n° 63). Très-belle épreuve.

Autre paysage, faisant pendant au précédent ; à droite, les colonnes d'un ancien temple ; vers le milieu, sur le devant, un bateau où sont plusieurs personnes et deux vaches (n° 64). Deux épreuves :

450. La première, avant que la morsure de l'étau, au coin droit supérieur, n'ait été effacée. Rare et superbe.

451 La deuxième, après la morsure de l'étau effacée. Belle.

Vieille chapelle entourée d'arbres ; sur le devant, des bergers font danser un chien (n° 65). Trois épreuves :

452. La première, à l'eau-forte pure. Rarissime et très-belle.

453. La deuxième, terminée à la pointe sèche et à la roulette. Très-belle.

454. La troisième, du même état que la précédente, mais enrichie de teintes au lavis par l'auteur. Précieuse et très-belle.

Autre paysage, faisant pendant au morceau précédent, dans lequel on remarque, à gauche, une espèce de digue, et à droite, sur un terrain un peu élevé, des bergers gardant des animaux (n° 66). Cinq épreuves :

455. La première, à l'eau-forte pure. Rarissime et très-belle.

456. La deuxième, poussée à l'effet avec la pointe sèche et la roulette; mais avant que les cinq éraillures dans la marge du bas, vers la droite, n'aient été effacées. Rare et très-belle.

457. La troisième après les éraillures effacées; mais avant la totalité des travaux à la roulette, notamment dans la partie ombrée de l'eau, près du trait carré inférieur. Très-belle.

458. La quatrième, entièrement terminée; le travail de la roulette a dépassé le trait carré inférieur, au-dessous de la pierre la plus avancée dans la rivière. Très-belle.

459. La cinquième, du même état que la précédente, mais avec quelques teintes de lavis par l'auteur. Précieuse et très-belle.

Vieux château délabré où est un cabaret; sur le devant, trois hommes jouent aux cartes (n° 67). Trois épreuves :

460. La première, avant la lettre et l'adresse de J. F. *Frauenholz et C*, et avant que les marges du cuivre n'aient été réduites à la grandeur ordinaire. Rare et très-belle.

461. La deuxième, sur papier de Chine, du même état que la précédente. Très-rare et superbe.

462. La troisième, avec la lettre et l'adresse. Belle.

Pavillon des cy-devants Carmes des chaussés de Lyon. A gauche, des bateliers conduisent un bateau chargé de vieux arbres ; du côté opposé, un moulin à eau et des fabriques sur des rochers élevés (n° 68). Quatre épreuves :

463. La première, avant la lettre et avant que le trait carré n'ait été repris en plusieurs endroits. Rare et superbe.

464. La deuxième, sur papier de Chine, du même état que la précédente. Très-rare et superbe.

465. La troisième, avec la reprise du trait carré, mais avant le titre et l'adresse de *J. F. Frauenholz et C*. Rare et très-belle.

466. La quatrième, avec le titre et l'adresse. Belle.

467. Bateau en réparation dans un chantier à Savigny ; dans la marge du bas, au milieu : *Savigny* ; à droite : *J. J. D. B.* 1803 (n° 69). Superbe épreuve.

468. Autre épreuve de la même planche ; elle est sur papier de Chine. Belle.

469. Paysage d'un site riche, léger d'effet ; sur le devant, un pâtre à pied et une femme à cheval conduisant quatre bêtes à cornes (n° 70). Belle épreuve.

470. Autre épreuve de la même planche ; elle porte dans la marge inférieure une note de la main même du graveur : *Ce paisage n'a jamais été plus fort, l'eau-forte ayant mordu légèrement.* Belle.

Entrée d'une forêt : à droite, une mare et une cabane ; du côté opposé, un vieux tronc d'arbre derrière lequel passe un homme à cheval (n° 71). Quatre épreuves :

471. La première avant l'astérisque et avant que la morsure de l'étau n'ait été effacée. Rare et superbe.

472. La deuxième sur papier de Chine, du même état
que celle qui précède. Très-rare et superbe.

473. La troisième avec l'astérisque. Très-belle.

474. La quatrième sur papier de Chine, du même état
que la précédente. Rare et très-belle.

Autre entrée de forêt, faisant pendant à celle qui précède : à gauche, deux villageois et une petite fille à
peu de distance d'une masure couverte de chaume; à
la droite, un homme à cheval se fait montrer le chemin (n° 72). Trois épreuves :

475. La première avant l'astérisque. Rare et superbe.

476. La deuxième avec l'astérisque; mais avant que le
bord du cuivre au bas du côté droit n'ait été régularisé. Rare et très-belle.

477. La troisième avec le bord de cuivre régularisé.
Très-belle.

Vue d'une campagne pendant l'hiver; vers la droite, un
gros arbre dépouillé de ses feuilles (n° 73). Deux
épreuves :

478. La première avant que la morsure de l'étau, au
haut de la droite, n'ait été en partie effacée et l'angle
du trait carré raccordé. Superbe.

479. La deuxième avec le trait carré terminé. Très-belle.

Vue d'une campagne au printemps; à gauche, le tronc
d'un vieux cerisier (n° 74). Deux épreuves :

480. La première à l'eau-forte pure; le ciel entièrement
blanc. Extrêmement rare et très-belle.

481. La deuxième poussée à l'effet, mais avant les derniers travaux au pied du cerisier. Superbe.

Paysage où est une baraque en planches et en paille; sur
le devant, une jeune fille, un fagot sous le bras, suit un
villageois et un enfant précédés d'une vache (n° 75).
Deux épreuves :

482. La première avec le trait carré très-légèrement exprimé; il a quelques petites lacunes. Très-rare et superbe.

483. La deuxième avec le trait carré renforcé. Très-belle.

484. Pays coupé par une rivière, qu'un pâtre, deux vaches et un chien passent à gué (n° 76). Ce morceau fait pendant au précédent. Très-belle épreuve.

485. Autre épreuve de la même planche; elle est sur papier de Chine. Rare et très-belle.

486. Une ânesse debout près de son ânon couché sur le devant d'une campagne (n° 77). Très-belle épreuve.

487. Autre très-belle épreuve de la planche.

488. Une troisième épreuve de la même planche, sur papier de Chine; au bas du papier sur lequel elle est fixée par les quatre coins, elle porte cette note autographe de l'auteur : *Belle épreuve sur papier de soye*. Rare et superbe.

Vue d'un petit bois; à droite, un chasseur. Etude gravée d'après nature (n° 78). Deux épreuves :

489. La première avec le ciel couvert des traces du brunissoir. Rare et très-belle.

490. La deuxième avec le ciel nettoyé. Belle.

491. Vue de mer : à droite, une vieille tour; du côté opposé, une barque à voile (n° 80). Superbe épreuve.

492. Autre épreuve de la même planche; elle est enrichie de quelques teintes par l'artiste. Précieuse et belle.

Moulin d'Italie, près d'un rocher d'où tombent trois cascades; sur le devant, vers la droite, deux barques (n° 81). Quatre épreuves :

493. La première à l'eau-forte pure, avec le ciel entièrement blanc, et avant les plantes sur le devant à gauche. Extrêmement rare et superbe.

494. La deuxième entièrement terminée, mais avant l'astérisque. Très-rare et superbe.

495. La troisième avec l'astérisque; mais avant que deux des angles du cuivre, coupés diagonalement, ceux à droite, n'aient été arrondis. Rare et superbe.

496. La quatrième avec les angles arrondis; le bord du cuivre, au haut de la droite, est un peu rentré. Belle.

Paysage où, vers la droite, trois femmes layent du linge à une pièce d'eau. Morceau dit *les Petites Laveuses* (n° 82). Trois épreuves :

497. La première avant que la morsure de l'étau, au bas de la gauche, n'ait été effacée. Très-rare et superbe.

498. La deuxième après la morsure de l'étau effacée. Très-belle.

499. La troisième sur papier de Chine, du même état que la précédente. Rare et très-belle.

Autre paysage, faisant pendant au précédent, où l'on voit les vestiges d'anciens édifices, et dans le fond, à droite, le temple de la Sibylle (n° 83). Trois épreuves :

500. La première avant que les angles du cuivre, coupés diagonalement, n'aient été arrondis, exception faite de celui du bas à gauche. Superbe.

501. La deuxième sur papier de Chine, du même état que la précédente. Très-rare et superbe.

502. La troisième avec les angles du cuivre arrondis. Belle.

503. Villageois sur un âne (n° 84). Deux hommes et une chèvre près d'une rivière (n° 85). Ile couverte de bois ; à gauche, deux hommes dans un bateau (n° 86). Pêcheur à la ligne, à demi-couché sur un arbre ; à droite, deux vaches dans l'eau ; d'après J. Ruysdaël (n° 87). Quatre estampes. Epreuves d'eau-forte ; elles sont avant la lettre et les numéros. Extrêmement rares et superbes.

504. Deux hommes et une chèvre près d'une rivière

(n° 85). Epreuve avec le ciel terminé, la lettre et le
numéro; mais avant les travaux au burin, sur la touffe
de feuilles au pied de l'arbre à gauche. Rare et belle.

505. Lever du soleil, d'après Claude le Lorrain (n.° 88).
Vestiges d'aqueducs (n° 90). Paysage avec rivière et
pont de bois (n° 92). Paysan sur un bouriquet; à
droite, une cascade tombe dans une rivière (n° 93).
Quatre estampes. Epreuves à l'eau-forte pure, avant
la lettre et les numéros. Extrêmement rares et très-
belles.

506. *Suite de dix paysages, gravés à l'eau-forte. Par
Boissieux Peintre. A Paris, chez Basan.* Ce titre, gravé
sur un roc, au premier morceau : le Villageois sur un
âne (n° 84). Les deux hommes et une chèvre près d'une
rivière (n° 85). L'Ile couverte de bois (n° 86). Le Pêcheur à la ligne, d'après J. Ruysdaël (n° 87). Le lever
du soleil, d'après Claude le Lorrain (n° 88). L'Homme
dans un bateau, abordant près de vieilles tours (n° 89).
Les Vestiges d'aqueducs (n° 90). Le Religieux près d'un
chasseur (n° 91). Le Paysage avec rivière et pont de
bois (n° 92). Le Paysan sur un bouriquet (n° 93).
Epreuves terminées, avec la lettre et les numéros;
mais avant quelques retouches faites depuis, en différentes fois, aux planches.

Paisages dessinés et gravés par J. J. D. B., à Lyon 1759,
titre qu'on lit sur une grande pierre, à droite du premier morceau de cette suite; à gauche, dans la marge :
*A Paris chés la V° de F. Chereau rue S. Jacques aux
2 Piliers d'or*; deuxième, le Moulin à eau; troisième,
la Fontaine; quatrième, la Fileuse; cinquième, les
deux Maisonnettes couvertes en tuiles; sixième, la
Vieille Tour (n°s 94 à 99). Deux épreuves de chaque :

507. Les premières, à l'eau-forte pure, avant les ciels et
avant l'adresse de *la veuve de F. Chereau.* Très-rares
et superbes.

508. Les deuxièmes, avec les ciels et autres travaux;
mais avant que l'adresse de *la veuve de F. Chereau,*

n'ait été effacée et remplacée par celle-ci : *A Paris, chez Jean, rue Jean-de-Beauvais, n° 10.*

Portrait du souverain pontife Pie VII, vu de profil et dirigé vers la gauche (n° 100). Deux épreuves :

509. La première, avant la totalité des travaux à la roulette, et avant les inégalités dans le fond à gauche. Très-belle.

510. La deuxième avec les inégalités dans le fond, mais avant les derniers travaux à la roulette. Très-rare et belle. Cabinet de Claussin.

511. Portrait de M. de Boissieu, docteur en médecine, frère du graveur; il est vu en buste et de profil, coiffé en perruque, dirigé à gauche (n° 101). Belle épreuve sur papier de Chine. Rare.

512. La Servante de J.-J. de Boissieu, elle est représentée presque à mi-corps, dirigée vers la gauche d'où vient le jour (n° 102). Belle épreuve sur papier de Chine. Rare.

Vieillard à front chauve, vu de trois quarts forcés, tourné vers la droite (n° 103). Quatre épreuves :

513. La première, avant le troisième point, à la suite du monogramme du graveur, et avant que la morsure de l'étau n'ait été ébarbée. Très-rare et superbe.

514. La deuxième, sur papier de Chine, du même état que la précédente. Extrêmement rare et superbe.

515. La troisième, avec la morsure de l'étau ébarbée; mais avant le troisième point. Très-belle.

516 La quatrième, avec le triple point; mais avant que les travaux n'aient été repris au burin derrière l'oreille du personnage. Belle.

Vieillard vu presque de face, un bonnet sur la tête; il regarde à droite (n° 104). Trois épreuves :

517. La première, avant le second point, après le monogramme du graveur. Très-rare et superbe.

518. La deuxième, avec le double point; mais avant que la tache d'eau-forte, près du bord inférieur, et les morsures des étaux n'aient été effacées. Rare et très-belle.

519. La troisième, de la planche nettoyée. Très-belle.

520. Homme tourné vers la gauche, tête-nue, vu de trois quarts (n° 105). Superbe épreuve.

521. Autre épreuve de la même planche, mais ordinaire.

Vieille, surnommée *la Boudeuse*. Elle est vue de trois quarts forcés, tournée à droite (n° 106). Trois épreuves:

522. La première, avant le second point, à la suite du monogramme du graveur, et avec les barbes de la morsure de l'étau. Très-rare et fort belle.

523. La deuxième, sur papier de Chine, du même état que la précédente. Extrêmement rare et superbe.

524. La troisième, avec le double point, non ébarbé. Très-belle.

525. Une feuille de quatre études de demi-figures et de têtes; dans ce nombre, celle d'un vieillard les mains jointes (n° 107). Très-belle épreuve.

526. Autre épreuve de la même planche; elle est sur papier de Chine. Rare et très-belle.

527. Autre feuille d'études, contenant trois têtes d'hommes, une de bélier et une de chevreau (n° 108). Très-belle épreuve.

528. Autre épreuve de la même planche, elle est sur papier de Chine. Belle.

529. Autre feuille d'études, contenant sept têtes, au bas de laquelle on voit deux vieillards à grands bonnets et longues barbes (n° 109). Très-belle épreuve avant que les angles du cuivre, à gauche, n'aient été fortement arrondis.

530. Autre feuille contenant aussi sept études; dans ce nombre, un homme qui chante en s'accompagnant de la guitare, et une tête de chien (n° 110). Très-belle épreuve.

Autre feuille de huit études de têtes; au milieu, un homme vu de face, à barbe courte et chapeau rond relevé (n° 111). Deux épreuves :

531. La première, avec les traces de la morsure de l'étau, au coin droit supérieur, et avec l'*an* 3 très-légèrement tracé à la pointe, à la suite des initiales du maître. Très-belle.

532. La deuxième, après les traces de la morsure de l'étau effacées; l'*an* 3 entièrement disparu. Belle.

Autre feuille d'études de têtes, parmi lesquelles on remarque celle d'un vieillard à qui l'on va faire la barbe (n° 112). Quatre épreuves :

533. La première, avant que la grosse tête d'homme, vue de trois quarts, au bas de la droite, n'ait été effacée et remplacée par six griffonnements. De la plus grande rareté et superbe.

534. La deuxième, avec six petites têtes d'études substituées à la grosse tête vue de trois quarts, et avec les barbes de la morsure de l'étau, et les traces du grattoir et du brunissoir. Extrêmement rare et superbe.

535. La troisième, de la planche nettoyée, mais avant que la morsure de l'étau n'ait été entièrement effacée. Très-belle.

536. La quatrième, après la morsure de l'étau effacée. Très-belle.

537. Une Chatte et un petit Chat dormant au soleil (n° 113). Belle épreuve.

538. Autre épreuve de la même planche; elle est sur papier de Chine. Très-belle.

539. Suite de six griffonnements (n° 114 à 119); au premier morceau, sur un Rocher, près duquel marche un paysan, on lit : *Livre de grifonemens inventés et gravés par de Boissieu à Paris chés Pariset. C. P. R.*; deuxième, Homme vu de dos, appuyé sur son bâton, et quatre figures et têtes; troisième, trois Paysans, un

assis et deux debout près d'un tonneau ; quatrième,
groupe de quatre Paysannes, un Aveugle conduit par
son chien, et deux autres études ; cinquième, Tête de
religieux, vu de profil, tourné à droite ; sixième,
Homme en bonnet de fourrure, et trois autres études.
Pièces rares.

540. Feuille de huit études ; dans ce nombre, une dame
coiffée en cheveux, assise, lisant dans un livre, et une
tête de chien (nᵒ 120). Très-belle épreuve. Rare.

541. Autre feuille d'études, contenant une vieille fileuse
coiffée d'un grand chapeau et un vieillard à barbe
(nᵒ 121). Très-belle épreuve. Rare.

542. Vue d'un port ; à la gauche du premier plan,
devant un groupe d'arbres, une grande pierre avec
armoiries ; près de là, sur le plat d'un livre à terre, on
lit : *Ex libris p. h. Souchay Equitis* (nᵒ 125). Pièce
rare. Très-belle épreuve, tirée avant quelques travaux
ajoutés depuis à la planche, notamment les tailles perpendiculaires, entre la partie supérieure du gros arbre
et le trait carré à gauche.

Buste d'homme vu de trois quarts, dirigé vers la droite,
d'après Vandyck (nᵒ 126). Deux épreuves :

543. La première, avant le second point à la suite du
monogramme du graveur. Très-belle.

544. La deuxième, avec le double point. Belle.

Portrait d'homme, à mi-corps, d'après D. Teniers ; il est
vêtu d'un manteau noir, surmonté d'une fraise
(nᵒ 127). Trois épreuves :

545. La première, avant la totalité des travaux à la roulette, notamment sur la poitrine, au-dessus du bras
gauche. Très-belle.

546. La deuxième, entièrement terminée ; il y a des
points échappés de la roulette sur la marge inférieure,
entre le mot Cab. (pour cabinet) et le nom du peintre. Belle.

547. La troisième, sur papier de Chine, du même état que la précédente. Très-belle.

548. Paysage d'après Fouquières : une jeune fille montée sur un âne, un berger et deux vaches passant à gué une rivière ; dans le fond, des bosquets et des montagnes (n° 128). Très-belle épreuve, mais coupée près du trait carré.

549. Autre épreuve de la même planche ; elle est tirée sur papier de Chine. Superbe.

Chasseur, son fusil sur l'épaule, sortant d'un bois où un homme et une femme de distinction se promènent. Grand et riche paysage, d'après J. Wynants (n° 129). Deux épreuves :

550. La première, avant lettre ; elle est sur papier de Chine. Rare et superbe.

551. La deuxième, avec l'inscription suivante : *D'après le tableau de J. Wynants, appartenant à l'éditeur Dom. Artaria, à Mannheim,* qui a été remplacée depuis par celle-ci : *D'après le tableau original de Wynants, qui est dans la galerie de S. E. Monseigneur le Comte de F. de Schoenborn.* Très-belle.

552. Villageois prêt à passer à gué une rivière où sont deux vaches et un chien ; à droite du rivage opposé, une autre vache. Morceau d'après Berghem (n° 131). Très-belle épreuve.

553. Autre épreuve de la même planche ; elle est teintée au lavis par l'auteur. Très-précieuse et fort belle.

Petit paysage montagneux, d'après Berghem ; sur le devant, des pâtres et des animaux traversent une rivière (n° 132). Deux épreuves :

554. La première, avec les essais de pointe sur la marge, à gauche, très-apparents. Très-belle.

555. La deuxième, avec les essais de pointe peu apparents. Belle.

La Digue rompue, d'après *Asselin Craesbéke* (Crabbetje);
sur le terrain, à gauche, trois hommes, deux en manteau; du côté opposé, huit villageois, dont un à cheval
(n° 133). Trois épreuves :

556. La première, avant les travaux à la roulette. Très-
belle.

557. La deuxième, poussée à un grand effet à l'aide des
travaux à la roulette. Très-belle.

558. La troisième, du même état que la précédente,
mais teintée au lavis par l'auteur. Précieuse et très-
belle.

Bouvier assis sous de grands arbres, à la gauche d'une
campagne, près d'une pièce d'eau où sont deux vaches. Grand et beau paysage, d'après J. Ruysdaal
(n° 134), faisant pendant à celui décrit sous le n° 129
de l'œuvre. Trois épreuves :

559. La première, avant la lettre, et avant que l'angle
inférieur du cuivre, à gauche, n'ait été fortement arrondi. Très-rare et superbe.

560. La deuxième, avec l'angle gauche du bas très-arrondi, mais avant la lettre; elle est sur papier de Chine.
Rare et superbe.

561. La troisième, avec l'inscription suivante : *D'après
le tableau de Ruysdael. Appartenant à l'éditeur, Dom.
Artaria à Mannheim*, qui a été remplacée depuis par
celle-ci : *D'après le tableau original de Ruysdael, qui
est dans la galerie de S. E. Monsieur le comte de F.
Schoenborn.* Très-belle.

562. Le Moulin à eau, d'après Jacque Ruysdaal; à droite,
sur la berge, deux dessinateurs (n° 135). Très-belle
épreuve.

563. Autre épreuve de la même planche, que l'auteur
s'est plu à enrichir de teintes à l'encre de Chine. Précieuse et très-belle.

Le Moulin de Ruysdaal : il est placé à droite, au bord

d'une rivière; vers la gauche, un batelier dirige un bateau où sont quatre hommes et un cheval (n° 136). Quatre épreuves :

564. La première, avant les deux lignes d'inscription : *Tiré du cabinet de Monsieur Mariette, contrôleur général de la grande chancellerie, honoraire amateur de l'Académie royale de peinture et sculpture;* elle est sur papier de Chine. Extrêmement rare et superbe. Cabinets Rigal et de Claussin.

565. La deuxième, avec les deux lignes d'inscription, mais avant que trois des angles, coupés diagonalement, n'aient été arrondis. Superbe.

566. La troisième, avec les angles arrondis, à l'exception de celui du haut à gauche. Belle.

567. La quatrième, sur papier de Chine, du même état que la précédente. Belle.

Pays coupé par un chemin où un homme se repose, à peu de distances de deux chaumières, d'après *Jacque Ruysdaal* (n° 137). Trois épreuves :

568. La première, avant l'astérisque, à la suite du monogramme du maître. Très-rare et superbe.

569. La deuxième, avec l'astérisque. Très-belle.

570. La troisième, sur papier de Chine, du même état que la précédente. Rare et très-belle.

Un Pâtre et un taureau traversant une rivière, d'après *J. Ruysdaal* (n° 138). Cinq épreuves :

571. La première, à l'eau forte pure; avant le ciel terminé, et avant l'ombre portée sur le bas du pignon de la chaumière, derrière les deux figures. De la dernière rareté et superbe.

572. La deuxième, de la planche terminée; mais avant la seconde ligne d'écriture : *Tiré du cabinet de Monsieur Souchay écuyer à Lyon.* Très-rare et superbe.

573. La troisième, sur papier de Chine, du même état que la précédente. Extrêmement rare et superbe.

574. La quatrième; avec la seconde ligne d'inscription. Très-belle.

575. La cinquième, sur papier de Chine, du même état que celle qui précède. Rare et très-belle.

Le Repos des Faucheurs, d'après *Adrien Van den Velde*. Trois épreuves :

576. La première, avant que le trait carré n'ait été repris à la pointe; sa partie supérieure à des lacunes. Rare et superbe.

577. La deuxième, avec la reprise du trait carré; mais avant quelques travaux au burin sur le premier plan, près des grandes plantes. Belle.

578. La troisième, de la planche terminée ; elle est sur papier de Chine. Très-rare et superbe. Cabinet Rigal.

Charlatans sur des tréteaux adossés à une maison villageoise, d'après Karle du Jardin. Morceau dit *les Grands Charlatans* (n° 140) Quatre épreuves :

579. La première, avant l'astérisque, à la suite de l'année 1772. Rare et très-belle.

580. La deuxième, avec l'astérisque; mais avant que la planche n'ait été terminée à la pointe sèche et à la roulette. Très-belle.

581. La troisième, sur papier de Chine, du même état que la précédente. Très-rare et fort belle.

582. La quatrième poussée à tout son effet ; mais avant que la tache d'eau forte sur la marge, à gauche, vers le bas, n'ait été entièrement effacée. Très-belle.

Deux femmes et un jeune garçon près d'un lavoir où coulent les eaux d'une fontaine, d'après N. Poussin n° 141). Trois épreuves :

583. La première, avec les morsures des étaux, et avant les derniers travaux à la roulette, sur le devant, à droite; elle est sur papier de Chine. Très-rare et superbe.

584. La deuxième, terminée à la roulette, mais avant
que les morsures des étaux n'aient été effacées. Très-
rare et superbe.

585. La troisième, avec les marges du cuivre nettoyées.
Très-belle.

586. Pâtre jouant du flageolet, près d'une bergère qui
garde des chèvres, d'après Claude Lorrain (n° 142).
Très-belle épreuve.

587. Autre épreuve de la même planche; elle est sur papier de Chine. Superbe.

> **BOL** (FERDINAND), peintre et graveur à l'eau-forte, né à Dor-
> drecht, en 1611; mort à Amsterdam, en 1681.

588. Le sacrifice d'Abraham (1) * B. 1. Superbe épreuve.

589. Le Sacrifice de Gédéon (2) B. 2. Très-belle épreuve
de la planche entièrement terminée

590. Saint Jérôme dans une caverne (3) B. 3. Superbe
épreuve avec les coins du haut de la planche couverts
de taches d'eau-forte. Rare de cette beauté.

591. L'Astrologue (8) B. 8. Morceau rare. Très-belle
épreuve.

592. Portrait d'officier (12) B. 11. Très-belle épreuve.
Cabinet Astley.

593. La Femme à la poire (16) B. 14. Très-belle épreuve.

594. Le même sujet. Très-rare et superbe épreuve sur
papier du Japon. Cabinets Astley, Ed. Durand, Robert-Dumesnil, et Verstolk de Soelen.

595. Vieillard à grande barbe et calotte (18) B. 295 du
cat. de Rembrandt. Superbe épreuve.

> **BOLOGNINI** (JEAN-BAPTISTE), le vieux, peintre et graveur à
> l'eau-forte; né à Bologne en 1612, mort dans la même ville
> en 1689.

596. Jésus-Christ établissant saint Pierre chef de son
église, et lui en donnant les clés (B. 2). Très-belle
épreuve.

* Le numéro entre parenthèses est celui de Claussin.

BOLSWERT (Schelte a), dessinateur et graveur au burin, né à Bolswert en Frise, vers 1586; mort à Anvers, dans un âge avancé.

597. La Nativité. Beau morceau en hauteur, d'après P. P. Rubens (Basan, n° 7 du Nouveau-Testament). Très-belle épreuve du premier état, avant que l'adresse de *Martinus Vanden Enden* n'ait été effacée et remplacée par celle de *Gillis Hendricx*. Aux épreuves du troisième état, les mots *Gillis Hendricx exc. Antuerpiæ cum privilegio Regis* ont été effacés.

598. La fille d'Hérodiade présentant la tête de saint Jean à sa mère, et celle-ci la montrant à Hérode. Ce morceau, en largeur, connu sous le nom du *Festin d'Hérode*, est d'après P. P. Rubens (Basan, 41 du Nouveau Testament). Très-rare et superbe épreuve avant toutes lettres. Cabinet Debois.

599. Les Pères de l'Eglise, et sainte Claire au milieu d'eux tenant le Saint-Sacrement. Beau morceau en hauteur, d'après P. P. Rubens (Basan, 4 des s. d'histoire et allégories sacrées). Superbe épreuve avec l'adresse de *Nic. Lauwers*.

600. L'Enfant-Jésus sur une table, caressant la sainte Vierge; dans la marge, le titre: *Pvtevs aqvarvm viventivm. Cant. 4. Fonteyn der Houen. Cant. 4*; à gauche: *P. P. Rubens pinxit*; à droite: *S. à Bolswert sculp.* (Basan, 34 des sujets de Vierges).

Nota. A cette épreuve, du reste très-belle, l'adresse de Martinus Van den Enden, au-dessous du nom du graveur, a été grattée.

601. La sainte Vierge, et l'Enfant-Jésus sur ses genoux. Elle tient un globe de la main droite et son fils un sceptre de la main gauche. Beau morceau en hauteur, d'après P. P. Rubens (Basan, 36 des sujets de Vierges). rare et très-belle épreuve du premier état, avec l'adresse du graveur: *S. à Bolswert sculp. et excudit.*

602. Le même sujet. Belle épreuve du deuxième état, avec l'adresse de Martinus Van den Enden substituée à celle du graveur; les mots: *Cum priuilegio*, au-dessous du nom du peintre, ont été enlevés.

603. Sainte Famille, où l'Enfant-Jésus et saint Jean caressent un agneau. Morceau en hauteur, d'après P. P. Rubens (Basan, 44 des sujets de Vierges). Très-belle épreuve du premier état, avant que l'adresse de Martinus Van den Enden n'ait été effacée et remplacée par celle de *Gillis Hendricx.*

604. Sainte Famille, où l'Enfant-Jésus tient un oiseau. Morceau en hauteur, d'après P. P. Rubens (Basan, 58 des sujets de Vierges). Superbe épreuve du premier état, avant l'adresse de *Gillis Hendricx,* dans la marge du bas, à droite.

605. Sainte Anne et la Vierge. Ce morceau en hauteur, connu sous le titre de : *L'éducation de la Vierge,* est d'après P. P. Rubens (Basan, 2 des sujets de Saintes). Très-belle épreuve du premier état, avant que l'adresse de Martinus Van den Enden n'ait été effacée et remplacée par celle de *Gillis Hendricx;* elle provient du cabinet Debois.

606. Des Nymphes avec du gibier, et des Satyres chargés de fruits; dans la marge : *Sic vobis lassæ......* *feræque bonæ.* Ce morceau en travers, d'après P. P. Rubens, est désigné sous le titre de : *Retour de chasse* (Basan, 26 des sujets de la Fable). Superbe épreuve *non décrite;* elle est tirée avant toutes lettres et avant que la planche n'ait été terminée et régularisée. La marge du bas porte, de hauteur, savoir : à gauche 29 millimètres et à droite 27 millimètres, au lieu que dans l'état connu cette marge est réduite à 19 millimètres.

607. Le même sujet. Belle épreuve avec la lettre.

608. Une vaste campagne, dont une partie est ravagée par un torrent impétueux; l'on voit dans l'autre, qui est à l'abri de ce désastre, Philémon et Baucis qui accordent l'hospitalité à Jupiter et à Mercure. Beau paysage, d'après P. P. Rubens (Basan, 26-1 des diff. suites). Très-belle épreuve.

609. Un paysage où se voyent plusieurs ruines et sur le devant duquel sont deux femmes, dont l'une porte sur

sa tête un panier rempli de légumes et la seconde un panier sous son bras, d'après P. P. Rubens (Basan, 27-1 des diff. suites).

610. Autre paysage, avec des ruines sur le devant et une jeune fille dans l'eau jusqu'à mi-jambe portant un panier sur sa tête. Il y a encore plusieurs autres figures. D'après le même (Basan, 27-2 des diff. suites).

611. Autre paysage, sans figures sur le devant; dans le fond paraît un nuage épais qui cache le sommet des montagnes éloignées. D'après le même (Basan, 27-6 des diff. suites). Superbe épreuve, avec de grandes marges.

612. Autre paysage, avec des saules et une petite rivière en travers de laquelle est jetée une planche; plus haut, l'on voit un homme qui mène boire son cheval. D'après le même (Basan, 27-9 des diff. suites). Superbe épreuve, avec de grandes marges.

613. Autre paysage, avec un arc-en-ciel; sur le devant sont deux femmes, dont l'une porte sur sa tête un panier, et l'autre porte un rateau. D'après le même (Basan, 27-11 des diff. suites). Superbe épreuve, avec de grandes marges.

614. Autre paysage, représentant un clair de lune; il y a un cheval sur le devant, d'après le même (Basan, 27-14 des diff. suites) Superbe épreuve, avec de grandes marges.

615. Autre morceau représentant une tempête, d'après Van Artvelt (Basan, 27-21 des diff. suites). Rare. Très-belle épreuve.

Nota. On joint ordinairement cette marine aux vingt paysages d'après Rubens.

616. La Sainte Famille : près d'elle, des anges dansent pour amuser l'Enfant Jésus. Grand et beau morceau en largeur, d'après Antoine Van Dyck. Superbe épreuve du premier état, avant que l'adresse de *Martinus Van den Enden* n'ait été effacée et remplacée par celle de *Gillis Hendricx*.

617. La Marche de Silène. Pièce en hauteur, d'après Antoine Van Dyck. Belle épreuve du premier état, avant que l'adresse de Nicolas de Lauwers n'ait été effacée et remplacée par celle de C. Galle.

Le même sujet. Épreuve du deuxième état, avec l'adresse de C. Galle.

618. Mercure se préparant à couper la tête à Argus, d'après I. Iordaens. Très-belle épreuve du premier état : avant *A. Bloteling Excudit Cum Piuilegio*, sur la terrasse, au-dessous du pied gauche de Mercure *; elle a de la marge.

* Aux épreuves du deuxième état, l'adresse d'*A. Bloteling*, et le privilége ; à celles du troisième état, les mots *A. Bloteling Excudit Cum Priuilegio* ont été effacés, la planche a été retouchée, et le n° 8, gravé à la droite du bas de la marge inférieure.

619. Jupiter enfant, pleurant et montrant un pot à une femme qui trait une chèvre, d'après *Iac. Iordaens*. Très-belle épreuve du premier état, avant l'adresse d'*A. Bloteling*, mais avec le privilége *.

* Aux épreuves du deuxième état, on lit au bas de la marge : *A. Bloteling Excudit Cum Priuilegio* ; à celles du troisième état, l'adresse d'*A. Bloteling* et le privilége ont été effacés, et le n° 9 a été gravé à la droite de la marge inférieure.

620. Pan joue de la flûte en gardant son troupeau, d'après *Jacques Iordaens*. Très-belle épreuve du premier état, avant *A. Bloteling Excudit Cum Priuilégio*, au milieu du bas de la marge inférieure * ; elle a de la marge.

* Aux épreuves du deuxième état, l'adresse d'*A. Bloteling* et le privilége ; à celles du troisième état, les mots *A. Bloteling Excudit cum Priuilegio* ont été effacés, et le n° 13 a été gravé à la droite de la marge du bas.

621. La Communion de Sainte Rose. Morceau en hauteur, d'après E. Quellin. Très-belle épreuve du premier état avec l'adresse de *Martinus van den Enden*.

622. Combat singulier entre le Gras et le Maigre. A gauche de la planche, une femme à cheval sur un tonneau, placé sur un char à quatre roues pleines, présente à une autre femme, son adversaire, un tournebroche auquel sont enfilés un gigot et un poulet ; du côté opposé, son ennemie, montée dans un panier placé aussi

sur un char à quatre roues pleines, la menace de lui
lancer à la tête une bourriche de poissons. Elles sont
suivies, l'une et l'autre, d'une multitude de personnages bizarrement armés. Dans la marge, quatre vers
latins et quatre vers hollandais. Morceau en largeur,
gravé par Schelte, d'après la composition de son frère
Boëce Bolswert. Extrêmement rare. Très-belle épreuve.

BONASONE (Jules), peintre et graveur à l'eau-forte et au burin;
né à Bologne, dans la première moitié du XVI° siècle; mort à
Rome, vers 1580.

623. Saint Paul, prêchant aux *nouveaux chrétiens*, d'a-
près Le Parmesan (B. 72). Epreuve mal conservée.

624. La naissance de saint Jean-Baptiste (B. 76). Belle
épreuve, tirée avant que l'adresse d'*Ant. Lafreri* n'ait
été effacée et remplacée par celle de *C. Losi*.

625. Scipion, blessé dans le combat donné près du Tes-
sin, est retiré de la mêlée par la valeur de son petit-fils
P. Scipion, surnommé l'Africain; d'après Polidore de
Caravage (B. 81). Belle épreuve.

626. Clélie traversant le Tibre et ramenant à Rome ses
compagnes, qui étaient prisonnières dans le camp de
Porsenna; d'après Polidore de Caravage (B. 83). Très-
rare et belle épreuve du premier état, avant l'adresse
d'*Ant. Lafreri*. Cabinets Révil et Debois.

627. Bacchus couché sur un char traîné par des tigres et
accompagné par des satyres et des bacchantes (B. 90).
Très-belle épreuve.

628. Portrait de François Floris, peintre d'Anvers (Ap-
pendice, 1). Belle épreuve.

BOOM (A. H. V.), peintre et graveur à l'eau-forte hollandais;
florissait dans le milieu du XVII° siècle.

629. Le hameau (B. 1). Morceau rare. Belle épreuve.

630. La pièce d'eau (B. 2). Morceau rare. Belle épreuve.

BOSSE (Abraham), dessinateur et graveur à l'eau-forte; né à
Tours vers 1605; mort en 1678.

631. *Listoire de Lenfant prodigve faicte par A Bosse et*

ce vent chez le Blond auec priuilege du Roy. Suite de
six pièces : Première, l'Enfant prodigue prenant congé
de ses parents; deuxième, l'Enfant prodigue dans un
lieu de débauche; troisième, l'Enfant prodigue est ré-
duit à garder les pourceaux ; quatrième, l'Enfant prodigue revient chez son père; cinquième, le Père de
l'Enfant prodigue fait tuer le veau gras; sixième, le
Festin. Très-belles épreuves avec de grandes marges.

632. *Les IIII. AAGES DE l'Homme faites par ABosse
Et ce Vendent chez le Blond Auec Priuilege du Roy
1636.* Suite de quatre pièces : Première, l'Enfance:
plusieurs enfants s'amusent aux jeux de leur âge;
deuxième, l'Adolescence : un jeune homme en compagnie de sa maîtresse et de l'amour; troisième, la Viri-
lité : un homme assis à table avec sa famille; quatrième, la Vieillesse : un vieillard et sa femme se chauffent à un feu de cheminée. Très-belles épreuves avec
de grandes marges.

633. *La Fortvne de la France.* Très-belle épreuve, avec
l'adresse de *le Blond, le jeune.* Elle a de grandes
marges.

634. Un Espagnol suivi d'un enfant qui porte des légumes. Pièce rare. Belle épreuve, mais assez mal conservée; la marge du bas coupée.

635. Atelier de graveurs. Dans la marge, le titre : *Gra-
ueurs en taille douce au Burin et a Leaue forte.... fait
a leaue forte par ABosse a Paris en Lisle du palais
lan 1642 auec priuilege.* Belle épreuve. Cabinet Debois.

636. Atelier d'imprimeurs. Dans la marge, le titre : *Cette
figure vous montre comme on Imprime les planches de
taille douce.... faict a leau forte par ABosse a Paris
en Lisle du palais l'an 1642, auec priuilege.* Belle
épreuve. Cabinet Debois.

637. *L'Infirmerie de l'hospital de la Charité de Paris.*
Très-belle épreuve, mais manquant de conservation;
le coin du haut, à droite, est restauré au pinceau.

638. Un procureur dans son cabinet reçoit les présents de ceux qui viennent le consulter. Belle épreuve avec l'adresse de *le Blond*. Elle a de grandes marges.

639. *La Benédiction de la Table*. Très-belle épreuve, avec l'adresse de *J. Boisseau*. Elle a de la marge.

640. Les Garçons de la noce portant le chaudeau aux nouveaux mariés. Très-belle épreuve, avec l'adresse de *Jean le Blond*. Elle a de grandes marges.

BOTH (André), peintre et graveur à l'eau-forte ; né à Utrecht, en 1609; mort à Venise, en 1650.

641. Les Débauchés et la Fille de joie; au bas de la gauche : *A. Both* * (B. 9). Très-belle épreuve.

* C'est par erreur que, dans le catalogue de la collection d'estampes de M. F. Debois, une pareille épreuve a été annoncée comme *première épreuve avant le nom de A. Both, placé à gauche de l'estampe*. Il en a été de même dans l'ordre des vacations. L'erreur est d'autant plus étrange que ce nom d'*A. Both*, du reste très-visible et très-lisible, est gravé à l'eau-forte en même temps que le sujet, et de la même pointe.

BOTH (Jean), peintre et graveur à l'eau-forte; né à Utrecht, en 1610; mort dans la même ville, en 1650.

642. La Femme montée sur le mulet (B. 1). Rare et très-belle épreuve, avant que l'adresse de Matham n'ait été effacée et remplacée par celle de P. Mariette.

Le même sujet. Épreuve du dernier état : l'adresse de P. Mariette enlevée.

643. Le Chariot attelé de bœufs (B. 2). Rare et très-belle épreuve, avant que l'adresse de Matham n'ait été effacée et remplacée par celle de P. Mariette.

Le même sujet. Épreuve du dernier état : l'adresse de P. Mariette enlevée.

644. Le Grand arbre (B. 3). Rare et très-belle épreuve, avant que l'adresse de Matham n'ait été effacée et remplacée par celle de P. Mariette.

Le même. Épreuve du dernier état : l'adresse de P. Mariette enlevée.

645. Le Pont de pierre (B. 5). Rare et très-belle épreuve, avant le nom du maître. Cabinet Debois.

646. Le Muletier (B. 6). Rare et très-belle épreuve, avant le nom du maître.

Le même. Épreuve avec le nom du maître.

647. Le Trajet (B. 7). Rare et très-belle épreuve, avant le nom du maître.

Le même. Épreuve avec le nom du maître.

648. Les Cinq sens de l'homme. Suite de cinq estampes gravées d'après André Both (B. 11 à 15). Belles épreuves du premier état, avant l'adresse de F. de Wit sur le premier morceau, et la répétition des numéros dans la marge du bas.

BOULOGNE (Louis de), le père, peintre et graveur à l'eau-forte; né à Paris, en 1609; mort dans la même ville, en 1674.

649. La Vierge au mur (R.-D. 2). Très-belle épreuve.

650. La Vierge à l'oiseau (R.-D. 4). Très-belle épreuve.

651. La Flagellation de saint André, d'après Paul Véronèse (R.-D. 9). Très-belle épreuve du premier état, avant beaucoup de travaux.

Le même sujet. Belle épreuve du deuxième état; la planche est terminée.

BOURDON (Sébastien), peintre et graveur à l'eau-forte; né à Montpellier, en 1616; mort à Paris, en 1671.

652. Les OEuvres de miséricorde. Suite de sept pièces numérotées en chiffres romains (R.-D. 2 à 8). Très-belles épreuves du premier état, avec l'adresse de l'auteur; elles ont de la marge.

653. La Vierge de 1649 (R.-D. 15). Deux épreuves : la première à l'eau-forte pure; la deuxième terminée, avec la lettre.

654. La sainte Famille et sainte Catherine (R.-D. 19). Deux épreuves : la première avec l'adresse de *L. Bois-seuin;* la deuxième avec l'adresse effacée.

655. La Vierge à l'oiseau (R.-D. 21). Deux épreuves avec les mêmes remarques que ci-dessus.

BOUT (Pierre), peintre et graveur à l'eau-forte ; né dans les Pays-Bas, vers 1660 ; l'année de sa mort n'est pas connue.

656. Les Marchands de poissons (B. 1). Belle épreuve. Cabinet Debois.

657. Les Patineurs (B. 2). Épreuve extrêmement rare, *non décrite*, à l'eau-forte pure : on y lit avec peine, à la gauche du bas, au-dessus du trait carré, le nom du maître ; elle est rognée de deux centimètres trois millimètres dans la partie supérieure.

658. Le même sujet. Très-belle épreuve de la planche terminée.

659. Les Chasseurs (B. 4). Très-belle épreuve.

660. La Jetée (B. 5). Morceau très-rare. Superbe épreuve du premier état, avant que le trait carré n'ait été repris et régularisé ; il y a des lacunes, notamment vers le bas de la droite.

BOUTTATS (Gaspard), dessinateur et graveur à l'eau-forte ; né à Anvers, en 1640 ; mort en 1703.

61. Le portrait de G. Ogier, d'après Pierre Tys. Très-belle épreuve.

BOYVIN (René), dessinateur et graveur à l'eau-forte et au burin ; né à Angers, vers 1530 ; mort à Rome, en 1598.

662. La Charité romaine (R.-D. 11) ; Vénus, mère des amours (R.-D. 21). Deux pièces, d'après Rosso. Belles épreuves.

BRANT (R. . . . .), artiste allemand sur lequel on n'a pas de données.

663. La sainte Famille. Pièce en hauteur. Rare et très-belle épreuve du premier état, avant la lettre et les travaux au burin. Le même sujet. Épreuve du deuxième état avec la lettre et les travaux additionnels.

BRAUWER ou **BROUWER** (Adrien), peintre et graveur à l'eau-forte ; né à Harlem en 1608 ; mort à Anvers en 1640.

664. Un Paysan vu à mi-corps dirigé à droite, la tête couverte d'un bonnet auquel sa pipe est attachée, compte son argent ; devant lui, une table sur laquelle il y a deux pièces de monnaie. Très-belle épreuve.

665. Autre Paysan vu à mi-corps et de face; il est coiffé
d'une toque qui lui cache en partie l'œil droit. Très-
belle épreuve.

> **BREBIETTE** (Pierre), peintre et graveur à l'eau-forte; né à
> Mantes-sur-Seine, vers la fin du seizième siècle; florissait dans
> la première moitié du siècle suivant.

666. La Grammaire représentée par une marche triom-
phale. Très-belle épreuve du premier état avec l'adresse
d'Aug. Quesnel. Satyre accroupi. Belle épreuve, mais
coupée à gauche et à droite.

667. Le Martyre de saint Georges, d'après Paul Véronèse. Belle épreuve.

> **BREENBERG** (Bartholomé), peintre et graveur à l'eau-forte;
> né à Utrecht vers le commencement du dix-septième siècle;
> mort en 1660.

668. A gauche, au bord d'un large chemin sur lequel
marche une femme conduisant un enfant par la main,
on remarque une haute maison (B. 6). Très-belle
épreuve.

669. Au milieu de ce morceau, deux hommes descen-
dent, en causant, d'une hauteur surmontée d'un bâtiment en ruines (B. 13). Très-belle épreuve.

670. Sur un large chemin à pente rapide, conduisant
vers les restes d'un palais, un homme fait marcher son
âne (B. 16). Très-belle épreuve.

> **BRESSE** (Jean-Antoine de), dessinateur et graveur au burin;
> né à Brescia dans la deuxième moitié du quinzième siècle.

671. Jeune femme arrosant une plante (21). Belle épreuve; la partie du bas portant le nom du maître est
coupée.

> **BRINCKMANN** (Philippe-Jérôme), peintre et graveur à l'eau-
> forte; né à Spire en 1709; mort à Manheim en 1761.

672. Paysage avec pont de bois; vue d'une chaumière
au bord de la mer; et vue de rivière où des hommes
conduisent des bateaux. Trois estampes. Très-belles
épreuves. Cabinet Rigal.

BRONCHORST ou BRONKHORST (Jean-G......), peintre et
graveur à l'eau-forte; né à Utrecht en 1603; mort en 1680.

673. Les ruines des trophées de Marius (B. 13). Superbe
épreuve, mais manquant de conservation : les angles
du haut et celui du bas, à gauche, sont restaurés.

BROSAMER (Hans ou Jean), dessinateur et graveur au burin;
né à Fulde vers 1506; mort en 1560.

674. Vénus et l'Amour (B. 13). Belle épreuve. Cabinet
Delbecq, de Gand.

BRUSSEL (H.....), peintre et graveur à l'eau-forte; né à Harlem
en 1763]; mort à Utrecht en 1815.

675. Deux vues de forêts. Morceaux en hauteur, faisant
pendants, d'une pointe fine et touchés avec beaucoup
de légèreté.

BRUYN (Abraham de), peintre et graveur au burin; né à Anvers
en 1538; mort à Cologne, dans un âge avancé.

676. Suzanne et les vieillards : David et Betsabée. Deux
pièces. Belles épreuves.

BRUYN (Nicolas de), fils du précédent, dessinateur et graveur
au burin; né à Anvers vers 1570; l'année de sa mort n'est pas
connue.

677. Deux Amours excitant deux chiens à se battre.

BRY (Théodore de), orfèvre, dessinateur et graveur au burin
et à l'eau-forte; né à Liége en 1528; mort à Francfort-sur-le-
Mein en 1598.

678. Quatre pièces de forme ronde, pour coupes. Chacun
de ces morceaux offre, dans une bordure sur un fond
noir, les portraits de trois des Césars. Très–belles
épreuves.

BRY (Jean-Théodore de), fils du précédent, dessinateur et graveur
au burin; né à Liége en 1561; mort à Francfort-sur-le-Mein en
1623.

679. Marche militaire. A droite, un commandant à cheval; du côté opposé, un chariot sur lequel on remarque le monogramme de H. S. Beham. Très-belle
épreuve. Sujet de l'Ancien Testament. Epreuve mal
conservée.

680. La Foire de village, d'après H. S. Beham. Très-belle épreuve.

681. La Fontaine de Jouvence, d'après H. S. Beham. Très-belle épreuve.

BURANI (FRANÇOIS), peintre et graveur à l'eau-forte; né à Reggio; florissait au au commencement du XVIIᵉ siècle.

682. Silène et quatre Satyres. Seule pièce gravée par ce maître. Belle épreuve avec l'adresse de J. Bᵗᵉ de Rossi.

BURCH (JACQUES-ÉDOUARD-VANDER), peintre et graveur à l'eau-forte.

683. Paysage historique; au milieu du premier plan, un homme assis à terre. Morceau en largeur. Deux épreuves: la première, très-belle, est à l'eau-forte pure; la seconde, terminée.

BYE (MARC DE), peintre et graveur à l'eau-forte; né à la Haye dans la première moitié du XVIIᵉ siècle.

684. Les Chasses. Suite de quatre pièces, d'après Paul Potter (B. 57 à 60). Très-belles épreuves avec l'adresse de N. Visscher.

685. La chasse à l'ours (B. 60). Rare et très-belle épreuve, *non mentionnée par Bartsch*, avant le nº 4, à droite sur le terrain près de l'angle du trait carré.

Noᴛᴀ. Sur le verso de cette estampe se trouve une épreuve, *aussi non mentionnée par Bartsch*, de la planche du même maître, représentant un lion vu de face, nᵒ 49 de l'œuvre; elle est avant toute adresse et avant le nº 1.

686. Différents ours. Suite de seize estampes, d'après Marc Gérard (B. 61 à 76). Très-belles épreuves avec la seule adresse de Nicolas Visscher.

687. Les mêmes. Dix pièces seulement, celles numérotées 1, 2, 3, 5, 7, 8, 10, 12, 13, 14. Très-rares et superbes épreuves, *inconnues à Bartsch*, avec de grands numéros à la droite du haut, au-dessous du trait carré et avant toute adresse au premier morceau servant de titre; elles ont de grandes marges.

688. Le chien métis (B. 77). Morceau rare. Très-belle épreuve, mais manquant de conservation dans la partie supérieure.

689. Le Muletier (B. 78). Pièce rare. Très-belle épreuve.

690. Différents moutons. Suite de seize estampes (B. 79 à 94). Très-belles épreuves tirées avant le n° 8 entre l'adresse de N. Visscher et le robinet de la fontaine qu'on voit au premier morceau.

691. Les mêmes. Belles épreuves avec le n° 8, mais avant cette autre adresse : *P. Schenck Excud*, à la droite de la marge du bas de la même planche.

CABEL (Adrien Vander), peintre et graveur à l'eau-forte; né à Ryswyck, près de La Haye, en 1631 ; mort à Lyon, en 1695.

692. Frontispice au terme de Pan (B. 1). Belle épreuve du premier état, avant le titre et le n° 1.

693. La Baigneuse (B. 2). Belle épreuve du premier état, avant le n° 2 à la droite de la marge du bas.

694. La Fuite en Egypte (B. 6). Deux épreuves : la première avant le n° 6 à la droite de la marge du bas; la seconde avec ce numéro.

695. Le Pont aux trois arches (B. 10). Rare et belle épreuve du premier état, avant la lettre *c* au milieu de la marge du bas.

696. Le Bouquet d'arbres au milieu du sujet (B. 15). Rare et belle épreuve du premier état, avant la lettre *b* au bas du chemin, près du trait carré.

697. La Fille avec son chien (B. 17). Deux épreuves : la première, avant la lettre *d* sur une pierre à la droite du bas; la seconde, avec cette lettre.

698. Le Berger (B. 18). Deux épreuves ; la première, avant la lettre *c* à la droite de la marge du bas; la seconde, avec cette lettre.

699. Le Mendiant (B. 28). Deux épreuves : la première, avant le chiffre romain *III* au milieu de la marge du bas; la seconde, avec ce chiffre.

700. La Vieille (B. 41). Très-belle épreuve du premier état, avant le chiffre 4 au milieu de la marge du bas.

701. Le Hibou (B. 43). Très-belle épreuve du premier

état, avant le titre 8ème et avant la lettre *a* au milieu de
la marge du bas.

CALETTI (JOESPH), dit *le Crémonèse*, peintre et graveur à l'eau-
forte ; né à Ferrare en 1600 ; mort vers 1660.

702. *Bonifacio III. March. di Ferrara* 3. *Matilda
Marchesana di Ferrara* 4 (B. 12). Très-belle épreuve.

703. *Azzo VIIII. Marc. di Ferrara.* 7. *Obizo VI.
Marc. di Ferrara* 8. (B. 15). Très-belle épreuve.

704. *Nicolo III. March. di Ferrara.* 17. *Lionello 1.
Marc. di Ferrara.* 18 (B. 20). Très-belle épreuve.

705. Une pièce anonyme. Elle représente, à gauche,
une princesse tenant un sceptre, et à droite, un jeune
prince tenant un bâton de commandement (B. 24).
Très-belle épreuve.

CALLOT (JACQUES), peintre et graveur à l'eau-forte et au burin ;
né à Nancy en 1593 ; mort dans la même ville en 1635.

706. Le Passage de la Mer Rouge. Superbe épreuve du
premier état, avant que la partie supérieure du flot,
au-dessus de Moïse, n'ait été effacée. Elle a de la
marge. Cabinet de Claussin.

707. Le Nouveau-Testament en onze pièces en largeur,
y compris le titre gravé par A. Bosse. Très-belles épreuves du premier état, avant le numéro et le discours, au
bas de chaque morceau ; elles ont de grandes marges.

708. Le Massacre des Innocents. Jolie pièce ovale, en
hauteur. Superbe épreuve du premier état, avant le
nom de *Jac. Callot*, dans l'angle du bas de la gauche.

Autre très-belle épreuve du deuxième état de la même
planche, avec le nom du maître.

709. La Passion de Notre Seigneur Jésus-Christ. Suite
de douze estampes, dite *la Petite Passion*. Très-belles
épreuves du premier état, avant les numéros, et avant
ces mots : *J. Callot in. et fe. Israel Siluestre excudit,
cum Priuilegio Regis* au premier morceau ; elles ont
de la marge.

La même suite très-habilement copiée dans le sens des

pièces originales. Toutes ces copies portent le nom
de *Callot*, suivi de la lettre *f.*

710. Suite de seize morceaux représentant Jésus-Christ,
la Sainte Vierge, saint Paul et les Apôtres. Superbes
épreuves du premier état, avant le numéro à chaque
pièce. Cabinet de Graves.

711. Vie de la Mère de Diev, representée par embles-
mes, en 27 pièces, y compris le titre sur lequel on lit :
Vita Beatæ Mariæ Vir : Matris Dei emblematib. de-
lineata. Callot fec. Très-belles épreuves du premier
état, avant les numéros. *Lvx Clavstri. La Lvmiere dv*
Cloistre. Representées par Figures Emblematiques,
dessignées et gráuées par Jacques Callot. Paris, F.
Langlois, 1646. Cette suite est aussi composée de 27
pièces, le titre historié compris. Très-belles épreuves.
En tout 54 estampes en un vol. in-4° rel. en parch.

Nota. Le titre de la première suite porte, dans la partie supérieure, cette
annotation : *Bibliothecæ Colbertinæ.*

712. Saint Mansuy, premier évêque de Toul, ressuscitant un jeune prince tué en jouant à la paume. Belle
épreuve.

713. Saint Nicolas annonçant la parole de Dieu à des
hommes, des femmes et des enfants rassemblés dans
un bois. Très-belle épreuve avant l'adresse d'*Israël*
Siluestre, vers la droite du bas de la marge. Collection
Donadieu.

Autre épreuve de la même planche, avec l'adresse mentionnée ci-dessus ; elle est de tirage moderne.

714. Le Martyre de saint Sébastien. Très-belle épreuve
du premier état, avant l'adresse d'*Israël Siluestre*, sur
le terrain à droite, près du nom du graveur.

Le même sujet. Ancienne épreuve du deuxième état, avec
l'adresse sus-mentionnée.

715. Les vingt-trois premiers Martyrs au Japon. Morceau en hauteur. Très-belle épreuve du premier état,
avant l'adresse d'*I. Siluestre*, sur le terrain à gauche,
près du nom du graveur.

716. Saint Jean dans l'île de Pathmos. Superbe épreuve avec de grandes marges ; elle porte, au verso, la signature de *P. Mariette* et la date de 1678.

717. Les Grandes Misères de la Guerre, en dix-huit morceaux, y compris le titre. Très-rares et superbes épreuves avant les vers et les numéros.

La même suite. Superbes épreuves à toutes marges, avec les vers et les numéros ; mais avant que l'adresse d'*Israël* n'ait été effacée aux n.ᵒˢ 2 à 18, et remplacée par le nom du graveur.

718. Les Petites Misères de la Guerre, en sept pièces, y compris le titre gravé par *A. Bosse.* Anciennes et très-belles épreuves avec marges, exception faite du premier morceau qui est remargé.

719. Deux Combats, ou Rencontres de cavalerie. Petits morceaux en travers, qu'on place ordinairement à la suite des exercices militaires. Très-belles épreuves.

720. Les Supplices. Morceau ainsi nommé à cause des différents genres de supplices qui y sont représentés. Sur le ciel, on lit : *Supplicium sceleri Frœnum ;* dans la marge du bas, huit vers français : *Voy, lecteur, comme la justice..... Des effectz de la Forfaicture.* Superbe épreuve du premier état ; on y distingue parfaitement, à l'angle d'une rue, dans le fond un peu à droite, la statue la Sainte Vierge, dans une niche ; et derrière les maisons, aussi dans le fond et vers la gauche, une tour carrée. Extrêmement rare de cette beauté.

721. Le même sujet. Épreuve de l'état ordinaire ; avec la reprise des travaux, notamment à la statue de la Sainte Vierge et à la tour carrée.

722. Suite de quatre morceaux où sont représentés des bohémiens voyageant, disant la bonne aventure et faisant halte. Superbes épreuves, avec grandes marges.

723. Les Gueux, en une suite de vingt-cinq morceaux, y compris le titre représentant un homme qui porte un drapeau, sur lequel est écrit : *Capitano di baroni.*

Superbes épreuves du premier état, avant les numéros
et avant l'adresse d'*Israel Syluestre* au premier morceau.

724. Les Joueurs de cartes. Ce morceau, sur une planche ovale en travers, est nommé *le Brelan*. Belle
épreuve.

725. Vue du Pont-Neuf de Paris, de la tour et de la
porte de Nesle; sur le devant, à droite : *Callot fec.*
Très-belle épreuve du premier état, avant l'adresse de
Silvestre, au milieu de la marge du bas qui a été coupée dans le dernier état.

726. Vue du château du Louvre, de la grande galerie
et de l'ancienne porte de Nesle; sur les eaux, vers la
gauche : *Callot fec.* Très-belle épreuve, mais rognée
près du trait carré.

727. La Foire de Gondreville, près de Nancy. Morceau
appelé ordinairement *les Joueurs de boules*. Très-rare
et fort belle épreuve du premier état, avant le nom du
maître, sur le terrain à gauche, au-dessus du trait
carré.

Le même sujet. Épreuve du deuxième état, avec le nom
de *Ja. Callot*, mais avant l'adresse *d'Israël Sylvestre* et
le privilége au milieu de la marge du bas.

Le même sujet. Ancienne épreuve du troisième état,
avec l'adresse de l'éditeur susmentionnée.

728. Parterre du jardin du palais de Nancy; sur le devant, des joueurs de ballon. Beau morceau, en travers,
nommé *le Parterre de Nancy*. Belle épreuve du premier état, avant l'adresse *d'Israël Sylvestre*, vers le
milieu du bas de la marge inférieure.

729. Fête donnée dans la rue Neuve, à Nancy. Pièce connue sous la désignation de : *La Carrière de Nancy*.
Très-belle épreuve du premier état, avant l'adresse
d'Israël Syluestre, au milieu de la marge du bas.

730. Paysage de forme oblongue; à gauche, une maison;
à droite, deux femmes occupées à un jardin, l'une

l'arrose, l'autre le pioche. Belle épreuve du premier état, avant le nom du maître.

731. Feu d'artifice fait à Florence, sur la rivière d'Arno, renfermé dans un cartouche. Morceau appelé *l'Eventail*, à cause de sa forme.

732. Claude Deruet et son fils représentés en pied; dans le fond, un château et des parterres. Rare et superbe épreuve du premier état, avant le mot *fecit* en entier à la suite du nom de Callot, la désignation du lieu et la date, et avant les contre-tailles sur une des faces du château.

733. Les mêmes personnages. Belle épreuve de la planche terminée, avec les mots *fecit A Nancy* et l'année 1632.

734. Huit paysages, de diverses grandeurs, appartenant à différentes suites, par et d'après ce maître.

735. La petite treille, dernière planche que ce maître ait gravée et qui n'a été mise au jour qu'après sa mort. Plus, le petit Jésus mettant le pied sur un dragon, et une pièce appartenant à une suite de sujets militaires. En tout, trois estampes.

CAMPAGNOLA (Dominique), peintre et graveur; né à Padoue; florissait dans la première moitié du XVI⁰ siècle.

736. La décollation d'une sainte (B. 6). Superbe épreuve. Extrêmement rare.

CANTARINI (Simon), dit *Le Pésarèse*, peintre et graveur à l'eau-forte; né à Oropezza, près de Pesaro en 1612; mort à Vérone en 1648.

737. Adam et Ève (B. 1). Très-belle épreuve.

738. Repos en Égypte (B. 3). Deux belles épreuves : la première, avant le nom du Guide; la seconde, avec ce nom.

739. Repos en Égypte (B. 5). Belle épreuve.

740. Repos en Égypte (B. 6). Belle épreuve.

741. La Vierge avec l'Enfant-Jésus (B. 17). Belle épreuve du premier état, avant le nom du Pésarèse.

742. La Vierge avec l'Enfant-Jésus (B. 18). Belle épreuve.

743. Saint-Sébastien (B. 24). Belle épreuve.

744. Saint Benoît délivrant un possédé ; d'après Louis Carrache (B. 27). Très-belle épreuve du premier état, avant l'adresse : *Gio: Jacomo de Rossi formis Romæ alla Pace all insegna di Parigi*, au bas du terrain à gauche.

745. L'enlèvement d'Europe (B. 3o). Belle épreuve du deuxième état, avec le nom du Guide, mais avant l'adresse : *J. Robillart, ex.*, au bas de la droite.

746. Mercure et Argus (B. 31). Très-belle épreuve du premier état, avant l'adresse : *Gio: Jacomo Rossi formis Romæ alla Pace*, vers la droite du terrain, près du trait carré inférieur.

CANUTI (Dominique-Marie), peintre et graveur à l'eau-forte ; né à Bologne en 1623 ; mort en 1677.

747. La Vierge du rosaire (B. 1). Très-belle épreuve du premier état, avant que la marge du bas du cuivre où est la dédicace n'ait été coupée.

748. Le même sujet. Épreuve du deuxième état, *non décrit* ; elle n'a plus d'inscription, la marge du cuivre ayant été diminuée.

749. Saint François d'Assise (B. 2). Belle épreuve.

CAPITELLI (Bernardin), peintre et graveur à l'eau-forte ; florissait dans la première moitié du XVIIe siècle.

750. Loth enivré par ses deux filles, d'après *Rutilio Manetti* (B. 1). Très-belle épreuve.

CARAGLIO (Jean-Jacques), dessinateur et graveur au burin, né à Parme, vers le commencement du XVIe siècle. Le lieu et l'année de sa mort sont restés inconnus.

751. Le Mariage de la Vierge avec saint Joseph, d'après *Le Parmesan* (B. 1). Très-belle épreuve.

CARDON (Antoine), graveur au burin et dans la manière du pointillé ; né à Bruxelles, en 1772.

752. La Sainte Famille, d'après le tableau original d'A-

drien Vander Werf, de la galerie de Manheim. Belle épreuve.

CARPI (Hogues de), de Modène, peintre et graveur en bois; florissait dans la première moitié du xvi° siècle.

753. Saint Pierre prêchant l'Évangile, d'après *Polidoro* (B. IV, sect. 25). Belle épreuve du deuxième état, avec la marque d'André Andreani.

754. Diogène, d'après *Le Parmesan* (B. VI, sect. 10). Superbe pièce. Très-belle épreuve.

CARPIONI (Jules), peintre et graveur à l'eau-forte; né à Venise en 1611; mort à Vérone en 1674.

755. La Vierge lisant (B. 5). Deux belles épreuves: la première, avant l'adresse de Mathieu Cadorin; la seconde, avec cette adresse.

756. Saint Antoine de Padoue (B. 11). Belle épreuve, avec l'adresse de Mathieu Cadorin.

757. Les quatre éléments (B. 15 à 18). Belles épreuves.

CARRACHE (Louis), peintre et graveur; né à Bologne en 1555; mort dans la même ville en 1619.

758. La sainte Vierge aux anges (B. 2). Belle épreuve du premier état, avec l'adresse d'un seul éditeur : *Petri Stephanonij Exc.*

Le même sujet. Epreuve du deuxième état, *non décrit,* avec l'adresse du second éditeur : *Ioanes Orlandi form*ˢ, au bas de la droite, au-dessus du trait carré.

Le même sujet. Epreuve du troisième état, *non décrit,* avec cette adresse : *Nico. van Aelst for.* substituée à celle d'*Orlandi.*

CARRACHE (Augustin), cousin germain du précédent, peintre et graveur au burin; né à Bologne en 1557, mort à Parme en 1602.

759. La sainte Vierge, d'après *Le Baroche* (B. 32). Très-belle épreuve.

760. Saint François en extase, d'après Fr. Vanni (B. 67). Belle épreuve.

761. Saint François recevant les stigmates (B. 68). Très-belle épreuve du premier état, avant l'adresse de Philippe Thomassin, qui a été remplacée depuis par celle de Jean-Jacques Rossi en 1649.

762. Saint Jérôme, d'après F. Vanni (B. 74). Belle épreuve.

763. Saint Paul ressuscitant Eutique à Troude, d'après Ant. Campo (B. 85). Epreuve du premier état, avant l'adresse *Pietro Stefanone for*.

764. Le mariage de sainte Catherine, d'après Paul Véronèse (B. 97). Rare et superbe épreuve du premier état ; la marge est coupée.

Le même sujet. Epreuve du deuxième état, avec les noms du peintre et graveur, et l'adresse de l'éditeur *Antonius Carensanus fo*.

765. Autre mariage de sainte Catherine, d'après Paul Véronèse (B. 98). L'une des meilleures pièces d'Augustin Carrache. Très-belle épreuve ; elle porte, au recto et au verso, la signature de *P. Mariette* et la date de 1666.

766. Énée sauvant son père Anchise, d'après le Baroche (B. 110). Epreuve provenant de la collection Donadieu.

767. Un Satyre regardant une femme endormie (B. 112). Belle épreuve du deuxième état, avec l'adresse d'*And. Vaccario*.

768. Le Vieillard et la Courtisane (B. 114). Pièce très-rare.

NOTA. Il existe une copie de ce morceau, dans le même sens et de la même grandeur : on la reconnaît à ce que le graveur a omis les lettres C L' dans la marge du bas, qui sont le complément du rébus qu'on y voit.

769. Pan dompté par l'Amour (B. 116). Très-belle épreuve.

770. Mercure et les Grâces, d'après le Tintoret (B. 117). Très-belle épreuve ; elle porte, au verso, la signature de *P. Mariette* et la date de 1666.

771. L'Éternité paraissant dans l'Olympe au milieu de plusieurs nymphes (B. 121). Très-belle épreuve du premier état, avant l'adresse de *Filippo Suchielli*, au milieu d'en bas.

772. Le même sujet. Belle épreuve du deuxième état, avec l'adresse de l'éditeur susmentionné, qui a été effacée dans le dernier état.

773. Persée descendant de l'Olympe pour combattre le dragon (B. 122). Belle épreuve du premier état, avant l'adresse de *Filippo Suchielli*, à la droite d'en bas.

774. Le même sujet. Belle épreuve du deuxième état, avec l'adresse de l'éditeur susmentionné, qui a été effacée dans le dernier état.

775. Orphée retirant Euridice des enfers (B. 123); Andromède attachée à un rocher et exposée à un monstre marin (B. 125); Loth avec ses deux filles (B. 127); un Satyre surprenant une nymphe endormie à l'ombre d'un arbre (B. 128); Vénus, accompagnée des amours, portée sur la mer par des dauphins (B. 129); une Nymphe assise, à laquelle un enfant rogne les ongles des pieds (B. 132), *copie en contre-partie de l'original;* Vénus châtiant l'Amour qu'un enfant porte sur le dos (B. 135). En tout sept estampes.

776. Femme nue et couchée sur un lit; près d'elle, un satyre tient une corde à laquelle est suspendu un plomb. Morceau connu sous le titre du *Sondeur* B. 136). Extrêmement rare.

NOTA. Il existe une copie de cette pièce par le même graveur qui a fait celle du vieillard et de la courtisane, n° 114 de l'œuvre du maître, dont nous avons déjà fait mention. Cette copie étant aussi dans le sens et de la même grandeur que l'original, nous allons indiquer un moyen sûr de la reconnaître facilement : L'oiseau, dans une cage qu'on voit à la fenêtre, est éclairé par la gauche en dépit de la lumière qui vient de la droite, tandis que, dans l'estampe d'Aug. Carrache, cet oiseau est entièrement dans la demi-teinte et resté ainsi à son plan.

CARRACHE (ANNIBAL), frère du précédent, peintre et graveur à l'eau-forte; né à Bologne, en 1560; mort à Rome, en 1609.

777. Suzanne et les Vieillards (B. 1). Très-belle épreuve

avec la dédicace et les deux distiques latins, mais
avant le nom du maître, à gauche sur les eaux.

778. Le Couronnement d'épines (B. 3). Très - belle
épreuve, avant ces mots : *Nico. Van Aelst for Romœ*,
vers la droite du bas, au-dessus du trait carré.

779. Le même sujet. Épreuve avec l'adresse de *Nico.
Van Aelst*, qui a été effacée dans le dernier état.

780. La sainte Vierge, l'Enfant-Jésus, sainte Élisabeth
et le petit saint Jean. Sujet dit *la Vierge à l'écuelle*
(B. 9). Très-belle épreuve du premier état, avant toutes lettres.

781. Le même sujet. Très-belle épreuve du deuxième
état, avec le nom du maître; mais avant l'adresse de
Nico. Van Aelst.

782. Le même sujet. Épreuve du troisième état, avec
l'adresse de l'éditeur susmentionné.

783. Saint Jérôme dans le désert (B. 14). Rare et très-
belle épreuve, *non décrite*, avec les lettres *P. S. F.*,
dans le bas de la planche; mais avant le nom du maître, à la droite du terrain. Cabinet Debois.

784. Saint François d'Assise (B. 15). Très-belle épreuve.

785. Jupiter et Antiope (B. 17). Très-belle épreuve.

786. Le dieu Silène couché par terre, entre un Faune et
un Satyre. Pièce dite *la Soucoupe* (B. 18). Rare. Belle
épreuve.

CARRACHE (François), peintre et graveur, neveu d'Augustin
et d'Annibal; né en 1605; mort à Rome en 1632.

787. Lucrèce. Pièce rare. Très-belle épreuve.

CARS (Laurent), graveur à l'eau-forte et au burin; né à Lyon,
en 1702; mort à Paris en 1771.

788. Escorte d'équipages, d'après Watteau; au milieu
du bas de la marge inférieure : *du cabinet de M. de
Jullienne, à Paris, avec Privilège du Roy.* Très-belle
épreuve, avec marge.

CASANOVA (François), peintre de batailles ; né à Londres en 1732, et reçu membre de l'Académie royale de peinture à Paris en 1763.

789. Choc de cavalerie. Ce morceau en travers, d'une grande vigueur d'exécution, qui a toujours passé pour être de ce maître, est gravé d'après lui par Charles Hutin. Très-belle épreuve.

CASEMBROT (Abraham), dessinateur et graveur à l'eau-forte ; né dans les Pays-Bas ; l'année de sa naissance et celle de sa mort sont restées inconnues.

790. Deux vues du port de Messine. Pièces rares. Belles épreuves.

CASSAS (Louis-François), dessinateur et graveur à l'eau-forte ; né à Azay-le-Féron, dans le siècle dernier ; mort à Paris en 1827.

791. *Vue du Port de Saerdam. F. Cassas f.* 1776. Pièce très-rare. Belle épreuve.

792. *Vue de Letang du chateau de K-gu-chennec en Bretagne. Dessinée et gravée par L. F. Cassas.* 1777. Ce morceau est aussi très-rare. Belle épreuve.

CASTELLAN (Antoine-Laurent), peintre et graveur à l'eau-forte ; né à Montpellier en 1772 ; mort à Paris en 18...

793. Vue de fabriques, prise en Italie. Morceau en hauteur. Trois épreuves : les deux premières sont à l'eau-forte seulement ; une est avant les marges nettoyées, la dernière terminée.

CASTIGLIONE (Jean-Benoit), dit *Le Benedette*, peintre et graveur à l'eau-forte ; né à Gênes en 1616 ; mort à Mantoue en 1670.

794. L'Entrée dans l'Arche de Noé (B. 1). Très-rare et fort belle épreuve du premier état, *non décrit*, avant que les angles du cuivre, à gauche, n'aient été arrondis.

795. La Résurrection de Lazare (B. 6). Rare et belle épreuve du premier état, *non décrit*, avant que les rayons de lumière manqués à l'eau-forte, n'aient été rétablis à la pointe sèche.

796. Le même sujet. Belle épreuve du deuxième état, avec les rayons de lumière terminés.

797. Satyre au pied d'un terme (B. 17), Pan assis vis-à-vis d'un vase (B. 18). 2 pièces en pendants. Belles épreuves.

798. La Mélancolie (B. 22). Très-belle épreuve.

799. Le Génie de B. Castiglione (B. 23). Très-belle épreuve du premier état, avant les mots *alla Pace*, à la suite de l'année 1648.

800. Le même sujet. Belle épreuve du deuxième état, avec les mots : *alla Pace*.

801. Le jeune Pâtre à cheval (B. 28). Rare et belle épreuve du premier état, *non décrit*, avant le ciel terminé, et avant le trait carré repris dans les intervalles où l'eau-forte n'avait pas mordu.

802. Le même sujet. Belle épreuve du deuxième état, avec le ciel achevé et le trait carré régularisé.

803. Une Femme et un Homme qui se battent, d'après le Guerchin (B. n° 1, des pièces douteuses de ce dernier maître). Belle épreuve.

CASTIGLIONE (Salvator), frère du précédent, peintre et graveur à l'eau-forte.

804. La Résurrection du Lazare. Seule pièce gravée par ce maître. Très-belle épreuve.

CAVEDONE (Jacques), peintre et graveur à l'eau-forte ; né à Sassuolo, dans le Modénois, en 1580 ; mort à Bologne en 1660.

805. La sainte Vierge (B. 2). Rare. Belle épreuve.

CHAPRON (Nicolas), peintre et graveur à l'eau-forte, né à Châteaudun en 1599 ; mort à Paris, on ne sait en quelle année.

806. Les Loges du Vatican ou la Bible de Raphaël (R. D. 1 à 54). Très-rares et superbes épreuves du premier état, avant l'adresse de Pierre Mariette, et avant le Privilége au morceau servant de frontispice. Cette suite, avec marges, est en un volume de forme oblongue, demi-reliure.

807. Le vieux Silène (R. D. 56). Très-belle épreuve du

premier état, avec l'adresse de *F. L. D. Ciartres*, remplacée depuis par celle de *P. Mariette*.

CHAUVEAU (FRANÇOIS), dessinateur et graveur à l'eau-forte et au burin; né à Paris vers 1620; mort dans la même ville en 1676.

808. La vie de saint Bruno, fondateur de l'ordre des Chartreux, d'après Eustache Le Sueur. Suite de vingt-quatre pièces, y compris le titre et la planche sur laquelle est gravée l'épître de l'éditeur Cousinet, aux vénérables pères prieur et religieux de la Chartreuse de Paris. Épreuves avec l'adresse de *René Cousinet sur le quay des orfebures à limage St Anne auec priuilege du roy*; la deuxième feuille (l'épître) et la dernière manquent. (22 Estampes.)

CHÉNU (PIERRE), graveur à l'eau-forte et au burin; né à Paris en 1740; mort vers la fin du siècle dernier.

809. *Les hommes en miniatures*, représentés par des singes qui fument, boivent et jouent, d'après D. Teniers. Belle épreuve, avec l'adresse de *T. Major* à Londres.

CHÉRON (LOUIS), peintre et graveur à l'eau-forte; né à Paris, en 1660; mort en Angleterre, en 1713.

810. Ananie et Saphire punis de mort (R.-D. 26). Très-belle épreuve du premier état, avant la lettre.

811. Le Boiteux guéri (R.-D. 27). Très-belle épreuve du premier état, avant la lettre.

CHODOWIECKI (DANIEL), peintre et graveur à l'eau-forte; né à Dantzick, en 1726; mort à Berlin, en 1801.

812. Guillaume-Tell. Très-belle épreuve.

CHOLET (SAMUEL), graveur à l'eau-forte et au burin.

813. Le Siége de Constantine, d'après H. Vernet. Belle épreuve avant la lettre, sur papier de Chine. Seulement les noms du peintre et du graveur légèrement tracés à la pointe. Elle est à toutes marges.

CLAAS (ALAERT), peintre et graveur; né en Hollande vers 1498; mort en 1564.

814. Les deux Brigands (B. 38). Belle épreuve.

CLAESSENS (Lambert-Antoine), graveur à l'eau-forte et au burin; né à Anvers en 1764; mort à Rueil, près de Paris, en 1834.

815. Isaac donnant sa bénédiction à Jacob, d'après *Koning*. Très-belle épreuve avant toutes lettres.

816. La Bénédiction de Jacob, d'après Rembrandt. Rare et très-belle épreuve avant toutes lettres et avant divers travaux.

817. La Descente de croix, d'après le tableau de P. P. Rubens, l'un des principaux ornements de la cathédrale d'Anvers. Copie * de l'estampe de Claéssens, dans le même sens et de la même grandeur. Elle est toujours sans aucune lettre, et porte, dans la marge inférieure, des traces d'essais de burin.

* Cette copie, dont il ne se vend que trop d'épreuves, se reconnaît aux différences que nous allons indiquer : le pouce de la main droite de la Madeleine est trop étroit et mal formé; il est surchargé de travaux au point de faire tache sur la jambe du Christ. La partie de ce doigt entre l'ongle et la seconde phalange est couverte de contre-tailles verticales, tandis que dans l'estampe de Claessens il n'y a que des points entre les tailles. Le bord du bassin, du côté d'où vient le jour, ne présente pas de coup de lumière, et l'ombre portée par ce bassin est lourde et sans transparence. Il n'y a pas non plus de coup de lumière sur la draperie qui recouvre le bras gauche de Joseph d'Arimathie.

818. Jésus-Christ au tombeau. La sainte Vierge tient un voile dont elle paraît vouloir couvrir la tête de son fils. Morceau eu hauteur composé de cinq figures, d'après Rubens. Belle épreuve avant la lettre; seulement les noms du peintre, du dessinateur et du graveur.

819. Saint Mathieu, d'après Rembrandt. Deux épreuves, dont une avant toutes lettres.

820. La Femme hydropique, d'après le tableau de Gérard Dow, qui est au Musée du Louvre. Très-rare et superbe épreuve avant toutes lettres : les noms d'auteurs n'y sont pas encore tracés; elle est à toutes marges.

821. Vieillard assis, écrivant dans un livre, d'après *N. Brekelenkamp.*

822. Judith tenant la tête d'Holopherne, d'après Allori.

6.

823. Portrait de jeune homme vu presque de face, la tête couverte d'une toque ornée d'une plume, d'après F. Bol.

824. Autre portrait de jeune homme vu aussi presque de face, une toque sur la tête, d'après Rembrandt.

825. Intérieur de chambre, où deux hommes font de la musique; une jeune fille les accompagne de son chant, d'après *de Lelie*.

826. Portrait d'un soldat représenté nu-tête et riant, d'après F. Hals.

827. Intérieur de maison, où l'on remarque une petite fille près de sa mère assise devant une table, d'après P. de Hooch.

828. Paysage avec pont de bois, d'après J. Decker.

829. Autre paysage, où l'on voit vers la droite une église, d'après Rembrandt.

830. Bourreau présentant à Hérodiade la tête de saint Jean dans un plat, d'après le même peintre.

831. Six figures dans un intérieur de chambre, dont trois jouent au trictrac, d'après J. Steen.

832. Autre sujet faisant pendant au précédent, d'après le même peintre; il représente aussi un intérieur de chambre, où sont quatre figures.

833. Philosophe dans son cabinet, d'après Rembrandt.
Nota. Les épreuves des treize morceaux précédents sont tirées sur papier de Chine; elles portent dans les marges du bas, près du trait carré, à gauche le nom du peintre et à droite celui du graveur, et dans la marge supérieure à droite les numéros de 1 à 13.

834. Le président Richardot et son fils, d'après Antoine Van Dyck. Très-belle épreuve avant toutes lettres; elle est tirée sur papier de Chine.

835. Le cavalier et son cheval près d'un puits, d'après J. Asselyn. Très-belle épreuve avant toutes lettres.

CLAUSSIN (Ignace-Joseph de), amateur et graveur à l'eau-
forte; né à Lunéville vers 1770; mort à Batignolles, près Paris, en 1844.

836. Jean-Jacques de Boissieu, d'après son portrait,
dessiné par lui-même. Très-belle épreuve du premier
état, avant la lettre et avant divers travaux.

837. Le portrait du souverain pontife Pie VII, d'après
de Boissieu. Très-belle épreuve à toutes marges, sur
papier de Chine.

838. Homme coiffé d'un bonnet de fourrure; feuille
d'étude de trois figures, et âne couché, d'après de
Boissieu; vieille femme vue de face, d'après P. A. Wille;
trois feuilles d'études de têtes et de figures, d'après
Rembrandt. En tout sept pièces. Très-belles épreuves
à toutes marges; le deuxième morceau et le troisième
avant que la planche, sur laquelle ils ont été gravés,
n'ait été divisée.

COCHIN (Nicolas), dessinateur et graveur à l'eau-forte; né à
Troyes en Champagne en 1619; mort à Paris en 1686.

839. Un sujet de l'Ancien Testament, renfermé dans une
cartouche; au ciel, sur une banderole : *le Thrionfé de
Dauid*. Très-belle épreuve, mais coupée.

840. Quatre sujets du Nouveau Testament : la Nativité,
la Présentation au temple, l'Adoration des rois et la
Fuite en Egypte. Très-belles épreuves.

COCHIN (Charles-Nicolas), le père, graveur à l'eau-forte et au
burin; né à Paris en 1690; mort en 1754.

841. Camp volant, d'après A. Watteau. Très-belle épreuve
avec l'adresse de *F. Chereau*. Retour de campagne,
d'après le même. Très-belle épreuve avec l'adresse de
F. Chereau.

COCHIN (Charles-Nicolas), le fils, dessinateur et graveur à
l'eau-forte et au burin, né à Paris en 1715; mort en 1788.

842. Foire de campagne, d'après Boucher. Très-belle
épreuve avec l'adresse de *Major* à Londres.

COLLIER (Arthur), graveur au burin, moderne.

843. L'Ecce homo, d'après Esteban Murillo. Superbe

94

épreuve, *dite d'artiste :* avant toutes lettres, sur papier de Chine ; elle est à toutes marges.

CONSTANTIN D'AIX (....), peintre et graveur à l'eau-forte ; né dans le siècle dernier ; mort,...

844. Paysage, en travers ; à droite, un homme à cheval près d'un grand arbre ; du côté opposé, un pont de bois. Pièce rare. Belle épreuve.

COPIA (....), graveur au burin et au pointillé ; florissait à Paris, à la fin du siècle dernier et au commencement de celui-ci.

845. Marat tel qu'il était au moment de sa mort, d'après Louis David. Belle épreuve.

846. Stellion se moquant de Cérès, d'après *Prud'hon.* Belle épreuve du premier état, avant la lettre ; seulement les noms d'auteurs, légèrement tracés à la pointe.

847. L'Amour riant des pleurs qu'il fait verser, d'après le même. Belle épreuve du premier état, avant la lettre ; seulement les noms d'auteurs et de Demonceau (imprimeur), tracés au pointillé.

848. L'Amour enchaîné, d'après le même. Belle épreuve du premier état, avant la lettre ; seulement les noms d'auteurs, légèrement tracés à la pointe.

CORIOLANO (Barthélemi), graveur en bois ; né en Italie, florissait dans la première moitié du dix-septième siècle.

849. La Vierge avec l'Enfant-Jésus, d'après Le Guide (B. sect. III, n° 5). Belle épreuve imprimée à trois planches.

850. Sibylle, d'après Le Guide (B. sect. V, n° 3). Belle épreuve.

CORNEILLE (Michel-Ange), peintre et graveur à l'eau-forte ; né à Paris en 1642 ; mort dans la même ville en 1708.

851. Le Martyre de saint-André (R.-D. 20). Belle épreuve. Cabinet Rigal.

CORNEILLE (Jean-Baptiste), frère puîné du précédent, peintre et graveur à l'eau-forte ; né à Paris en 1646 ; mort dans la même ville en 1695.

852. La chaste Suzanne, d'après Annibal Carrache (R.-

D. 5). Très-belle épreuve du deuxième état, avec l'adresse de *P. Mariette*.

CORT (CORNEILLE), graveur au burin; né à Horn, en Hollande, en 1536; mort à Rome en 1578.

853. Repos en Egypte, où la Vierge puise de l'eau avec une écuelle, d'après Frédéric Baroche. Très-belle épreuve.

854. Jésus célébrant la Cène avec ses disciples, d'après L. Forlivetano. Très-belle épreuve.

855. La mort de saint Jérôme, d'après *Bernardin Passari*. Très-belle épreuve.

COURTOIS (JACQUES), dit *le Bourguignon*, peintre et graveur à l'eau forte; né à Saint-Hippolyte, dans la Franche-Comté, en 1621; mort à Rome en 1676.

856. Scènes militaires. Suite de huit pièces, savoir : le Départ des troupes (R.-D. 1); le Champ de bataille (R.-D. 2); la Charge commandée (R.-D. 3); les Morts relevés (R.-D. 4); le Chef blessé à mort (R.-D. 5); la Mêlée (R.-D. 6); Choc de cavalerie (R.-D. 7); la Marche vers le champ de bataille (R.-D. 8). Morceaux rares. Belles épreuves.

857. Quatre estampes pour la guerre de Belgique, de *Strada*, savoir : Prise de la ville d'Oudenarde, en 1587 (R.-D. 13); Combat de Steenberg, en 1583 (R.-D. 14); Prise de la ville de l'Ecluse, en 1588 (R.-D. 15); Prise de Berck (Berca) sur le Rhin, en 1589 (R.-D. 16). Pièces rares. Belles épreuves. Cabinet Debois.

COYPEL (ANTOINE), peintre et graveur à l'eau-forte; né à Paris en 1661 ; mort dans la même ville en 1722.

858. Judith (R.-D. 2). Belle épreuve du premier état, avant la lettre.

859. Pan vaincu par les Amours (R.-D. 10). Très-belle épreuve du premier état, avant l'année 1692.

Le même sujet. Très-belle épreuve du deuxième état, avec la date.

860. Le Portrait de Démocrite (R.-D. 12). Belle épreuve du troisième état.

COYPEL (Charles), fils du précédent, peintre et graveur à l'eau-forte; né à Paris, en 1694; mort dans la même ville, en 1752 ou 1753.

861. Portrait de J.-A. de Maroulle (R.-D. 22). Rare et très-belle épreuve du deuxième état, avec le nom du personnage; mais avant beaucoup de travaux.

862. Le même. Épreuve du quatrième état.

863. Portrait de N. Aymon (R.-D. 23). Belle épreuve, avec marge.

COZZA (François), peintre et graveur à l'eau-forte; né à Istilia, dans la Calabre, en 1605; mort à Rome, en 1682.

864. Sainte Magdelaine dans le désert (B. 3). Très-belle épreuve, mais la marge portant le titre est coupée.

CRANACH (Lucas), le père, peintre et graveur au burin et en bois; né à Kranach en Franconie, vers 1470; mort à Weimar, en 1553.

865. La Pénitence de Chrysostôme (B. 1). Très-belle épreuve.

GRAVURES EN BOIS.

866. Adam et Eve dans le paradis (B. 1). Très-belle épreuve.

867. Saint Christophe (B. 58). Belle épreuve tirée d'une seule planche.

868. Le même saint. Très-belle épreuve en clair-obscur de deux planches.

869. Saint Jérôme dans le désert (B. 63). Belle épreuve.

CUYP (Albert), peintre et graveur à l'eau-forte; né à Dordrecht, en 1606; mort dans un âge très-avancé.

870. Six morceaux, en travers, représentant des bœufs et des vaches dans des prairies. Belles épreuves, avec marges.

DADO (Beatricius), dit le *Maître au Dé*, graveur au burin; né probablement à Venise, vers 1512.

871. Apollon poursuivant Daphné, d'après Jules Romain (B. 21). Belle épreuve du premier état, avant la retouche.

872. Les Tapisseries du Pape, d'après Raphaël. Suite de quatre estampes (B. 32 à 35). Très-belles épreuves ; la première et la troisième, avant l'adresse : *Ant. Lafrerii formis.*

873. La Victoire de Scipion sur Syphax (B. 73). Superbe épreuve du premier état, avant l'inscription, au milieu du bas : *sumptum ex fragmentis antiquitatum Romæ.*

DALEN (CORNEILLE VAN), dit *le Jeune*, dessinateur et graveur à l'eau-forte et au burin; né à Harlem en 1640; l'année de sa mort n'est pas connue.

874. La Vierge donnant le sein à l'Enfant-Jésus, d'après G. Flinck. Superbe épreuve.

875. Pierre Aretin ; Jean Boccace ; Georges Barbarelli, dit le Giorgion, et Sébastien del Piombo. Ces quatre portraits d'après le Titien. Rares et superbes épreuves du premier état, avant la lettre. Cabinet Verstolk de Soelen.

876. François Delboe Sylvius, professeur de médecine à l'académie de Leyde. Très-belle épreuve.

877. Portrait d'une Négresse, d'après G. Flinck. Très-belle épreuve.

DANCKERTS (HENRI), dessinateur et graveur flamand, sur lequel on n'a pas de notions.

878. Portrait d'un homme vu presque de face, une toque sur la tête, d'après le Titien. Très-belle épreuve. Cabinet Rigal.

879. Le Portrait de Corneille Staefvenisse, d'après D. M. Limborch. Très-belle épreuve.

DAULLÉ (JEAN), graveur à l'eau-forte et au burin; né à Abbeville en 1703; mort à Paris en 1763.

880. La Baigneuse surprise, d'après F. Boucher. Très-rare et superbe épreuve avant toutes lettres ; elle a de grandes marges.

881. Catherine Mignard, comtesse de Feuquière, d'après P. Mignard. Belle épreuve avec l'adresse du graveur.

882. Emmanuel Pinto, grand-maître de Malte. Beau portrait auquel J. G. Wille a participé (Voy. Le Bl. 161). Très-belle épreuve.

DECAMPS (ALEXANDRE-GABRIEL), peintre et graveur à l'eau-forte; né en 1803, à Paris où il réside.

883. A droite, un jeune homme assis à terre; du côté opposé, un hangard sous lequel sont deux ânes; plus loin, au milieu, un âne brait. Morceau en travers. Très-belle épreuve avant la lettre sur papier de Chine; seulement, *Decamps, sculp.*, tracé très-légèrement au milieu de la marge du bas.

DELAULNE (ÉTIENNE), dit *Stephanus*, orfèvre, dessinateur et graveur au burin; né à Orléans en 1520; mort à Strasbourg vers 1595.

884. Cinq pièces représentant des sujets mythologiques.

885. Suite de douze pièces, en forme de frises, représentant des combats d'hommes à cheval et à pied, des marches triomphales, des trophées d'armes, etc. Très-belles épreuves du premier état, avant les numéros.

886. Les mêmes sujets. Épreuves du deuxième état, avec les numéros; au premier morceau, on lit cette adresse: *F. L. D. Ciartres excud..*

887. Copie en petit et en contre-partie de l'estampe de Marc-Antoine, représentant Trajan entre la ville de Rome et la Victoire. Autre sujet de même genre faisant pendant. Deux pièces.

DE LAUNAY (NICOLAS), graveur à l'eau-forte et au burin; né à Paris en 1739; mort dans la même ville en 1792.

888. Portrait de Necker, d'après J. S. Duplessis. Belle épreuve.

889. Sébastien Le Clerc, le fils, d'après Nonnotte. Belle épreuve avant la lettre; seulement, les noms d'auteurs et ceux des personnages tracés à la pointe.

890. Les hasards heureux de l'escarpolette, d'après H. Fragonard. Très-belle épreuve avant les changements; la composition est dans un carré en hauteur.

894. Le même sujet. Belle épreuve avec les changements; la composition dans un ovale.

892. La bonne Mère, d'après Fragonard. Très-belle
épreuve du premier état, avant la dédicace et l'adresse
du graveur.

893. Le même sujet. Très-belle épreuve du deuxième
état, avec la dédicace : *A Monsieur Menage de Pres-
signy*, etc.

894. Le même sujet. Belle épreuve du troisième état,
avec le changement dans l'inscription. La dédicace a
été effacée et remplacée par ces mots : *Gravée d'après
le tableau de Fragonard, par De Launay; le titre de
peintre et celui de graveur du roi, à la suite des noms
d'auteurs, près du trait carré, ont été supprimés.*

NOTA. Les cinq estampes qui précèdent sont à toutes marges.

895. La lettre envoyée, et la lettre rendue : deux morceaux en pendants, d'après J. B. Le Prince. Très-belles
épreuves avant la dédicace : *A Monsieur Radix de
Sainte Foy, trésorier général de la marine*, avant les
quatre vers français par Guichard et l'adresse de
l'auteur; elles sont avec toutes leurs marges.

DELAUNAY (ROBERT) le jeune, frère du précédent, graveur à
l'eau-forte et au burin; né à Paris en 1754; l'année de sa
mort n'est pas connue.

896. Le Malheur imprévu, d'après J. B. Greuze. Très-
belle épreuve avant la dédicace et l'adresse; elle est à
toutes marges.

897. Le même sujet. Belle épreuve avec la dédicace : *A
Monsieur De Launay..... par son très affectioné frère
et élève R. De Launay le jeune*, et avec l'adresse de
Basan et Poignant; elle a de très-grandes marges.

DE LEU (THOMAS), dessinateur et graveur au burin; né à Paris
en 1562; l'année de sa mort n'est pas connue.

898. Charles Gonzague, duc de Nivernois et de Rhetel,
pair de France, etc. Très-belle épreuve.

DELFF, DELFT ou DELPHIUS (Guillaume), peintre et graveur au burin; né à Delft en 1580; mort dans la même ville, à l'âge de cinquante-huit ans.

899. Hugues Grotius, d'après M. Miereveld. Superbe épreuve.

DE MARNE (Jean-Louis), peintre et graveur à l'eau-forte; né à Bruxelles en 1744; mort à Paris en 1829.

PIÈCE EN HAUTEUR :

900. Le Marchand de légumes. Belle épreuve avant que le trait carré n'ait été régularisé.

PIÈCES EN LARGEUR :

901. L'Embarcation. Belle épreuve avant que la marge du cuivre n'ait été nettoyée, et le trait carré régularisé.

902. Les deux Figures assises au bord de l'eau. Belle épreuve avant que la tache d'eau-forte, à droite de la marge, n'ait été effacée.

903. Homme assis à terre faisant la lecture. Belle épreuve avant le trait carré.

904. Femme buvant à une fontaine. Belle épreuve avant le second trait carré, au bord de la marge du bas.

905. Femme se reposant près de deux vaches couchées. Belle épreuve avant que le ciel n'ait été terminé au pointillé, et le trait carré régularisé.

906. Les deux hommes dans un bateau. Belle épreuve avant que le trait carré n'ait été régularisé.

907. La Vache à l'abreuvoir. Belle épreuve avant que le trait carré supérieur n'ait été renforcé.

908. Vache de profil, tournée vers la droite; près d'elle, une fileuse. Belle épreuve avant que le trait carré n'ait été mieux exprimé.

909. Vache se frottant la tête contre un arbre. Belle épreuve avant que le trait carré n'ait été terminé.

910. Bergers gardant des moutons. Belle épreuve avant
que la marge du cuivre n'ait été nettoyée.

911. La Cascade tombant d'un rocher. Belle épreuve
avant que la marge du bas du cuivre n'ait été nettoyée.

912. Le même paysage. Belle épreuve avec la marge inférieure du cuivre nettoyée, mais avant que le trait
carré n'ait été régularisé.

913. Les Animaux sur le pont. Belle épreuve avant que
les marges du cuivre n'aient été nettoyées et que le
trait carré n'ait été régularisé.

914. L'Arbre renversé. Belle épreuve avant que les marges du cuivre n'aient été entièrement nettoyées et le
trait carré n'ait été régularisé.

915. L'Intérieur d'une ferme. Belle épreuve avant que
les essais de pointe sèche, sur la marge du cuivre,
n'aient été effacés et le trait carré régularisé.

916. Les deux bouleaux au bord de l'eau. Pièce rare.
Belle épreuve.

917. L'homme et la femme assis sous un arbre. Pièce rare.
Belle épreuve avant le nom du maître, au milieu de la
marge du bas.

918. Villageois se reposant près d'une fileuse, qui garde
trois vaches. Belle épreuve avant que les angles n'aient
été terminés.

919. Femme conduisant des animaux vers une rivière,
au bord de laquelle est une madone. Belle épreuve
avant que les angles inférieurs du trait carré n'aient été
terminés.

920. La Femme, un panier au bras, dirigeant ses pas
vers la gauche. Belle épreuve.

921. La Vache et les deux veaux. Belle épreuve avant
que le trait carré n'ait été terminé.

922. Les deux vaches se léchant. Belle épreuve avant que

la marge du cuivre n'ait été nettoyée et le trait carré régularisé.

923. Le Coup de vent. Très-rare épreuve tirée avant que la planche n'ait été remordue par l'eau-forte; elle est grise et monotone.

924. Le même. Rare et très-belle épreuve poussée à un grand effet par la seconde opération de l'eau-forte; mais elle est avant que partie des taches, sur les marges du cuivre, n'ait été effacée.

925. Le même. Epreuve tirée après que les marges de la planche ont été presque entièrement nettoyées, mais avant le trait carré régularisé.

926. La Statue en ruine, près d'un pont de pierre. Belle épreuve avant quelques travaux et le trait carré terminé.

927. La Femme debout, parlant à un homme assis sur une pierre. Belle épreuve avant que le trait carré n'ait été régularisé.

928. Autre épreuve du même état, mais n'ayant pas de marge.

929. Le Hêtre au bord d'une rivière. Belle épreuve avant que le trait carré n'ait été régularisé.

930. Le Chien du naufragé. Belle épreuve avant que le trait n'ait été régularisé.

931. La Vache et le cheval à l'abreuvoir. Belle épreuve avant que les marges du cuivre n'aient été nettoyées et le trait carré n'ait été régularisé.

932. Villageois et villageoises se reposant près de l'entrée d'une habitation; à côté d'eux, un enfant s'amuse avec un oiseau. Belle épreuve avant le trait carré régularisé et avant que le chapeau de l'homme n'ait été mieux exprimé.

933. Bucheron suivi de son chien, passant par une porte de jardin. Belle épreuve avant que l'angle du bas, à droite, n'ait été terminé.

934. Scène villageoise représentée par une femme qui soutient un enfant assis sur une chèvre, en présence de plusieurs personnes. Belle épreuve avant les taches de vert-de-gris, qui ont été en partie effacées dans le dernier état.

935. Femme assise sous un arbre, donnant à manger à une chèvre qu'un homme trait. Belle épreuve avant le ciel raccordé, les marges du cuivre nettoyées et le trait carré régularisé.

DENON (Dominique-Vivant), dessinateur et graveur à l'eau-forte; né à Châlon-sur-Saône, en 1747; mort à Paris en 1825.

936. Le Portrait de D. V. Denon, tête nue, tournée à gauche, d'après Isabey.

937. Dominique-Vivant Denon, tourné à droite, un chapeau sur la tête et un porte-crayon à la main. Belle épreuve.

938. L'Adoration des Bergers, d'après Luca Giordano. Morceau exécuté par le graveur pour sa réception à l'académie, en 1787. Très-belle épreuve avant la lettre et avant divers travaux.

939. Le même sujet. Très-belle épreuve avec la lettre.

940. La Conjuration de Catilina, d'après Salvator Rosa. Belle épreuve.

941. Des Nymphes surprenant l'Amour endormi dans un bois. Très-belle épreuve sans nom ni marque.

942. L'Ouverture du Bal, d'après le Guerchin. Très-belle épreuve, en couleur de bistre.

943. Intérieur où sont représentés deux femmes et un enfant dormant dans son berceau. Morceau en travers, d'un très-bel effet, d'après Rembrandt. Très-belle épreuve, sans nom ni marque.

944. Les Lions, d'après Martin-Ferdinand Quadal. Très-belle pièce. Superbe épreuve.

945. Le Retour des Champs, d'après Jean-Honoré Fragonard. Très-belle épreuve.

946. Vue prise en Hollande, sur les bords d'un fleuve, dans un ovale en largeur. Deux belles épreuves : la première à l'eau-forte pure, avant l'encadrement; la seconde terminée.

947. Le comédien Desessarts représenté en pied, tourné à gauche, dans un ovale en hauteur. Trois épreuves sur différents papiers.

948. Portraits anonymes de deux hommes représentés à mi-corps, l'un de profil, l'autre de face, sur la même planche; d'après Ant. Van Dyck. Très-belle épreuve.

949. Louise-Élisabeth Le Brun, née Vigée, représentée peignant un portrait. Très-belle épreuve, avant divers travaux.

DENTE (Marc), surnommé *Marc de Ravenne*, graveur au burin; né à Ravenne vers 1496; mort à Rome en 1550.

950. Le Sacrifice de Noé, d'après Raphaël (B. 4). Epreuve d'essai.

951. Sainte-Famille, d'après Raphaël, pièce dite *la Vierge à la longue cuisse* (B. 58). Epreuve du premier état, avant l'adresse d'Antoine Salamanca.

952. Le Bas-relief aux trois amours (B. 242). Très-belle épreuve.

953. Les amours de Jupiter et de Sémelé (B. 338). Superbe épreuve.

DESPLACES (Louis), graveur à l'eau-forte et au burin; né à Paris en 1682; mort dans la même ville en 1739.

954. Hercule combattant les Centaures, d'après Ch. Le Brun. Belle épreuve avant la lettre.

955. Le repas de campagne, d'après A. Watteau. Belle épreuve, avec l'adresse de la veuve de F. Chereau.

DIEPENBEKE (Abraham), peintre et graveur à l'eau-forte; né à Bois-le-Duc vers 1607; mort à Anvers en 1675.

956. Un petit morceau en hauteur, attribué à ce maître, dont il porte tout le caractère; il représente une

femme nue assise sur un rocher. *Très-rare.* Superbe
épreuve.

DIETRICH ou **DIETRICY** (Chr.-Guill.-Ernest), peintre et
graveur à l'eau-forte et en manière noire ; né à Weimar en 1712 ;
mort à Dresde en 1774.

957. La Nativité ; à la gauche du fond, sur le mur, on
lit : *Dietricy fe*, et des deux côtés la date de 1750.
Morceau en travers, dans le goût de Rembrandt. Très-
belle épreuve du premier état, avant le n° 60, sur la
solive vers le milieu du haut et avant que les travaux
de pointe sèche n'aient été ébarbés. Cabinet Debois.

Le même sujet. Belle épreuve du deuxième état, avec le
numéro, qui a été effacé dans le dernier état.

958. Jésus-Christ guérissant les malades ; composition
de vingt-six figures ; à la droite du haut, on lit :
C. W. Dietrich f. 1731, Morceau rare. Très-belle
épreuve.

959. Saint Jacques prêchant dans un village. Très-rare
et fort belle épreuve du premier état, avant le n° 76
et avant *Dietricy f.* 1740 sur la traverse de bois, au-
dessus du vieillard à la fenêtre.

960. Combats de tritons ; trois différentes compositions
en travers, imitées de Salvator Rosa ; à deux, au haut
de la droite : *Dietricy* 1763 ; à la troisième, au bas du
même côté : *Dietricy*. Belles épreuves du premier état,
avant les n°s 19, 20 et 22, qui ont été effacés dans le
dernier état.

961. L'art d'écrire. Belle épreuve.

962. Le marchand de lunettes. Composition en hauteur,
de cinq figures, imitée d'Adr. van Ostade ; à la gauche
du bas : *Dietricy A. O.* 1741. Très-rare et fort belle
épreuve du premier état, avant le ciel terminé et avant
beaucoup d'autres travaux. Cabinet Debois.

Le même sujet. Très-belle épreuve du deuxième état,
avec le travail à la pointe sèche produisant l'effet de la
manière noire, mais avant le n° 67 ; elle est à toutes
marges. Cabinet Debois.

Le même sujet. Épreuve du troisième état, avec le n° 67
à la gauche du bas; du même côté, le trait carré qui
descendait de l'angle supérieur vers une porte sur laquelle est un linge, dans les deux états précédents, a
été supprimé dans celui-ci, lorsqu'on a diminué la
planche pour la redresser. Cabinet Debois. En tout
trois estampes.

963. Le rémouleur et le savetier. Composition en hauteur, de sept figures, imitée d'Adr van Ostade. Au bas
du terrain à gauche : *Dietricy bol.* 1741. Très-rare et
fort belle épreuve du premier état, avant la plume au
chapeau du rémouleur. Cabinet Debois.

Le même sujet. Très-belle épreuve du deuxième état, avec
le travail à la pointe sèche produisant l'effet de la manière noire, et avec la plume au chapeau, mais avant
les marges nettoyées et le n° 68. Elle est à toutes marges. Cabinet Debois.

Le même sujet. Épreuve du troisième état, avec le n° à la
gauche du bas. Cabinet Debois.

Le même sujet. Épreuve du quatrième état, après que le
n° 68 a été effacé. En tout quatre estampes.

964. Le charlatan entouré de gens de la campagne Composition de vingt-cinq figures dans le goût d'Adrien
van Ostade. Morceau cintré du haut. Rare et superbe
épreuve du premier état, avant le n° 79. Cabinet Debois.

965. Le même sujet. Épreuve du troisième état, après
que le numéro a été effacé.

966. Le marchand de mort-aux-rats. Composition en
hauteur de onze figures, imitée de J. Steen. Sur le ciel,
à droite : *Dietrich f.* 1732. Rare. Très-belle épreuve.

967. Paysage en hauteur dans le genre de Salvator Rosa.
Au milieu du premier plan, deux hommes assis, l'un à
terre, l'autre sur une roche. Sur l'eau, vers la droite :
Dietricy del. 1745. Très-belle épreuve du premier

état, avant que la branche de l'arbre qui pend devant
le rocher n'ait été supprimée pour faire place à l'inscription suivante : *OEuvre de C. G. E. Dietrich,
Peintre de S. A. Electorale de Saxe, etc. etc.*

968. Groupe de chaumières près de grands arbres. Rare
et très-belle épreuve du premier état, avant que la
planche n'ait été retravaillée à l'eau-forte; le terrain
est blanc.

969. Vue de rochers. Sur le devant, une grande croix en
bois. A la gauche du haut : *D.* 1743. Très-rare et fort
belle épreuve du premier état, avant la seconde opération de l'eau-forte.

Le même paysage. Rare et très-belle épreuve du deuxième
état, après que la planche a été terminée, mais avant
le n° 44, qui a été effacé dans le dernier état.

970. Les deux cabanes au bord d'une rivière, dans le
genre d'Aldert van Everdingen. Sur le ciel à droite :
Di. f. Très-rare et superbe épreuve du premier état,
avant le n° 42 et avant que la planche n'ait été terminée. Il y a un coup de lumière sur le grand rocher à
gauche.

971. Village sur le bord d'une rivière. Vers le milieu,
deux hommes dans un bateau. Sur le ciel, à droite : *Dietricy f.* 1744. Très-rare et fort belle épreuve du
premier état, avant le n° 43 et avant que la planche
n'ait été terminée : les deux hommes dans le bateau
ne sont pas couverts de tailles.

972. La vieille tour. Au milieu du bas : *Dietricy* 1744
(à rebours). Rare et très-belle épreuve du premier état,
avant le n° 56, qui a été effacé dans le dernier état.

973. Le vieux pont de pierre avec porte ruinée. Sur le
ciel, à droite : *Dietricy f.* 1744. Très-rare et fort belle
épreuve, avant le n° 58, qui a été effacé dans le dernier état.

974. Le Port de Mer; à la gauche une tour; sur le ciel,
à droite : *Dietricy, sc.* 1744. Rare et très-belle

épreuve, avant le n° 53, qui a été effacé dans le dernier état.

975. Riche paysage, dans le goût de Gaspard Poussin; sur le premier plan, vers la droite, un homme debout parle à une femme assise à terre. Rare et très-belle épreuve avant le n° 57, qui a été effacé dans le dernier état.

976. Le troupeau en marche, près d'une statue de Flore; au bas, vers la droite : *Dietricy, f.* 1744. Très-rare et fort-belle épreuve du premier état, avant la seconde opération de l'eau-forte; la branche de l'arbre, derrière la statue, n'a pas de feuillage.

Le même sujet. Rare et très-belle épreuve du deuxième état, après que la planche a été terminée; mais avant le n° 5, qui été effacé dans le dernier état.

977. L'Hermitage; vers la droite, un pont de bois sur lequel passe un ermite; au bas, vers la gauche : *Dietricy,* 1744. Très-rare et superbe épreuve du premier état, avant la seconde opération de l'eau-forte; la partie supérieure du rocher, à droite, est entièrement blanche.

Le même paysage. Rare et très-belle épreuve du deuxième état, après que la planche a été terminée; mais avant le n° 54 et la retouche d'Adrien Zingg.

978. Les Muletiers, près d'une auberge adossée à des ruines. Morceau sans nom d'auteur. Superbe épreuve du premier état, avant le n° 70, qui a été effacé dans le dernier état.

979. Vieillard à barbe, sans nom ni date, tête d'homme et tête de femme; à la droite du haut : *Dietricy f.* 1742. Deux têtes de femmes; au milieu du haut : *Dietricy.* Une tête de chèvre et deux de chevreaux; au milieu du haut : *Dietricy,* 1742. Deux moutons et six têtes de divers animaux; au milieu du bas : *Dietricy fecit,* 1744. En tout cinq pièces. Rares et belles épreuves du premier état, avant les numéros qui ont été effacés dans le dernier état.

DIETSCH (Jean-Christophe), peintre et graveur à l'eau-forte ;
né à Nuremberg en 1710 ; mort dans la même ville en 1769.

980. Deux paysages en travers, faisant pendants ; dans
l'un, un homme conduit deux vaches vers le fond ;
dans l'autre, un homme, debout un bâton sur l'épaule,
parle à un autre homme assis. Belles épreuves du premier état, avant le numéro.

DILLIS (Georges), dessinateur et graveur à l'eau-forte, à l'aqua-
tinta et au pointillé ; né à Glebing en 1759.

981. Intérieur de Forêt ; sur le devant, un arbre renversé sur le bord d'une rivière. Très-belle épreuve.

Autre intérieur de Forêt, faisant pendant ; à droite, un
arbre s'élève en biaisant vers la gauche, au-dessus
d'une petite rivière. Très-belle épreuve.

DORIGNY (Michel), peintre et graveur ; né à Saint-Quentin,
vers 1617 ; mort à Paris, après 1666.

982. Suite de quatre morceaux octogones en largeur (R.
D. 63 à 66) : la Prudence, la Justice, la Force et la
Tempérance, d'après Simon Voüet. Très-belles épreu-
ves.

DORNER (Jacob), peintre et graveur à l'eau-forte ; né à Munich,
dans le siècle dernier.

983. Le portrait de Rembrandt ; dans la marge, le titre :
Rembrand Pictor. Superbe épreuve, avec toutes ses
marges.

DREVET (Pierre), le père, graveur au burin ; né à Lyon en
1664 ; mort à Paris en 1739.

984. Nicolas-Boileau Despréaux, d'après Hyacinthe Rigaud. Très-belle épreuve du premier état, avant toutes
lettres. Extrêmement rare.

985. Le même portrait. Epreuve du troisième état, avec
la lettre.

986. Philippe de Courcillon, marquis de Dangeau, d'a-
près H. Rigaud. Très-rare et belle épreuve avant la
lettre.

987. Le même portrait. Très-belle épreuve avec la lettre.

988. Louis-le-Grand, représenté debout en manteau royal, d'après le tableau d'Hyacinthe Rigaud, qui est au Musée du Louvre. Très-rare et superbe épreuve du premier état, avant les changements faits à la perruque et l'augmentation du mollet droit, et avant grand nombre d'autres travaux, que l'artiste a ajoutés pour donner à la planche plus d'harmonie. Cabinets Scitivaux et Debois.

989. Hyacinthe Rigaud, d'après lui-même. Très-rare et superbe épreuve du premier état, avant toutes lettres.

990. Le même portrait. Rare et belle épreuve du deuxième état, avec les noms d'auteurs dans la marge du bas; mais avant les noms et qualités du personnage.

991. Le même portrait. Très-belle épreuve du troisième état, avec les désignations d'auteurs, les noms et qualités du personnage, mais avant le prolongement du manteau et l'année 1721.

992. Le même portrait. Belle épreuve du quatrième état, avec le prolongement du manteau et l'année 1721.

DREVET (Pierre-Imbert), fils du précédent, graveur au burin; né à Paris en 1697; mort dans la même ville en 1739.

993. Jésus-Christ au jardin des Oliviers. Beau morceau en hauteur, d'après Restout. Superbe épreuve du premier état, avant l'adresse de L. Surugue; elle a de la marge.

994. *Samuel Bernard, chevalier de l'ordre de Saint-Michel, comte de Coubert;* d'après Hyacinthe Rigaud. Superbe épreuve du premier état, avant les mots *Conseiller d'Etat.*

995. Le même portrait. Belle épreuve du deuxième état; elle est à toutes marges.

996. Robert de Cotte, d'après Hyacinthe Rigaud. Rare et très-belle épreuve tirée avant divers travaux sur le visage, la perruque et la cravate du personnage, et avant les changements dans le titre. Elle porte l'in-

scription suivante : *Robert de Cotte, chevalier de l'ordre de Saint-Michel, con.ᵉʳ du roy en ses conseils, premier inteñdant des bâtimens........., de peinture et sculpture.*

997. Le même portrait. Belle épreuve de la planche terminée avec les changements dans l'inscription ; on lit : *Robert de Cotte, chevalier de l'ordre de St. Michel, con.ᵉʳ du roy en ses con.ˢ prem.ʳ architecte, intendant des bâtimens........, de peinture et sculpture.* Elle provient du cabinet Debois.

998. Adrienne Le Couvreur, d'après Ch. Coypel. Très-belle épreuve.

999. Le portrait du cardinal de Mailly, dans un médaillon entouré d'attributs, d'après Vanloo. Très-belle épreuve, avec marge.

1000. Louis, duc d'Orléans, d'après Charles Coypel. Très-belle épreuve.

1001. Dom Denys de Sainte-Marthe, d'après Cazes. Très-belle épreuve.

1002. De La Mothe Fénelon, d'après J. Vivien. Très-belle épreuve.

1003. Louis de La Vergne de Treyssau, archevêque de Rouen, à genoux aux pieds de la sainte Vierge et de l'Enfant-Jésus, d'après Jacques Vanloo. Très-belle épreuve du premier état, avant divers travaux ; elle a de grandes marges.

1004. Le même sujet. Belle épreuve du deuxième état, avec les travaux ajoutés à la planche, notamment sur la draperie, au-dessous du pied droit de l'Enfant-Jésus.

1005. La même composition répétée en plus petit et dans le même sens ; les têtes seulement par P. I. Drevet, le surplus par Claude Drevet. Très-belle épreuve, avec marges.

DREVET (Claude), cousin germain du précédent, graveur au burin ; né à Lyon en 1710 ; mort à Paris en 1768.

1006. Philippe Louis, comte de Sinzendorf, d'après Hyacinthe Rigaud. *Beau portrait.* Très-rare et fort belle épreuve avant la lettre et les armes.

1007. Le même. Belle épreuve avec les armes et la lettre, mais avant que les mots *Citata clarescit*, qu'on lit sur les armoiries, au bas de la droite, n'aient été rendus moins apparents par l'addition de nouveaux travaux.

DUBOIS (B......), peintre et graveur à l'eau-forte, florissait vers le milieu du xviie siècle.

1008. L'Ouragan (R.-D. 3). Très-belle épreuve d'une planche légèrement mordue par l'eau-forte.

DUBOURG (Louis-Fabrice), artiste hollandais, sur lequel on n'a pas de données.

1009. Paysage arcadique : au milieu, un homme nu et assis ; à droite, un temple ; du côté opposé, un sarcophage. Très-belle épreuve.

DUCHANGE (Gaspard), graveur au burin ; né à Paris en 1666 ; mort en 1757.

1010. Antoine Coypel, représenté assis devant son chevalet, occupé à peindre ; son fils est près de lui. Très-belle épreuve, avec de grandes marges. Cabinet de Graves.

DUCQ (Jean le), peintre et graveur à l'eau-forte ; né à La Haye en 1636 ; l'année de sa mort n'est pas connue.

1011. Suite de huit morceaux en travers, représentant des chiens dans différentes attitudes (B. 1 à 8). Le titre, le Chien en repos, le Chien et la chienne, la Chienne et son petit, la Viande disputée, les Chiens envieux, les Chiens qui se mordent, et le Chien buvant. Superbes épreuves. Cabinets Rigal et Brisart.

DUGHET (Gaspard) *dit* **GUASPRE-POUSSIN**, peintre et graveur à l'eau-forte ; né à Rome en 1613 ou 1617 ; mort dans la même ville en 1675.

1012. Suite de quatre paysages en travers (B. et R.-D. 5 à 8). Très-belles épreuves du premier état, avant l'adresse de Mauperché ; elles sont à toutes marges.

DUGHET (Jean), frère du précédent, graveur à l'eau-forte et au burin; né à Rome en 1614; l'année de sa mort n'est pas connue.

1013. Jésus guérissant les aveugles de Jéricho, d'après Nic. Poussin. Belle épreuve.

DU JARDIN (Karel), peintre et graveur à l'eau forte; né à Amsterdam en 1635; mort à Venise en 1678.

1014. Fontaine servant de frontispice (B. 1). Très-rare et belle épreuve du premier état, avant le n° 1 et avant le nom du maître et divers travaux.

1015. La Vache et le veau (B. 3). Rare et belle épreuve du premier état, avant le n° 3.

Autre épreuve avec le n° 3, mais avant la retouche.

1016. Les Chiens de chasse (B. 5). Très-rare et fort belle épreuve du tout premier état, non décrit, avant le n° et avant que la morsure de l'étau, près de la calebasse, n'ait été effacée; le trait carré n'est pas raccordé à la pointe sèche.

Le même sujet. Épreuve avec le n° 5, mais avant la retouche.

1017. Les trois Cochons couchés devant l'étable (B. 8). Epreuve avec le n° 8.

1018. Les deux Hommes et la pierre dans l'eau (B. 10). Très-rare et fort belle épreuve du premier état, avant le n° 10.

1019. L'Homme qui se chausse (B. 11). Très-rare et belle épreuve du premier état, avant le n° 11.

Autre épreuve avec le n° 11, mais avant la retouche.

1020. Les deux Chevaux près de la charrue (B. 25). Très-rare et fort belle épreuve du premier état, avant le n° 25.

1021. Le Champ de bataille (B. 28). Très-rare et fort belle épreuve du premier état, avant le n° 28.

1022. L'Ane entre deux moutons (B. 32). Epreuve avant la planche diminuée de hauteur.

1023. Le Mouton couché (B. 37). Rare et superbe épreuve du premier état, avant le n° 37.

1024. Le Mouton et les mouches (B. 38). Rare et superbe épreuve du premier état, avant le n° 38.

DUNOUY (ALEXANDRE-HYACINTHE), peintre et graveur à l'eau-forte; né à Paris, le 11 mars 1757; mort à Jouy, près Versailles, le 11 novembre 1841.

1025. Riche paysage, en travers; au milieu du premier plan, une femme et un enfant effrayés par un serpent; à droite, des ruines de Colonnes. Trois belles épreuves : la première avant la lettre et avant l'achèvement des montagnes du fond, à gauche; la seconde terminée, mais avant la lettre; la troisième avec les lettres A. D. et le n° 4, dans la marge du bas.

1026. Autre paysage aussi en travers; vers le milieu du second plan, un troupeau de vaches et de moutons; sur le devant à droite, un gros arbre; du côté opposé, une tour ronde. Deux épreuves : la première à l'eau-forte pure (très-rare); la deuxième terminée.

DUPIN (N. . . . . .), graveur à l'eau-forte et au burin; né à Paris, en 1753; l'année de sa mort n'est pas connue.

1027. Le couronnement de Voltaire, d'après Desrais. Belle épreuve.

DUPONT (HENRIQUEL), graveur à l'eau-forte et au burin, membre de l'Institut.

1028. Le Maître d'école arabe, d'après Decamps. Très-belle épreuve à toutes marges, sur papier de Chine.

1029. Portrait d'une dame assise; près d'elle, à gauche, une petite fille debout. Morceau en hauteur, d'après A. Van Dyck. Belle épreuve avant la lettre; seulement les noms d'auteurs, tracés à la pointe; elle est à toutes marges.

DUPUIS (CHARLES), graveur à l'eau-forte et au burin; né à Paris, en 1685; mort en 1742.

1030. Le Philosophe marié, d'après N. Lancret. Très-belle épreuve avec l'adresse de la veuve de F. Chereau.

DUPUIS (Nicolas-Gabriel), frère du précédent, graveur à l'eau-
forte et au burin ; né à Paris, en 1696 ; mort dans la même
ville, en 1771.

1031. Le Glorieux, d'après N. Lancret. Très-belle
épreuve avec l'adresse de la veuve de F. Chereau.

DURER (Albert), peintre et graveur au burin et à l'eau-forte ;
né à Nuremberg, en 1471 ; mort en 1528.

1032. Pilate se lavant les mains (B. 11).

1033. La face de Jésus-Christ (B. 26). Morceau gravé à
l'eau-forte. Belle épreuve.

1034. L'Enfant prodigue (B. 28). Superbe épreuve,
mais sans marge. Cabinet Turin, de Lyon.

1035. La Vierge assise, embrassant l'Enfant-Jésus (B. 35).
Très-belle épreuve, mais remargée. Cabinet Poggi.

1036. La Vierge couronnée par un ange (B. 37). Très-
belle épreuve ; elle porte, au verso, la signature de
P. Mariette et la date de 1651.

1037. La Vierge avec l'Enfant-Jésus emmailloté (B. 38).
Très-belle épreuve. Cabinet Debois.

1038. La Vierge couronnée par deux anges (B. 39).
Très-belle épreuve. Cabinets J. Barnard et Donadieu.

1039. La Vierge assise au pied d'une muraille (B. 40).
Très-belle épreuve.

1040. La Vierge à la poire (B. 41). Superbe épreuve.
Cabinet Wolterbeek.

1041. La Vierge au singe (B. 42). Superbe épreuve.

1042. La sainte Famille au papillon (B. 44). Très-belle
épreuve. Cabinet Verstolk de Soelen.

1043. Saint Christophe à la tête retournée (B. 51). Très-
belle épreuve.

1044. Saint Christophe (B. 52). Très-belle épreuve ; elle
porte, au verso, la signature de *P. Mariette* et la date
de 1670.

1045. Saint Jérôme en pénitence (B. 61). Superbe
épreuve.

1046. Sainte Geneviève (B. 63). Belle épreuve, mais
restaurée. Cabinet Poggi.

1047. La Famille du satyre (B. 69). Très-belle épreuve,
mais doublée et remargée. Cabinet Poggi.

1048. L'enlèvement d'Amymone (B. 71). Superbe
épreuve avec marges; c'est la plus belle connue. Cabinets Wolterbeek et Verstolk de Soelen.

1049. Le groupe de quatre Femmes nues (B. 75). Superbe épreuve du premier état, *non décrit*, avant les
travaux ébarbés; elle a de la marge.

1050. L'Oisiveté (B. 76). Ce morceau, qui est du nombre des rares, est aussi appelé *le Songe*. Superbe
épreuve.

1051. La grande Fortune (B. 77). Superbe épreuve.

1052. La petite Fortune (B. 78). Superbe épreuve.

1053. Le petit Courrier (B. 80). Superbe épreuve. Cabinet B. Delessert.

1054. Le Paysan et sa femme (B. 83). Très-belle
épreuve.

1055. L'Hôtesse et le cuisinier (B. 84). Très-belle épreuve.

1056. L'Oriental et sa femme (B. 85). Superbe épreuve.
Cabinet B. Delessert.

1057. L'Enseigne (B. 87). Belle épreuve.

1058. Le Joueur de cornemuse (B. 91). Très-belle
épreuve. Cabinet B. Delessert.

1059. Le Violent (B. 92). Superbe épreuve. Cabinets
Debois et B. Delessert.

1060. Le petit cheval (B. 96). Très-belle épreuve. Cabinet Poggi.

1061. Le Cheval de la mort (B. 98). Superbe épreuve.

1062. Les Armoiries au coq (B. 100). Belle épreuve.

1063. Les Armoiries à la tête de mort (B. 101). Superbe épreuve. Collection Donadieu.

1064. Erasme de Rotterdam (B. 107). Belle épreuve.

GRAVURES EN BOIS.

1065. Samson tuant un lion (B. 2). Très-belle épreuve.

1066. Les trois Rois mages apportant des présents à l'Enfant-Jésus nouvellement né * (B. 3). Très-belle épreuve.

(*) C'est encore par erreur que dans le Catalogue du Cabinet de M. Debois, et dans l'ordre de vacations de la première partie de la vente de ce cabinet, cette pièce a été annoncée : *non décrite par Bartsch*. Le rédacteur aura, selon toute apparence, cherché cette estampe en bois parmi les morceaux gravés sur cuivre.

1067. Jésus-Christ présenté au peuple (B. 19). Copie.

1068. Le Calvaire (B. 59). Très-belle épreuve.

1069. La sainte Famille. Composition de plusieurs figures, datée de 1511 (B. 97). Belle épreuve.

1070. La sainte Trinité (B. 122). Très-belle épreuve.

1071. Homme armé d'une massue, terrassant un guerrier; sur le ciel : *Ercules* (B. 127). Très-belle épreuve.

1072. Le Rhinocéros (B. 136). Très-belle épreuve. Cabinet P. Vischer de Bâle.

DUSART ou **DU SART** (Corneille), peintre et graveur à l'eau-forte et en manière noire; né à Harlem en 1665; mort en 1704.

1073. Les Crieurs (B. 1). Superbe épreuve du premier état, *inconnu à Bartsch*, avant toutes lettres; elle a de grandes marges. *Extrêmement rare.*

1074. Le même sujet. Très-belle épreuve du deuxième état, avec le nom du maître et l'année 1685, mais avant que la planche n'ait été coupée en ovale.

1075. Le même sujet. Belle épreuve du troisième état, *inconnu à Bartsch*, après que la planche a été mise en ovale.

1076. Les deux Chanteurs (B. 3). Rare et très-belle épreuve du premier état, avant que la planche n'ait été coupée en ovale.

Le même sujet. Épreuve du deuxième état, après que la planche a reçu la forme ovale.

1077. Les deux Chanteurs, gravés une seconde fois et dans le même sens (B. 4). Pièce rare. Très-belle épreuve ; elle est remargée.

La copie de l'estampe précédente, en manière noire et de sens opposé. Au bas, une marge blanche. Elle est sans nom de graveur. Très-belle épreuve, avec de grandes marges.

1078. Le Couple ivre (B. 7). Très-belle épreuve.

1079. La Ventouse (B. 12). Rare et très-belle épreuve du premier état, avant que l'adresse de Gole n'ait été effacée.

1080. Le Chirurgien de village (B. 13). Rare et très-belle épreuve du premier état, avant que l'adresse de Gole n'ait été effacée.

1081. Le Cordonnier renommé (B. 14). Rare et très-belle épreuve du premier état, avant que l'adresse de Gole n'ait été effacée.

1082. Le Violon assis (B. 15). Superbe épreuve du premier état, avant le travail fait avec le berceau. *Extrémement rare*. Cabinet P. Vischer, de Bâle.

1083. Le même sujet. Superbe épreuve du deuxième état, où le travail du berceau est très-apparent.

1084. La Fête du village (B. 16). Très-belle épreuve.

Morceau non décrit.

1085. Villageois assis sur une chaise à trois pieds. Il est vu de face, la tête renversée, tenant de la main gauche élevée un vidrecome et de l'autre sa pipe. A gauche, un tonneau sur lequel est un pot à feu ; au bas de ce côté, il y a une place blanche qui semble avoir été ménagée pour recevoir une inscription. Cette estampe en manière noire, sans nom d'auteur, est de la plus belle exécution du maître. Hauteur 13 cent. 5 mill. ; largeur 9 cent. 5 mill. *Extrémement rare*. Très-belle épreuve.

119

DUVET (Jean), surnommé le *Maître à la Licorne*, orfèvre et graveur au burin; né à Langres, en 1485; l'année de sa mort n'est pas connue.

1086. Saint Sébastien, saint Antoine et saint Roch (B. 10, R.-D. 20). Superbe épreuve avec marges.

1087. Poison et contre-poison (B. 44, R.-D. 61). Très-belle épreuve.

DUVIVIER ou **DU VIVIER** (Jean), graveur en médailles; né à Liége en 1685; mort à Paris en 1761. Cet habile artiste a quelquefois exercé son burin sur le cuivre.

1088. Le portrait de Pierre Des Gouges, avocat en Parlement; d'après R. Tournière. Très-belle épreuve, avec de grandes marges.

DYCK (Antoine Van), peintre et graveur à l'eau-forte; né à Anvers en 1599; mort à Londres en 1641.

1089. Jean Breughel, dit *Breughel de Velours*, peintre de paysages. Très-rare et superbe épreuve, avec les initiales de Gillis Hendricx; mais avant le fond terminé. Elle est à toutes marges.

1090. Pierre Breughel, dit *le Drôle*, peintre de scènes villageoises. Rare et très-belle épreuve, avant les initiales de Gillis Hendricx effacées.

1091. Didier Erasme de Rotterdam. Belle épreuve.

1092. Paul Pontius ou Du Pont, graveur au burin. Belle épreuve avant divers travaux faits depuis sur les cheveux du personnage, près de l'oreille.

1093. Jean Snellinx, peintre d'histoire. Rare et très-belle épreuve, avant que les initiales de Gillis Hendricx n'aient été effacées.

1094. Juste Suttermans, peintre de portraits et d'histoire du grand-duc de Toscane. Rare et superbe épreuve, avec les initiales de Gillis Hendricx et les prénom et nom du personnage écrits ainsi : *Iudocus Citermans.*

1095. Le même. Belle épreuve, où les mots *Iodocus Citermans* sont remplacés par ceux-ci : *Iustus Sütter-*

mans; elle est privée du bas de la marge portant les noms du graveur et les initiales de l'éditeur.

1096. Antoine Triest, évêque de Gand. Très-rare et superbe épreuve tirée après que l'adresse de Mart. Van den Enden a été effacée; mais avant les initiales de Gillis Hendricx, qui ont été enlevées dans le dernier état.

1097. Guillaume de Vos, peintre d'histoire. Belle épreuve, avant quelques travaux repris au burin, sur la poitrine et sur le bras gauche du personnage.

1098. Le même. Vigoureuse épreuve, avec les travaux repris dans les parties indiquées ci-dessus.

1099. Jean de Wael, peintre d'histoire. Très-rare et superbe épreuve, avant que les initiales de Gillis Hendricx n'aient été effacées.

1100. Le même. Autre épreuve du même état que la précédente, mais un peu moins bien conservée.

Le même. Epreuve tirée après la suppression des initiales de Gillis Hendricx; mais avant les contre-tailles sur la colerette à gauche, et autres travaux faits depuis à la planche.

1101. Le même. Epreuve avec les travaux mentionnés ci-dessus.

1102. Le Titien considérant sa maîtresse; sujet de demi-figures, d'après le Titien. Très-rare et fort belle épreuve, avant le nom de l'inventeur, le Privilége et l'adresse d'A... Bonenfant.

Le même sujet. Epreuve de l'édition de Bonenfant; elle est mal conservée : le bas de la marge portant le nom de cet éditeur est coupée.

EARLOM (Richard), graveur à l'eau-forte et en manière noire; né dans le comté de Sommerset en 1728; mort à Londres, vers

1103. La Magdelaine chez le Pharisien, d'après Rubens; dans la marge, le titre : *Mary Madelen washing Christ's feet* (Marie Magdelaine lavant les pieds du

Christ). Superbe épreuve avant la lettre de la première
planche ; seulement les noms d'auteurs et la mention
de la publication de J. Boydell en 1777, tracée à la
pointe ; elle a de grandes marges.

1104. Deux sujets de genre, d'après Sneyders ; dans l'un,
des poissons, dans l'autre du gibier. Superbes épreuves avant la lettre ; seulement les noms d'auteurs et de
l'éditeur. Elles ont de grandes marges.

1105. Sept Paysages faisant partie du *Liber veritatis*,
d'après Claude le Lorrain ; ce sont les n°° 15, 38, 75,
81, 86, 88, 104. Très-belles épreuves ; les six premières avec de grandes marges.

ECHARD *ou* **ESCHARD** (Charles), peintre et graveur à l'eau-
forte et à l'aqua-tinta ; né à Caen ; florissait dans le siècle
dernier.

1106. Homme représenté à mi-corps ; il est vu de face,
la tête penchée en avant, et couverte d'une toque ornée
de deux plumes. Très-belle épreuve du premier état,
avant l'aqua-tinta.

1107. Intérieur d'une auberge qui se voit au village de
la Chambre en Savoie. Rare et très-belle épreuve, avant
le nom du maître et le numéro dans la marge du bas.

ECKHOUT (Gerbrandt van den), peintre et graveur à l'eau-
forte ; né à Amsterdam en 1620 ; mort dans la même ville en
1674.

1108. Femme âgée représentée à mi-corps, assise devant
une table sur laquelle elle tient de ses deux mains un
livre presque fermé ; elle est vêtue d'un manteau bordé
de fourrure, et sa tête est couverte d'une coiffe surmontée d'une espèce de cornette en étoffe riche. Ce
morceau, sans nom d'auteur, plein de vérité et de sentiment, est absolument de la même exécution que
le portrait d'un jeune homme gravé par ce maître,
dont Bartsch et de Claussin nous ont donné la description. H. 18 cent. L. 13 cent. 6 mil. Extrêmement rare.
Superbe épreuve.

EDELINCK (Gérard), graveur au burin ; né à Anvers vers
1640 ; mort à Paris en 1707.

1109. Sainte Famille, d'après Raphaël (R.-D. 4). Rare

et superbe épreuve tirée avant l'écusson d'armes de
M. l'abbé Colbert, au milieu du bas de la composition;
elle est à toute marge.

1110. La Vierge et l'Enfant-Jésus, d'après Jacques
Stella (R.-D. 6). Très-belle épreuve du premier état,
avant l'écusson d'armes, et avant le titre : *Ego Dilecto
meo, et ad me conuersio eius. Cant.* 7°, dans la
marge.

Nota. M. Robert-Dumesnil ne signale pas cette dernière remarque.

1111. Pierre-Vincent Bertin, trésorier des parties ca-
suelles, d'après N. de Largillière (R.-D. 149). Très-
rare et superbe épreuve de premier état, avant toutes
lettres. Cabinet Debois.

1112. Charles Colbert, marquis de Croissy, d'après Hyacinthe Rigaud (R.-D. 175). Très-rare et superbe
épreuve de premier état, avant les armoiries et avant
toutes lettres.

1113. Charles D'Hozier, généalogiste du Roi, d'après
Hyacinthe Rigaud (R.-D. 184). Belle épreuve.

1114. Nathanael Dilgerus, ministre de Dantzick (R.-D.
185). Morceau rare et recherché. Très-belle épreuve,
mais sans marges.

1115. Jacques-François-Edouard, prince de Galles (R.-
D. 211). Très-rare et superbe épreuve du premier état,
avant les lettres *C, P. R.* et avant la dédicace à Jean
Drummond.

1116. Jean de La Fontaine, le fabuliste (R.-D. 230).
Épreuve doublée, c'est-à-dire collée sur une feuille
de papier.

1117. Claude de Saint-Georges, archevêque de Tours,
puis de Lyon (R.-D. 307). Belle épreuve.

1118. Claude de Sainte-Marthe, prêtre, d'après Jouvenet
(R.-D. 308). Rare et très-belle épreuve du deuxième
état, avec l'écriture sur la bordure et les noms du
peintre et du graveur; mais avant le distique sur la
face du socle.

Le même portrait. Belle épreuve du troisième état, avec le distique ; mais avant la planche réduite.

1119. Nicolas Verien, graveur, d'après Jouvenet (R.-D. 335). Très-rare et belle épreuve de premier état, avant toutes lettres.

EDELINCK (Nicolas), fils du précédent, graveur au burin ; né à Paris en 1680 ; l'année de sa mort n'est pas connue.

1120. Portrait du comte Balthasar Castiglione, d'après le tableau de Raphaël, qui est dans le cabinet du Roy. Très-rare et fort belle épreuve, avant toutes lettres.

Le même. Épreuve avec la lettre et le n° 13.

EISEN (Charles), dessinateur et graveur à l'eau-forte ; né à Paris en 1721 ; mort dans la même ville en 1780.

1121. Bacchus triomphant retourne dans l'isle de Naxe, d'après un ancien bas-relief d'ivoire. Très-belle épreuve, avec l'adresse de Le Rouge.

ERHARD (J. C.,.), peintre et graveur à l'eau forte allemand, sur lequel nous n'avons pas de données.

1122. Paysage, en hauteur ; à droite, un bûcheron près de deux vaches attelées à un chariot ; l'une d'elles est couchée. Très-belle épreuve.

EVERDINGEN (Aldert Van), peintre et graveur à l'eau-forte et à la manière noire ; né à Alkmaër, en 1621 ; mort dans la même ville, en 1675.

1123. Le Rocher (B. 18). Belle épreuve, avec marge.

1124. Le Tréteau de charpentier (B. 21). Rare et belle épreuve du premier état, avant que la planche n'ait été terminée ; les arbres à la gauche du fond, près du trait carré, sont blancs.

1125. Les deux Nacelles qui s'approchent (B. 32). Belle épreuve.

1126. Les trois Huttes au sommet du rocher (B. 41). Belle épreuve.

1127. Les deux Hommes sur la terrasse élevée (B. 46). Belle épreuve.

1128. Le petit Pont de bois (B. 53). Très-rare et fort belle épreuve du premier état, avant que l'artiste ait repris les travaux au burin dans les parties ombrées, notamment les contre-tailles diagonales sur la masse de rochers, au-dessus des deux figures assises à terre.

Le même paysage. Belle épreuve du deuxième état, avec les derniers travaux.

1129. Les Dessinateurs (B. 63). Très-rare et fort belle épreuve du premier état, avant que la planche n'ait été terminée.

1130. La Roue sous le toit mobile (B. 77). Très-rare et fort belle épreuve, avant les travaux à la pointe sèche et le trait carré.

Le même paysage. Très-belle épreuve de la planche terminée.

1131. La large Rivière (B. 82). Belle épreuve.

1132. Les deux Échelles (B. 90). Belle épreuve.

1133. La Butte (B. 100). Très-belle épreuve.

1134. La Cascade près du moulin à eau (B. 102). Belle épreuve.

FABER (Frédéric-Théodore, peintre et graveur à l'eau-forte ; né à Bruxelles en 1782; mort dans la même ville en 1844.

1135. Diverses compositions représentant des figures, des animaux et des paysages formant la majeure partie de l'œuvre de ce maître, tel qu'il est décrit sous les n°ˢ 1 à 105 du Catalogue qu'en a dressé et rédigé M. F. H. (Frédéric Hillemacher). Paris, Fournier, 1843. 99 pièces, y compris 29 doubles avec ou sans différences.

FALCK (Jérémie), graveur à l'eau-forte et au burin; né à Dantzick en 1629; mort dans la même ville vers 1709.

1136. Deux sujets d'histoire en hauteur, faisant pendants, d'après Jean Lys. Ils représentent la vision de saint Pierre et celle de saint Paul; dans la marge du bas de chacun de ces morceaux, le titre, le privilége,

et les noms seulement du peintre et de l'éditeur Nicolas Visscher. Superbes épreuves du premier état,
avant la lettre; elles ont de très-grandes marges.

FALCONE (ANGE); peintre et graveur à l'eau forte; né à Naples en 1600; mort dans la même ville en 1665.

1137. Un apôtre marchant vers la gauche; il porte la
main droite à son menton (B. 6). Pièce rare. Belle
épreuve.

FAYTHORNE *on* **FAITHORNE** (GUILLAUME) le vieux, dessinateur et graveur au burin; né à Londres vers 1620; mort
dans la même ville en 1691.

1138. Le portrait de François Rous, directeur du collége d'Eton. Rare. Belle épreuve. Cabinet Debois.

FECHNER (E.....), dessinateur et graveur à l'eau-forte; moderne.

1139. Deux femmes vues de profil, tournées à droite;
jeune fille assise, les mains sur ses genoux; et feuilles
d'études de trois figures, d'après A. Watteau. Quatre
pièces. Belles épreuves à toutes marges.

FERDINAND (LOUIS), peintre et graveur à l'eau-forte; né à
Paris en 1640; l'année de sa mort n'est pas connue.

1140. La Vierge, l'Enfant-Jésus, sainte Anne et saint
Jean. Morceau en travers. Très-belle épreuve du premier état, avant l'adresse de P. Drevet.

FIALETTI (ODOARDO), peintre et graveur à l'eau-forte; né à
Bologne en 1573; mort dans la même ville en 1638.

1141. Les Noces de Cana, d'après *Le Tintoret* (B. 2).
Pièce capitale du maître. Très-belle épreuve.

FICQUET (ÉTIENNE), graveur au burin; né à Paris en 1730
ou 1731; mort dans la même ville en 1794.

1142. Pierre de la Broüe, évêque de Mirepoix; Jean
Soanen, évêque de Senez; Charles-Joachim Colbert,
évêque de Montpellier; Pierre de Langle, évêque de
Boulogne; Appellans (*sic*) au futur concile général de
la Constitution *Unigenitus Dei Filius*....... concluc
en 1668. Morceau en hauteur. Rare. Très-belle épreuve.

1143. Françoise d'Aubigné, marquise de Maintenon, d'après P. Mignard. Belle épreuve sur papier double; elle est à toutes marges.

1144. Pierre Corneille, d'après Ch. Le Brun.

1145. Jaliot de Crébillon, d'après Aved.

1146. Jean de La Fontaine, d'après H. Rigaud. Belle épreuve, avant la planche entièrement terminée, dite *au ruisseau blanc*.

1147. F. de La Mothe Le Vayer, d'après Nanteuil; dans la marge, près du trait carré, à gauche: *Nanteuil del;* à droite: *Ficquet graveur de leur Maj. Imp. et R^{le} 1775.* Très-belle épreuve avant la lettre, c'est-à-dire avant les noms d'auteurs.

1148. Le même. Très-belle épreuve avec la lettre; elle est à toutes marges.

1149. Autre portrait du même personnage qui nous paraît avoir été gravé plusieurs années avant celui de 1775, parce que le travail en est plus large et le burin moins fin. Il est aussi représenté dirigé à droite et dans un ovale, mais à double bordure sans ornements. On lit sur une tablette au-dessous de l'ovale: *François de La Mothe Le Vayer, conseiller ordinaire de Sa Majesté Très Chretienne,* et dans la marge du bas, à gauche: *Nanteuil del.,* et à droite: *Ficquet sculp.** Rare. Très-belle épreuve montée en dessin à la manière de Glomy.

---

* C'est toujours par erreur que le rédacteur du Catalogue du cabinet Debois a annoncé cette estampe comme étant le dernier état de la planche précédente, dont on aurait changé la bordure et la lettre, et a prétendu que la planche, ainsi transformée, aurait été employée dans les *Hommes illustres d'Odieuvre* (l'*Europe illustrée*). Il nous semble, en effet, qu'il y a dans cette double assertion une double méprise. D'abord, la planche dont nous parlons n'est pas la même que la précédente: elle en diffère par les proportions de la figure et par la nature des travaux. En second lieu, le portrait de La Mothe Le Vayer publié par Odieuvre, n'a pas été gravé par Etienne Ficquet, mais par Etienne Fessard, dont il porte le nom. De plus, la tête du personnage, dans la planche de Fessard, mesure 44 mill., au lieu de 24 mill., qui font la hauteur de la tête dans le portrait gravé par Ficquet en 1775. Comment, d'ailleurs, Odieuvre aurait-il pu se servir, pour l'ornement d'un ouvrage publié en 1755, d'une planche qui n'a été gravée que *vingt ans après?*

1150. Poquelin de Molière, d'après Coypel. Rare et belle épreuve avant la lettre.

1151. Le même. Épreuve avec la lettre, mais avant la retouche.

Nota. Aux épreuves du dernier état, les noms d'auteur ont été effacés et regravés en plus petits caractères.

1152. Michel de Montaigne, d'après Deшoustier. Très-belle épreuve avant la lettre.

1153. Jean-François Regnard, d'après Rigaud.

FLAMEN (Albert), peintre et graveur à l'eau-forte; né à Bruges; florissait dans le xviie siècle.

1154. Diverses espèces de poissons de mer. Première partie. Suite de douze estampes, savoir : le titre; *Le Cancre; Le Homard; La Sardine; La Pucelle; Le Merlan; La Flez; Le Congre; Le Maquereau; Le Grenaut; Le Coccu de mer; Le Saulmon* (B. 1 à 12; R.-D. 415 à 426). Très-belles épreuves avec les mots : *Première partie* et l'adresse de *I. van Merlen* au morceau servant de titre, et avec les numéros. Elles ont de grandes marges.

1155. Diverses espèces de poissons de mer. Troisième partie. Suite de douze estampes, savoir : le titre; *L'Anchoie; Le Turbot; La Limande; La Solle; Le Quarlet; L'Egrefin, Lesguille de Mer; L'Esturgeon; Le Dauphin; Espèce de Marsoüin; La Barbuë* (B. 25 à 36; R.-D. 439 à 450). Très-belles épreuves avec les numéros, mais avant que l'adresse de *I van Merlen*, au premier morceau, n'ait été effacée et remplacée par celle de *Gallays*.

1156. *Vuë du Chasteau et Village d'Estiolle près Corbeil* (R.-D. 499). Belle épreuve, mais assez mal conservée.

Vuë de St-Germain et Corbeil de dessus la Rivière (R.-D. 500). Très-belle épreuve, mais privée de la marge portant le titre.

FLIPART (Jean-Jacques), graveur à l'eau forte et au burin; né à Paris, en 1723; mort dans la même ville, en 1782.

1157. La Chasse au tigre, d'après F. Boucher. Très-belle épreuve avant toutes lettres et avant les armes; elle est aussi avant beaucoup de travaux dans toutes les parties de la planche. Extrêmement rare.

1158. Le même sujet et la Grande chasse à l'ours, faisant pendant. Ce dernier morceau, d'après Carle Vanloo. Deux pièces. Très-belles épreuves avec la lettre et les armes. Elles sont avec toutes leurs marges.

1159. Le Paralytique servi par ses enfants, et l'Accordée de village. Ces deux morceaux faisant pendants, d'après J. B. Greuze. Belles épreuves, mais tachées d'humidité; elles portent, au verso, la signature du peintre et celle du graveur.

1160. Le Gâteau des Rois, d'après le même peintre. Épreuve tachée d'humidité.

FLORIS (François), peintre et graveur à l'eau-forte; né à Anvers, en 1520; mort en 1570.

1161. La Victoire représentée debout, entourée de prisonniers enchaînés et de trophées. Ce morceau, rare, est le seul que l'on connaisse de ce maître. Très-belle épreuve, avec marge.

FOCK (Herman), dessinateur et graveur à l'eau-forte; né en Hollande, dans le siècle dernier.

1162. Suite de six paysages, en travers : au premier, des ruines; au second, à la droite d'une prairie, un dessinateur; au troisième, à gauche, une vache debout et une autre couchée près d'un groupe de cinq arbres; au quatrième, une femme debout, un panier sur la tête, parle à un homme assis au bord d'un chemin; au cinquième, un piéton indique le chemin à un cavalier; au sixième, un homme, chargé d'une hotte, marche vers la droite. Très-belles épreuves, avec de grandes marges.

FOCUS (Georges), amateur, dessinateur et graveur à l'eau-forte; né à Châteaudun, vers 1641; mort à Paris, en 1708.

1163. Vues d'Italie (R.-D. 2 à 7). Suite de six pièces numérotées au bas de la droite. Très-belles épreuves : celles des premier, troisième, quatrième et cinquième morceaux sont du premier état, avant les numéros; les deux autres du deuxième état, c'est-à-dire terminées, mais avant les numéros. Cabinet Rigal.

1164. Vue d'Italie (R.-D. 2). Belle épreuve du deuxième état, avec le n° 1.

1165. Vue d'Italie (R.-D. 3). Belle épreuve du deuxième état, avec le trait carré; mais avant le numéro et avant l'entier achèvement de la planche. Très-rare.

NOTA. C'est sur cette épreuve même que M. Robert-Dumesnil a fait sa description.

1166. La même vue d'Italie. Belle épreuve du quatrième état, avec le n° 2.

1167. Vue d'Italie (R.-D. 4). Très-belle épreuve du premier état, avant le n° 3.

1168. Vue d'Italie (R.-D. 5). Très-rare et belle épreuve d'eau-forte pure. *État inconnu à M. Robert-Dumesnil*.

1169. Vue d'Italie (R.-D. 6). Très-belle épreuve du premier état, avant le numéro 5.

1170. La même vue d'Italie. Belle épreuve du deuxième état, avec le numéro.

FONTAINE (JÉRÔME-BENOÎT), dessinateur et graveur à l'eau-forte; né vers 1807, à Lyon, où il réside.

1171. Paysage. Vers le milieu du second plan, une femme, un panier au bras, dirige ses pas vers la gauche; plus loin, au-delà d'un mur, un massif d'arbres s'étend jusqu'au bord droit du trait carré. Ce morceau, en largeur, d'une vigoureuse exécution, est gravé d'après un dessin de Jean-Michel Grobon. Superbe épreuve.

1172. Le même paysage. Superbe épreuve sur papier de Chine.

FORSTER (FRANÇOIS), graveur au burin, membre de l'Institut.

1173. Les trois Grâces, d'après le tableau de Raphaël,

appartenant à lord Dudley. Belle épreuve avec la lettre, sur papier de Chine ; elle est à toutes marges.

1174. Femme vénitienne vue de face et jusqu'aux genoux ; près d'elle, un enfant et un chien. Belle épreuve avant la lettre ; seulement les noms d'auteurs : *Peint par Véronèse (Paul), dessiné par Anastasi, gravé par Forster*, dans la marge inférieure, près du trait carré. Cette estampe est avec toutes ses marges.

FORTIER (........), graveur à l'eau-forte et au burin, moderne.

1175. Forêt vierge du Brésil, d'après le comte de Clarac. Deux épreuves : la première à l'eau-forte pure ; la deuxième terminée, mais avant la lettre ; cette dernière a des piqûres d'humidité.

FOULQUIER (J. F.), amateur français, et graveur à l'eau-forte et à l'aqua-tinta ; né en 1731 ; l'année de sa mort n'est pas connue.

1176. Le Charlatan ; dans la marge du bas : *Messiou et Dames dans ste petit Bouteil et ca. ca.* Belle épreuve.

1177. Paysage en travers, où à droite, des rustres et des animaux passent à gué une rivière. Belle épreuve du premier état, avant le ciel terminé à l'aqua-tinta.

FRAGONARD (Jean-Honoré), peintre et graveur à l'eau-forte ; né dans le comté de Nice en 1733 ; mort à Paris en 1806.

1178. Saint Jérôme. Morceau en hauteur, piquant d'effet. Trois belles épreuves : la première, avant que la morsure de l'étau n'ait été effacée ; la deuxième, après que la morsure de l'étau a été effacée, mais avant le numéro ; la troisième, avec le numéro, à la droite de la marge inférieure.

1179. L'Armoire. Très-belle épreuve tirée avant l'adresse : *A Paris chez Naudet M. d'estampes, port au bled,* dans la marge du bas, à droite, près du trait carré.

FREY (Jean de), dessinateur et graveur à l'eau-forte ; né à Amsterdam en 1770 ; mort à Paris en 1734.

1180. Isaac donnant sa b. édiction à Jacob, d'après

G. Flinck. Très-belle épreuve avant la lettre; elle a de la marge.

1181. Le même sujet. Très-belle épreuve avec la lettre; elle a de la marge.

1182. Tobie et sa famille prosternés devant l'ange qui disparaît à leurs yeux; d'après le tableau de Rembrandt, qui est au Musée du Louvre. Superbe épreuve avant toutes lettres.

1183. Le même sujet. Superbe épreuve sur papier de Chine, du même état que la précédente.

1184. Le même sujet. Belle épreuve avant la lettre; seulement les noms d'auteurs, gravés au burin.

1185. Le même sujet. Epreuve avec la lettre.

1186. La Présentation au Temple, d'après le tableau de Rembrandt, qui est au Musée de La Haye. Pièce capitale du maître. Très-belle épreuve avant toutes lettres, sur papier de Chine.

1187. Sainte Famille, dite *le Ménage du Menuisier*; d'après le tableau de Rembrandt, qui est au Musée du Louvre. Rare et superbe épreuve tirée avant toutes lettres, et avant l'entier achèvement de la planche.

1188. Le même sujet. Epreuve terminée, mais avant la lettre; seulement le nom du graveur, légèrement tracé à la pointe, à la gauche de la marge du bas, près du trait carré.

1189. Le Bon Samaritain, d'après le tableau de Rembrandt, qui est au musée du Louvre. Superbe épreuve avant toutes lettres.

1190. Le même sujet. Très-belle épreuve avant la lettre; seulement les noms d'auteurs gravés au burin.

1191. Le même sujet. Belle épreuve avec la lettre.

1192. Les Disciples d'Emmaüs, d'après le tableau de Rembrandt, qui est au musée du Louvre. Superbe épreuve avant la lettre.

1193. Le même sujet. Très-belle épreuve avant la lettre; elle a quelques retouches à la sanguine, de la main même du graveur.

1194. Jésus-Christ guérissant la mère de saint Pierre, d'après G. Metzu. Très-belle épreuve avant la lettre.

1195. Le même sujet. Belle épreuve avec la lettre; elle a de la marge.

1196. Anachorète assis près d'un tronc d'arbre, à l'entrée d'une grotte, d'après G. Brekelenkamp. Très-belle épreuve avant la lettre.

1197. Le même. Très-belle épreuve avec les noms du peintre et du graveur, et avec les mots *D^e Hermyt* tracés en petits caractères; elle a de la marge.

1198. Le même. Belle épreuve avec les mots *De Eremiet*, en plus grands caractères, substitués au premier titre.

1199. La démonstration anatomique par le professeur Nicolas Tulp, d'après Rembrandt. Très–rare et belle épreuve tirée avant toutes lettres, et avant divers travaux, notamment sur le cadavre et sur le livre.

1200. Le même sujet. Très-belle épreuve avant la lettre de la planche terminée; seulement les noms du peintre et du graveur, tracés à la pointe.

1201. Le même sujet. Belle épreuve avec la lettre. Copie en petit et au simple trait, d'après les personnages qui sont représentés dans la composition désignée ci-dessus, avec les numéros de renvoi pour faire connaître leurs noms.

1202. L'Assemblée des syndics de la halle aux draps d'Amsterdam, d'après Rembrandt. Très-belle épreuve avant la lettre.

1203. Le même sujet. Belle épreuve avec la lettre.

1204. Un architecte de la marine et sa femme, d'après Rembrandt. Très-belle épreuve avant toutes lettres.

1205. Le même sujet. Très-rare et superbe épreuve sur papier de Chine, du même état que la précédente.

1206. Le même sujet. Belle épreuve avec la lettre; le titre est en hollandais et en français.

1207. Intérieur d'une chambre, où la mère de Gérard Dow fait la lecture à son mari, qui paraît l'écouter attentivement. Morceau en hauteur et cintré, d'après le tableau de Gérard Dow, qui est au musée du Louvre. Très-belle épreuve avant toutes lettres, et avec des essais de pointe à droite et au bas de la marge; elle est annotée à la mine de plomb par le graveur : *Gérard Dow pinxit. J. de Frey fecit aqua forti*. Cabinet Rossi.

1208. Philosophe dans son cabinet, d'après G. Brekelenkamp. Très-belle épreuve avant la lettre.

1209. Le même, belle épreuve avec la lettre.

1210. Rembrandt représenté à mi-corps, un bonnet sur la tête, tenant de la main gauche sa palette et de la droite son appui-main, d'après le tableau de Rembrandt, qui se voit au Musée du Louvre. Très-belle épreuve avant toutes lettres.

1211. Rembrandt représenté dans un ovale, dirigé à droite et regardant de face, la tête couverte d'une toque, d'après son portrait peint par lui-même, qui est au Musée du Louvre. Très-belle épreuve avant la lettre; seulement le nom du graveur, tracé légèrement à la pointe, au milieu de la marge inférieure, près du trait carré. Elle est à toutes marges.

1212. Buste de Rembrandt âgé, vu de trois quarts, dirigé vers la gauche et éclairé par la droite, dans un ovale en hauteur sur une planche de cuivre carrée. Très-rare et fort belle épreuve tirée avant divers travaux; le bonnet du personnage est blanc. Elle a de grandes marges.

1213. Le même. Rare épreuve de la planche terminée, sur papier de Chine.

1214. Coppenol assis dans un fauteuil et taillant une plume; d'après Rembrandt. Belle épreuve avant divers travaux sur le visage du personnage; elle est retouchée au pinceau et au crayon blanc par le graveur.

1215. Le même. Belle épreuve de la planche terminée.

1216. Vieillard à barbe, vu de face, assis dans un fauteuil, les deux mains jointes, d'après Rembrandt. Très-belle épreuve avant toutes lettres.

1217. Vieillard à barbe courte, coiffé d'un chapeau à larges bords, d'après Rembrandt. Superbe épreuve avant la lettre.

1218. Le même. Belle épreuve avec la lettre; elle a de la marge.

1219. Buste d'un officier, coiffé d'une toque ornée de deux plumes, d'après Rembrandt. Rare et très-belle épreuve, avant divers travaux sur le visage du personnage; elle a de la marge.

1220. Le même. Belle épreuve de la planche terminée; elle a aussi de la marge.

1221. Vieillard à grande barbe, tourné à droite et assis, appuyé sur les bras de son fauteuil, d'après Rembrandt. Très-belle épreuve avant la lettre; elle a de grandes marges.

1222. Le même. Rare et très-belle épreuve sur papier de Chine, du même état que la précédente.

1223. Le même. Belle épreuve avec la lettre; elle a de la marge.

1224. Buste de vieillard à barbe courte et cheveux crépus, vu des trois quarts, dirigé à droite d'où vient le jour, dans un ovale sur une planche de cuivre carrée. Ce morceau, sans noms d'auteurs, nous paraît être d'après Rembrandt. Belle épreuve sur papier de Chine.

1225. Vieille femme pelant une pomme, d'après Rembrandt. Très-belle épreuve avant la lettre.

1226. La même. Très-belle épreuve sur papier de Chine, du même état que la précédente.

1227. Là même. Belle épreuve avec la lettre.

1228. Buste d'un officier, en cuirasse et en manteau, la tête couverte d'une toque ornée d'une plume. Morceau sans noms d'auteurs. Rare et très-belle épreuve de la planche non achevée : la cuirasse est entièrement blanche.

1229. Le même. Belle épreuve de la planche terminée.

1230. Portrait de G. A. Brederode, d'après D. Ballu. Rare et belle épreuve d'eau-forte pure.

1231. Le même. Très-belle épreuve avant la lettre de la planche terminée, et avant les traits à la pointe sèche au bas de la gauche.

1232. Le même. Très-belle épreuve avec les traits mentionnés ci-dessus, mais avant la lettre.

1233. Le même. Très-belle épreuve sur papier de Chine, du même état que la précédente.

1234. Le même. Belle épreuve avec la lettre.

1235. Buste de Corneille van Dalen, d'après son dessin. Rare et belle épreuve à l'eau-forte pure, sur papier gris.

1236. Le même. Très-belle épreuve de la planche terminée, mais avant la lettre; elle a de la marge.

1237. Le même. Belle épreuve avec la lettre.

1238. Gérard Dow, d'après son portrait peint par lui-même. Rare et très-belle épreuve avant la lettre, et avant que la planche n'ait été terminée; une partie de la chemise, celle du côté d'où vient le jour, est entièrement blanche.

1239. Le même. Belle épreuve de la planche terminée, avec la lettre.

1240. Homme représenté à mi-corps, tourné à gauche, et regardant à droite; d'après Drost. Belle épreuve, avec marge.

1241. Vieillard assis dans un fauteuil, les deux mains

appuyées sur son bâton, d'après Philippe de Koning.
Très-belle épreuve avant la lettre.

1242. Le même. Belle épreuve avec la lettre.

1243. Le même. Rare et très-belle épreuve sur papier du
Japon, du même état que la précédente; elle a de
grandes marges.

1244. Portrait de Martin Tromp, d'après J. Lievens.
Très-belle épreuve avant la lettre.

1245. Le même. Belle épreuve avec la lettre; le fond est
encore couvert de traces de pierre ponce.

1246. Vieillard endormi, la tête appuyée sur sa main
gauche; d'après J. Lievens. Très-belle épreuve avant
la lettre.

1247. Le même. Très-belle épreuve du même état que la
précédente, avec quelques retouches au crayon par
l'auteur.

1248. Le même. Belle épreuve avec la lettre; elle a de la
marge.

1249. Homme en buste, coiffé d'un bonnet orné d'une
aigrette. Morceau presque carré, sans aucun nom.
Belle épreuve.

1250. Le même. Très-rare et belle épreuve, sur papier
de Chine.

1251. Portrait du Roi de Rome, représenté dans un
médaillon; il est vu de profil, tourné à gauche (d'après
P. P. Prud'hon). Cinq épreuves de différents états;
de ce nombre, trois sur papier de Chine.

1252. Portrait du pape Pie VII, d'après Louis David.
Très-belle épreuve avant la lettre.

1253. Buste d'un saint évêque, tourné à droite, ayant
une chape sur les épaules. Belle épreuve, avec marge.

1254. Jean de la Valette-Parisot, grand-maître de
Malte, représenté en buste dans un ovale sur une planche de cuivre carrée. Il est vu de face et regardant à
droite, revêtu de sa cuirasse sur laquelle brille la

grande croix de l'ordre. Très-belle épreuve avant la lettre, et avant que l'ovale n'ait été mieux formé.

1255. Le même. Très-belle épreuve avec l'ovale rectifié. mais avant la lettre; elle est sur papier de Chine.

1256. Buste de Soliman II, empereur des Turcs, faisant pendant au précédent. Il est représenté dirigé à gauche, portant une cuirasse, et coiffé d'un turban orné d'un croissant et d'une aigrette. Très-belle épreuve avant la lettre; elle a de la marge.

1257. Le même. Très-belle épreuve sur papier de Chine, du même état que la précédente.

1258. Portrait du baron A. Dubois, médecin, d'après F. Gérard. Très-belle épreuve avant toutes lettres; elle a de la marge.

1259. Le même. Belle épreuve avant la lettre; seulement les noms d'auteurs. Elle a de la marge.

1260. Lord Stuard, ambassadeur d'Angleterre, à Paris. Il est représenté tête nue, regardant de face, les épaules couvertes d'un manteau, et tenant de la main gauche un de ses gants. Morceau sans noms ni lettres. Belle épreuve, avec marge.

1261. Portrait d'un vieillard, vu de profil et dirigé vers la gauche, la tête couverte d'un bonnet bordé de fourrure; au haut de la droite du fond, on lit : *J. de Freyf.* Morceau rare. Très-belle épreuve, avec de grandes marges.

1262. Portrait d'homme à cheveux et favoris noirs, vu de trois quarts, dirigé vers la gauche, et regardant de face. Ce morceau, sans noms d'auteurs, nous paraît être exécuté d'après le dessin du graveur. Très-belle épreuve.

1263. Quatre pièces en hauteur, représentant chacune une seule figure, savoir : Paysan debout, tenant de la main gauche une cruche; Fumeur assis sur un baquet renversé; Villageoise portant sur le dos un panier; Femme vue de dos, étendant du linge. Ces morceaux font partie d'une suite de six études, d'après J. Lauwers. Très-belles épreuves; du premier morceau, une répétition avec différence. En tout cinq estampes.

1264. Paysage couvert en grande partie de rochers, du milieu desquels se précipite un torrent; d'après Rembrandt. Belle épreuve à l'eau-forte pure, sur papier gris.

1265. Le même. Belle épreuve du même état, mais sur papier de Chine.

1266. Le même. Très-belle épreuve de la planche terminée, à l'exception du ciel, qui est blanc comme dans l'état précédent; elle est tirée sur papier gris.

1267. Le même. Très-belle épreuve entièrement terminée, mais avant la lettre.

1268. Le même. Très-belle épreuve du même état, mais sur papier brun.

1269. Le même. Contre-épreuve tirée avant la lettre.

1270. Le même. Belle épreuve avec la lettre.

FREY (Jean-Michel), peintre et graveur à l'eau-forte; né à Biberach en 1750; l'année de sa mort n'est pas connue.

1271. Deux morceaux en travers, faisant pendants, d'après C. A. Grosman; ils représentent des singes qui font de la musique. Très-belles épreuves.

1272. Deux paysages faisant pendants : dans l'un, un homme, une femme et des animaux passent à gué une rivière; dans l'autre, au milieu d'un chemin, un homme charge un mulet. Morceaux en travers, d'après Georges Wagner. Très-belles épreuves.

FRIEDRICH (Jean-Chrétien-Jacques), peintre et graveur à l'eau-forte; né à Dresde en 1747; l'année de sa mort n'est pas connue.

1273. Deux paysages ornés de figures et d'animaux. Morceaux en largeur faisant pendants. Belles épreuves.

FRILLEY (. . . . .), dessinateur et graveur.

1274. Le Roi Louis-Philippe prêtant serment, le 9 août

ı83ò, d'après E. Deveria. Très-belle épreuve avant la
lettre, sur papier de Chine; seulement les noms du
peintre et du graveur, et l'indication : *s[fe] vii, s[ion] 2e*, à
l'angle droit supérieur, au-dessus du trait carré.

FRISIUS (Simon), dessinateur et graveur à l'eau-forte; né à
Leuwaarde, dans la Frise, vers la fin du xvie siècle.

1275. Paysage en largeur, où est représentée l'entrée de
Jésus dans Jérusalem. Belle épreuve.

1276. Suite de quatre paysages, ornés de sujets du Nouveau-Testament, d'après H. Hondius. Morceaux en
largeur, numérotés ı à 4. Très-belles épreuves avec
l'adresse de l'inventeur.

FYT (Jean), peintre et graveur à l'eau-forte; né à Anvers dans
la première moitié du xviie siècle [*].

1277. Différents animaux; suite de huit estampes. Les
deux Boucs; à gauche, sur le terrain : *I. Fyt fecit;* et
dans la marge : l'adresse de *van Merlen* 1666 (B. 1).
Le Bœuf (B. 2). Le Cheval; sur le terrain, à droite :
I. Fyt f (B. 3). Le Chien couché; à gauche, sur un
roc : *I. Fyt* (B. 4). La Vache couchée; à terre, vers la
gauche : *Io. Fyt*, écrits à rebours (B. 5). Le Chariot;
à gauche, près de la grande roue : *I. Fyt* (B. 6). La
Vache vue presque de face et couchée (B. 7). Les deux
Renards; au bas du terrain, à gauche : *I° Fyt* (B. 8).
Rares et belles épreuves du premier état, *non mentionné
par Bartsch*, où l'imperfection de la préparation du
cuivre est encore visible. Au premier morceau (les
deux boucs), la marge du bas n'est pas indiquée; le
nom de Fyt, l'année et l'adresse de van Merlen n'y
sont pas encore gravés; et le pied droit du bouc vu de
face s'y trouve à six millimètres du bord inférieur de
la planche, tandis que dans l'état ordinaire il n'y est
plus qu'à deux millimètres et demi.

[*] L'année 1625 indiquée par Bartsch comme étant à peu près celle de la
naissance de J. Fyt, nous semble peu probable. Il nous paraît difficile que cet
artiste ait pu produire, à l'âge d'environ 17 ans, des morceaux d'un talent
aussi consommé et aussi éminent que cette admirable suite de chiens, n°s 9 à
16, qui sont autant de chefs-d'œuvre.

1278. Chiens dans différentes études; suite de huit estampes. Piédestal servant de titre, sur lequel on lit :
*All. Ill.:ᵐᵒ sig:ʳᵃ mio, e Prone Coll:ᵐᵒ il sig:ʳᵃ Don Carlo
Gvasco Marchen di Solerio..... Alzatia. In segno del
suo ossequio dedicata Gio Fyt con Priuilegg° 1642 ;*
au bas de la droite, sur le terrain : *Ioannes Fyt pinxit
et fecit* (B. 9). Les trois Chiens de chasse; à gauche,
sur une pierre : *I° Fyt*, et un peu plus loin, près d'un
chapiteau de colonne : 1642 8, le chiffre 6 à rebours
(B. 2). Les deux Levriers; sur un rocher, à droite :
I° Fyt 6 1642 (B. 3). Les deux Chiens courants, un
est couché; à gauche, sur une pierre : *I° Fyt* (B. 4).
Les deux Levriers retenus par une corde; sur deux
pierres, vers la gauche : 1642 *I° Fyt*, les deux derniers
chiffres à rebours (B. 5). Deux Chiens, l'un grimpe
sur l'autre; au milieu de la terrasse : *I° Fyt f* (B. 6).
Les deux Dogues couchés; à gauche, auprès de la
fontaine : *I° Fyt.* (B. 7). Chien près d'un fusil et d'une
gibecière; sur le terrain, à droite : *I° Fyt* 1642 *F* 7, le
chiffre 6 à rebours (B. 8). Très-rares et superbes épreuves du premier état, non décrit par Bartsch, avant les
travaux éclaircis, près des animaux, et avant que le
nom de *Fyt* tracé très-légèrement à l'eau-forte au premier morceau, n'ait été effacé et remplacé par ces
mots gravés au burin : *Ioannes Fyt pinxit et fecit ;* le
second morceau est avant que les deux derniers chiffres
de l'année 1642 et le n° 8, qui suit cette année, n'aient
été effacés et remplacés par ces deux autres chiffres :
62, tracés à rebours.

GAILLARD (Robert), graveur à l'eau-forte et au burin; né à
Paris en 1722; l'année de sa mort n'est pas connue.

1279. *Le Panier mystérieux*, d'après F. Boucher. Très-
belle épreuve avec l'adresse du graveur.

1280. La Femme colère, d'après Greuze. Rare et très-
belle épreuve avant la lettre; seulement les noms d'auteurs, très-légèrement tracés à la pointe. Elle a de la
marge.

GALLESTRUZZI (Jean-Baptiste), peintre et graveur à l'eau-
forte; né à Florence en 1618; l'année de sa mort n'est pas
connue.

1281. Silène monté sur un âne, accompagné d'une
troupe de Faunes et de Satyres (B. 14). Un autre sujet
de Bacchanales, où l'on voit Silène couché par terre
près d'une chèvre (B. 14). Ces deux morceaux d'après
l'antique. Belles épreuves du premier état, avant l'inscription.

GALLE (Corneille), *le Jeune*, dessinateur et graveur au burin;
né à Anvers en 1600; l'année de sa mort n'est pas connue.

1282. Engelbert Taie, député des Etats de Brabant, d'a-
près Antoine Van Dyck. Belle épreuve du premier état,
avec l'adresse de Jean Meyssens.

GAUCHER (Charles-Etienne), dessinateur et graveur; né à
Paris en 1741; mort dans la même ville en 1804.

1283. Zénobie assiégée dans Antioche par Aurélien, d'a-
près J. Werner. Belle épreuve.

GAULTIER (Léonard), graveur au burin; né à Mayence en
1552; mort à Paris en 1641.

1284. Le Jugement dernier, d'après Michel-Ange Buo-
narotti. Belle épreuve du premier état, avant l'adresse
de *P. Mariette*, sur la grande pierre à droite, adresse
qui a été effacée dans le dernier état.

GEILLE (A.....), graveur au burin.

1285. Portrait de Pierre Puget. Très-belle épreuve avant
la lettre, sur papier de Chine; seulement le nom du
graveur, légèrement tracé à la pointe, au milieu de la
marge du bas; elle a toutes ses marges.

GELEE (F.....), graveur à l'eau-forte et au burin.

1286. Daphnis et Chloé, d'après Hersent. Très-belle
épreuve avant la lettre, sur papier de Chine; seulement
les noms d'auteurs: *Gravé par f. Gelée, d'après Hersent*, légèrement tracés à la pointe, en deux lignes, au
milieu de la marge du bas.

GELLÉE (Claude), dit *Claude le Lorrain,* peintre et graveur à l'eau-forte; né à Chamague, dans la Lorraine, en 1600; mort à Rome en 1682.

1287. La Fuite en Egypte (R. D. 1). Belle épreuve du premier état, nommée par erreur, dans le catalogue du maître, comme deuxième état : l'épreuve qui a servi pour la description du premier état ayant le nom de *Clavdio* complété à la plume, ainsi que l'on a pu en juger depuis, lorsque cette épreuve même est passée en vente publique, le 4 mars 1843.

1288. Le Passage du gué (R. D. 3). Rare et très-belle épreuve du premier état, avant l'angle du bas de la droite tronqué.

1289. Une autre très-belle épreuve du même état, avec de grandes marges.

1290. La Danse au bord de l'eau (R. D. 6). Très-belle épreuve du deuxième état, avec le n° 2 ; les bords de la planche sont encore raboteux.

1291. Le Naufrage (R. D. 7). Belle épreuve du deuxième état, avec le n° 3.

1292. Le Dessinateur (R. D. 9). Très-belle épreuve du deuxième état, avec le n° 5 ; elle a de la marge.

1293. La Danse sous les arbres (R. D. 10). Rare et belle épreuve, avant que les montagnes du fond n'aient disparu; elle est rognée près du trait carré.

1294. Scène de brigands (R. D. 12). Très-belle épreuve avec le n° 8 ; mais avant divers travaux ajoutés depuis sur le haut des arbres à gauche.

1295. Le Pont de bois (R. D. 14). Très-belle épreuve du deuxième état, avec le n° 10.

1296. Le Départ pour les Champs (R. D. 16.) Très-belle épreuve avec le n° 12.

1297. Mercure et Argus (R. D. 17). Rare et belle épreuve du premier état, avant la retouche. Cabinet Robert-Dumesnil.

1298. Le Troupeau en marche par un temps orageux (R.-D. 18). Très-rare et superbe épreuve du premier état; mais ayant quelques petites taches d'huile.

1299. Le même. Belle et ancienne épreuve du troisième état, avec le trait échappé sur la branche de l'arbre la plus rapprochée du bord droit de l'estampe; mais avant que la planche n'ait été retouchée à l'eau-forte.

1300. Le Chevrier (R.-D. 19.) Rare et très-belle épreuve du deuxième état, avec l'inscription; mais avant la retouche.

1301. Le Temps, Apollon et les Saisons (R.-D. 20). Très-belle épreuve du deuxième état, avec le trait carré raccordé.

1302. Berger et Bergère conversant (R.-D. 21). Extrêmement rare et superbe épreuve du premier état, avant que le groupe d'arbres, entre la haute montagne du milieu du fond et la ville fortifiée, n'ait été abaissé de 43 millimètres du bord supérieur de la planche.

1303. Le même paysage. Très-rare et superbe épreuve du deuxième état, avec le groupe d'arbres abaissé; mais avant la lettre et les changements faits depuis à la droite du fond. Cabinet Saint.

1304. Le même paysage. Belle épreuve du quatrième et avant-dernier état.

1305. Le même paysage. Belle épreuve du même état que la précédente, avec de grandes marges.

1306. L'enlèvement d'Europe (R.-D. 22). Rare et superbe épreuve du premier état, avec les angles du haut et celui du bas de la droite du cuivre aigus; elle a de la marge. Cabinet Saint.

1307. Le même sujet. Très-belle épreuve du deuxième état, avec les angles du cuivre de la planche arrondis; mais avant que le trait carré n'ait été parfaitement exprimé, au haut et à droite. Elle est à toutes marges. Cabinet Saint.

1308. Le même sujet. Très-belle épreuve d'un état antérieur au premier décrit par M. Robert-Dumesnil : elle est tirée avant que la morsure de l'étau, vers le milieu de la marge du bas, n'ait été effacée; de plus, la planche est (en termes de graveur) avec le fond sale. *Extrémement rare, sinon unique.*

NOTA. Dans toutes les épreuves du premier état décrit, que nous avons vues jusqu'à ce jour, la morsure de l'étau a été effacée et la planche nettoyée.

1309. Le Pâtre et la Bergère (R.-D. 25). Épreuve du deuxième état, avec les angles raccordés.

GENOELS (ABRAHAM), peintre et graveur à l'eau-forte; né à Anvers en 1640; l'année de sa mort n'est pas connue.

1310. L'homme assis au pied de l'arbre (B. 44). Belle épreuve.

1311. Suite de quatre estampes, savoir : Le jeune homme montrant le mausolée (B. 56); le jeune homme au bord du ruisseau (B. 57); la Femme portant une cruche (B. 58); le Mausolée à six colonnes (B. 59). Très-belles épreuves.

1312. Le Pont à trois arches (B. 62). Très-belle épreuve avant toute adresse.

1313. Le même. Belle et ancienne épreuve avec l'adresse de V. Meulen, et avec celle de G. Scotin.

1314. Suite de quatre pièces désignées sous les titres suivants : Les deux Statues (B. 69); la Galerie à l'extrémité du grand bassin (B. 70); le Paysage au lapin (B. 71); le grand Arbre à double tronc (B. 72). Très-belles épreuves; il y en a deux du premier morceau : l'une, *non mentionnée par A. Bartsch*, est avant l'adresse de G. Scotin; l'autre avec cette adresse. En tout cinq estampes.

GESSNER (SALOMON), poète, peintre et graveur à l'eau-forte; né à Zurich en 1734; mort dans la même ville en 1788.

1315. Sujets de la Fable, Idylles et scènes champêtres. Dix morceaux numérotés de 1 à 10; les cinq premiers en largeur ; les cinq autres en hauteur. Très-belles épreuves.

1316. Vues et paysages. Douze morceaux en largeur ; au bas de la droite du premier : *A Zuric, chez D. Gessner, libraire ;* aux suivants : 2 à 12. Rares et superbes épreuves tirées avant divers travaux ; elles sont à toutes marges.

1317. La même suite. Très-belles épreuves des planches terminées.

1318. *X. Paysages dédiés à M. R. Watelet...... par son ami S. Gessner.* Morceaux en hauteur. Superbes épreuves.

GHEYN (JACQUES DE), peintre et graveur au burin ; né à Anvers en 1565 ; mort en 1615.

1319. Sujet allégorique représenté par un chat-huant tenant un rat ; dans le bas : seize vers latins et seize vers hollandais. Morceau en hauteur, sans nom de graveur ; seulement celui de l'éditeur : *N. de Clerck ex.* Très-rare. Superbe épreuve.

GHEYN (JACQUES DE), dit *le Jeune*, dessinateur et graveur à l'eau-forte ; florissait au commencement du XVIIe siècle.

1320. Le Bénédicité. Un vieillard et sa femme représentés assis, les mains jointes, dirigés vers la gauche, faisant leur prière au moment de prendre leur repas. Pièce rare. Superbe épreuve.

GHISI (ADAM), dit *le Mantouan*, dessinateur et graveur au burin ; on le croit frère puîné de George Ghisi.

1321. Deux Amours montés sur des dauphins, d'après Jules Romain (B. 13). Belle épreuve.

1322. Le jeune Hercule attentif à ce qui lui est proposé par la Vertu et par la Volupté, d'après le même (B. 26). Belle épreuve.

1323. Trois hommes sacrifiant un porc, d'après Jules Romain (B. 104). Belle épreuve.

1324. La Victoire assise au milieu de trophées d'armes, d'après le même (B. 105). Belle épreuve.

1325. Combat d'un lion et d'un cheval, d'après le même (B. 107). Très-belle épreuve du premier état, avant l'adresse de l'éditeur : *Giò Iacomo Rossi formis Roma alla Pace.*

Le même sujet. Épreuve du deuxième état, avec l'adresse mentionnée ci-dessus.

GHISI (Georges), dit *le Mantouan*, dessinateur et graveur au burin ; né à Mantoue vers 1520 ; mort en 1582.

1326. Jésus-Christ célébrant la Cène avec ses apôtres, d'après Lambert Lombard (B. 6). Superbe épreuve.

1327. Neptune debout sur les ondes, appuyé sur son trident et ayant à ses pieds deux chevaux marins ; d'après Perin del Vaga (B. 31). Belle épreuve.

1328. Vénus assise sur un lit près de Vulcain et parlant à un Amour qui est debout à gauche. Morceau en hauteur, d'après Périn del Vaga (B. 35). Très-belle épreuve.

1329. Vénus embrassant Adonis au retour de la chasse, d'après Théodore Ghisi (B. 42). Très-belle épreuve du premier état, avant l'adresse de *N^{os} Van Aelst.*

1330. Cupidon et Psyché assis sur un lit, d'après Jules Romain (B. 45). Très-belle épreuve du premier état, avant la draperie sur le bas du corps de Psyché, et avant l'adresse de *N^{os} Van Aelst*, à la droite du terrain.

1331. La Calomnie accusant l'Innocence devant le tribunal d'un juge ignorant, d'après Luca Penni (B, 64). Superbe épreuve du premier état, avant toute adresse, et avant que la lacune du trait carré, près des deux figures du fond, n'ait été remplie. Cabinet Debois.

1332. Un philosophe appuyé contre un rocher, etc, etc. Pièce emblématique dite : *Le Songe de Raphaël*, ou *la Mélancolie de Michel Ange* (B. 67). Superbe épreuve. Cabinet Debois.

GHISI (Jean-Baptiste), dit *le Mantouan*, peintre, architecte et graveur au burin ; né à Mantoue en 1491 ; l'année de sa mort n'est pas connue.

1333. Le fleuve Pô, appuyé sur des gouvernails et sur une urne portée par un amour (B. 19). Belle épreuve.

GHISI (Diane), surnommée *Diane Mantouan.*

1334. La Femme adultère, d'après Jules Romain (B. 4). Pièce capitale de cette artiste célèbre. Superbe épreuve du premier éat, avant les mots : *Diana scultora Mantoàana fece. Antonio Carenzano la stampa in Roma lanno* 1613, écrits vers le milieu du bas de la composition. Cabinet Debois.

1335. Taureau offert en sacrifice à la statue de Jupiter, d'après Jules Romain (B. 46). Très-belle épreuve du premier état, avant toute adresse.

Le même sujet. Épreuve du troisième état, avec deux adresses d'éditeurs : *Horatius Pacificus formis,* à droite; *Gio B^{ta} de Rossi in P. Nauona,* à gauche.

Le même sujet. Épreuve du quatrième état, où les adresses mentionnées ci-dessus ont été effacées et remplacées par celle-ci : *In Roma presso Carlo Lori l'anno* 1773.

GILLOT (Claude), peintre et graveur à l'eau-forte; né à Langres en 1673; mort à Paris en 1722.

1336. Suite de quatre estampes représentant *la Naissance, l'Éducation, le Mariage, les Obsèques* d'un Satyre. Très-rares et superbes épreuves avant toutes lettres; elles ont de la marge.

1337. Les mêmes sujets. Belles épreuves avec la lettre; elles sont à toutes marges.

1338. Quarante sujets pour l'édition in-4° des fables de la Mothe-Houdard.

GIMIGNANI (Hyacinthe), peintre et graveur à l'eau-forte; né à Pistoie en 1611; mort en 1681.

1339. L'Enlèvement des Sabines (B. 20). Morceau en deux planches. Belle épreuve.

1340. La Vendange (B. 25). Très-belle épreuve.

GIORDANO (Luca), surnommé *Fa Presto,* peintre et graveu à l'eau-forte; né à Naples en 1632; mort dans la même ville en 1705.

1341. Sainte Anne (B. 6). Belle épreuve.

GIRARDET (Abraham).

1342. Le Triomphe de Titus et de Vespasien, d'après le tableau de Jules Romain, qui est au Musée du Louvre. Épreuve d'eau-forte pure.

Le même sujet. Belle épreuve beaucoup plus avancée que la précédente; la planche n'est pas encore achevée : elle est avant grand nombre de travaux.

Le même sujet. Belle épreuve de la planche terminée, mais avant la lettre; seulement on lit, au socle d'un piédestal, à droite : *M. Girardet sculp :* 1810; dans la marge, à gauche : Jules Romain pinxit; au milieu : *Bouillon delineavit.* Les trois estampes qui précèdent avec de grandes marges.

GLAUBER (Jean), peintre et graveur à l'eau-forte; né à Utrecht en 1646; mort à Amsterdam en 1726.

1343. Paysage en largeur, où trois femmes sont dans une barque conduite par un batelier (B. 19). Belle épreuve du premier état, *non décrit,* avant le ciel effacé, derrière l'arbre le plus près des deux femmes qui sont sur le devant.

GLAUBER (Jean Gottlieb), frère puîné du précédent, peintre et graveur à l'eau-forte.

1344. L'arbre fracassé par l'ouragan, d'après Gaspard Poussin (B. 2). Belle épreuve.

GOLE (Jean), graveur en manière noire et marchand d'estampes; né à Amsterdam en 1660; mort dans la même ville, à l'âge de soixante-dix-sept ans.

1345. Artificier tenant une fusée volante; un enfant l'éclaire avec une torche. Morceau en hauteur, composé de quatre figures, d'après C. Du Sart. Belle épreuve.

1346. Tambourineur, la tête couverte d'un chapeau orné d'une plume et d'une fleur, tenant de la main droite un vidrecome et de l'autre une torche allumée. Morceau en hauteur, d'après le même. Belle épreuve.

GOLTZIUS ou **GOLTZ** (Henri), peintre et graveur au burin et en bois; né à Mulbrecht, dans le duché de Juliers, en 1558; mort à Harlem en 1617.

1347. La Vierge pleurant sur le corps mort de Jésus-Christ.

Morceau en hauteur, dans le genre d'Albert Durer
(B. 41). Très-belle épreuve.

1348. Une femme assise, lisant dans un livre qu'elle
tient de la main gauche. Morceau en hauteur, gravé à
l'eau-forte (B. 132). Très-belle épreuve.

1349. Henri IV, roi de France et de Navarre (B. 173).
Très-rare et très-belle épreuve du premier état, *inconnue à Bartsch*, avant l'adresse de Harman Adolfz ;
elle a de la marge. Cabinet Debois.

1350. Jean Zurenus représenté à mi-corps (B. 189).
Très-belle épreuve du premier état, avant l'écusson
d'armes, vers le haut de la droite.

1351. Le même portrait. Très-belle épreuve du deuxième
état, avec l'écusson d'armes.

1352. Portrait d'homme, en buste, vu de trois quarts,
tourné à droite, d'où vient le jour. *Pièce non décrite*,
provenant du cabinet de Fries, où elle était attribuée
justement à Goltzius, et en dernier lieu du cabinet
Verstolk de Soelen. Deux belles épreuves, avec différences.

Clair-obscur de trois couleurs :

1353. Bacchus représenté debout, tenant de la main
gauche des raisins et de l'autre une coupe (B. 228).
Très-belle épreuve.

1354. Le dieu Mars debout, armé de sa lance et de son
bouclier (B. 229). Très-belle épreuve.

1355. Helius environné du feu du Soleil (B. 234). Très-
belle épreuve.

1356. Flore assise sur une butte au pied d'un arbre
(B. 236). Très-belle épreuve.

1357. La Déesse de la Nuit traînée dans son char par
des chauves-souris (B. 237). Très-belle épreuve, mais
manquant un peu de conservation.

1358. Différents paysages. Suite de quatre pièces (B. 242
à 245). Très-belles épreuves.

GOUDT (Henri de), comte Palatin, amateur et graveur au burin; né à Utrecht en 1585; mort dans la même ville en 1630.

1359. L'Ange accompagnant le jeune Tobie, qui porte un poisson sous son bras, d'après Adam Elsheimer. Très-belle épreuve.

1360. Le même sujet traité différemment et en plus grand : le jeune Tobie traîne le poisson après lui. Très-belle épreuve.

1361. Le même sujet. Épreuve ordinaire.

1362. La Fuite en Egypte. Belle épreuve.

1363. Philémon et Baucis accordant l'hospitalité à Jupiter et à Mercure. Superbe épreuve.

1364. Cérès cherchant sa fille, d'après Ad. Elsheimer. Superbe épreuve.

1365. L'Aurore, joli paysage sans figures. Très-belle épreuve.

GOYEN (Jean-Van), peintre et graveur à l'eau-forte; né à Leyde en 1596; mort à La Haye en 1656.

1366. Paysage en travers, au milieu duquel est un pont. A droite, deux hommes dans un bateau; du côté opposé, une femme accroupie; près d'elle, à terre : *Jan van Goye*. Belle épreuve.

1367. Vue d'un canal traversé par un pont sur lequel sont deux figures. A gauche du terrain, près d'un homme portant deux seaux : *Jan van Goye*. Très-belle épreuve.

1368. Vue de l'entrée d'un village. Vers le milieu, une femme conduit un enfant par la main; du côté opposé, dans la marge : *Jan van Goye*. Très-belle épreuve.

GROBON (Jean-Michel), peintre et graveur à l'eau-forte; né à Lyon; mort dans la même ville, le 2 septembre 1853, âgé de quatre-vingt-deux ans.

1369. Jeune homme représenté à mi-corps, vu de face et éclairé par la droite. Très-belle épreuve sur papier de Chine, avec de grandes marges.

1370. Vue du pigeonnier de la Roche-Cardon, près de

Lyon. Morceau en travers sans nom ni marque. Très-belle épreuve à toutes marges.

1371. Vue de l'église de Saint-Rambert, à une lieue de Lyon. Très-belle épreuve à toutes marges.

1372. La même vue. Rare et très-belle épreuve sur papier de Chine avec marge.

1373. Intérieur de la forêt de Roche-Cardon, près de Lyon. Très-rare et superbe épreuve avant la lettre et avant le trait échappé sur le tronc du gros arbre à droite; elle a de grandes marges.

1374. Le même intérieur de forêt. Superbe épreuve avec le trait échappé; mais avant la lettre et avant quelques travaux ajoutés depuis, notamment derrière l'arbre peu feuillu qui est au milieu du fond; elle est à toutes marges.

1275. Le même intérieur de forêt. Rare et très-belle épreuve sur papier de Chine, du même état que la précédente, avec de la marge.

1376. Le même intérieur de forêt. Belle épreuve de la planche terminée, avec la lettre; elle a de grandes marges.

1377. Vue de l'île Barbe, à une lieue de Lyon. Très-belle épreuve avec de grandes marges.

1378. Vue de Lyon, prise du quai Saint-Antoine. Belle épreuve.

GRIMALDI (Jean-François), dit *le Bolognèse*, peintre et graveur à l'eau-forte; né à Bologne en 1606; mort à Rome en 1680.

1379. Les deux hommes sur la butte (B. 12). Très-belle épreuve du premier état, avant les mots *An. Carac.*, au coin du bas de la droite, et avant que l'angle gauche supérieur n'ait été très-arrondi.

1380. Les cinq hommes et les deux femmes (B. 26) Très-belle épreuve.

1381. Les trois petits bateaux (B. 33). Très-belle épreuve.

1382. L'Arbre rabougri (B. 34). Très-belle épreuve.

1383. Les trois hommes jouant aux dés (B. 38). Très-belle épreuve du premier état, avant les mots *An. Carac.*, dans la marge du bas, à gauche.

1384. L'Oiseau perché sur une souche (B. 40). Très-belle épreuve du premier état, avant les mots *An. Carac.*, dans la marge du bas, à gauche.

1385. La Briqueterie (B. 42). Très-belle épreuve du premier état, *non décrit*, avant les mots *An. Carac.*, à gauche de la marge inférieure, et avant l'adresse : *Gio : Jacomo Rossi formis Romæ alla Pace all insegna di Parigi*, au bas du terrain, à droite.

GUIDI (Jean-Thysidio), peintre et graveur à l'eau-forte; né à Rome vers le commencement du xvii° siècle.

1386. Des soldats romains conduisant un prisonnier devant leur général. Ce morceau en hauteur, *non décrit*, est composé de neuf figures; il porte la signature du maître et la date de 1628. Belle épreuve.

GUTTENBERG (Charles), graveur à l'eau-forte et au burin, né à Nuremberg en 1744; mort à Paris en 1790.

1387. La Veillée hollandaise, d'après Rembrandt. Belle épreuve.

GUTTENBERG (Henri), *le jeune*, graveur à l'eau-forte et au burin; né près de Nuremberg en 1749; mort en 1816.

1388. Les quatre Évangélistes, d'après J. Jordaens. Morceau en hauteur, gravé pour le Musée français. Belle épreuve avant la lettre; seulement le nom du graveur légèrement tracé à la pointe.

HACKAERT ou HAKKERT (Jean), peintre et graveur à l'eau-forte; né à Amsterdam vers 1635; l'année de sa mort n'est pas connue.

1389. La Porte d'eau de la ville de Gorcum (B. 1). Très-belle épreuve.

1390. Le Chemin serpentant (B. 2.) Très-belle épreuve.

1391. Le Ruisseau étroit (B. 3). Très-belle épreuve.

1392. L'Arbre incliné (B. 4). Très-belle épreuve.

1393. Les quatre arbres (B. 5). Très-belle épreuve.

1394. Le Rocher baigné par une rivière (B. 6). Très-belle épreuve.

HAEFTEN ou **HAFTEN** (Nicolas van), peintre et graveur à l'eau-forte, au burin et en manière noire; né à Gorcum dans le xvii⁰ siècle; florissait vers 1694.

1395. Portrait de Nicolas van Haeften (B. 1). Très-belle épreuve, avec marge.

1396. Fumeur assis, tenant de la main droite sa pipe; derrière lui, trois hommes près d'une cheminée, l'un d'eux laisse échapper de la fumée de sa bouche; vers la droite du bas : *N V Haeften* 1694. Sujet dit *le grand Fumeur* (B. 7). Très-belle épreuve.

1397. Le Pêcheur portant sur l'épaule un bâton qu'il tient de la main droite, au bout duquel sont suspendus des poissons. (B. 9). Superbe épreuve. Cabinet P. Vischer, de Bâle.

Morceaux dont Bartsch n'a pas donné de description.

1398. Trois Femmes à table et une vieille debout; à la gauche, un tonneau sur lequel sont un pot et un verre; à droite, au pied d'un banc, *N V Haeften* 1694; au bas, une marge. Très-belle épreuve du premier état, avant l'inscription dans la marge : *Rien ne peut réveiller nos sens comme l'argent et l'abondance;* et au-dessous : *A Paris chez Langlois sur le petit pont à la coupe d'or.*

1399. Deux Paysans, en bonnet de mezzetin, attablés pour prendre leur repas; derrière eux, un homme debout; à terre, près de la table, des ustensiles de ménage; vers la gauche, au-dessous du trait carré inférieur : *N V Haeften. in. f. ;* du côté opposé, 1695; au bas, une marge blanche. Très-belle épreuve.

1400. Le Bénédicité. Un villageois, deux femmes et une petite fille à table, et un jeune homme debout font la prière, au moment de prendre leur repas; à droite, une servante apporte un plat; du côté opposé, une autre servante sort de la chambre; dans la marge : *Benissez ó mon dieu, ces dons de vostre amour.......; que pour vous nous mourions a nous mesmes, N. Van Haften pinx. et fec.* Ce morceau, le plus considérable de l'œuvre du maître, ne se rencontre que rarement. Très-belle épreuve.

1401. Héraclite représenté à mi-corps, à l'entrée d'une grotte, la main gauche sur sa poitrine et les yeux levés vers le ciel; devant lui, à un des feuillets d'un livre ouvert, posé sur un globe : *V. Haften F.*; dans la marge : *Heraclite.* Très-belle épreuve.

1402. Jean-Frédéric Karg, baron de l'Empire, en robe et en manteau; portrait en demi-figure, dirigé vers la gauche et éclairé par la droite; dans la marge, de chaque côté des armes, les noms et les titres du personnage, et à la droite du bas : *N. Van Haften pinx et sculp.* 1709 *insulis.* Superbe épreuve.

HALL (JOHN ou JEAN), graveur à l'eau-forte et au burin; né à Londres, dans le siècle dernier.

1403. Le portrait du lieutenant-général sir Rober Boyd, d'après A. Poggi. Très-belle épreuve.

HALLÉ (NOEL), peintre et graveur à l'eau-forte; né à Paris en 1714; mort en 1781.

1404. L'adoration des bergers. Pièce capitale du maître. Très-belle épreuve.

HARTMANN (JEAN-JACQUES), peintre et graveur à l'eau-forte; né à Manhein et 1753; l'année de sa mort n'est pas connue.

1405. Deux paysages en travers, faisant pendants; dans l'un, un homme et enfants descendant un chemin au bord duquel se repose un voyageur; dans l'autre, qui est vu au clair de lune, un paysan, assis sur un âne et précédé d'un chien, dirige sa monture vers le devant. Très-belles épreuves.

HECKE (Jean van den), peintre et graveur à l'eau-forte; né au bourg de Quaremonde, près d'Oudenarde, vers 1620; mort à Anvers en 1670.

1406. Différents animaux; suite de douze estampes : le Titre (B. 1); les Moutons (B. 2); les Chèvres (B. 3); les Chevaux et les Bœufs (B. 4); le Chien et la Chienne (B. 5); les deux Chiens en repos (B. 6); le Chien près de la fontaine (B. 7); le Chenil (B. 8); les trois Vaches (B. 9); les Vaches en repos (B. 10); le Cheval de charrette (B. 11); les Anes (B. 12). Très-rares et superbes épreuves du premier état, avant l'adresse de l'éditeur : *Jacobus de Man Junior*, au morceau servant de titre. Cabinets de Fries, Robert-Dumesnil et Verstolk de Soelen.

Nota. Toutes les pièces qui composent cette suite sont du même temps et du même tirage.

1407. Le titre de la suite précédente. Rare et très-belle épreuve du deuxième état, avec l'adresse susmentionnée.

Le même titre. Epreuve du troisième état, après que l'adresse a été effacée.

On reconnaît les épreuves de ce dernier état à la différence que nous allons signaler : trois petits cailloux qu'on voyait aux deux états précédents, sur le terrain, au-dessous de la fontaine, ont disparu lorsque le nom de Jacobus de Man Junior a été enlevé.

1408. La même suite d'animaux (B. 1 à 12). Belles épreuves du troisième état. Cabinet Debois.

1409. Les Maraudeurs (B. 13). Superbe épreuve. Cabinet Robert-Dumesnil et Verstolk de Soelen.

1410. Le même sujet. Epreuve moins belle que la précédente et coupée en dedans du trait carré supérieur.

HÉDOUIN (Edmond), dessinateur et graveur à l'eau-forte.

1411. Cinq pièces diverses, d'après Bonvin, Thomas Couture, Arm. Leleux, etc. Très-belles épreuves; quatre sur papier de Chine.

HELMAN (Isidore-Stanislas), graveur à l'eau-forte et au burin; né à Lille en Flandre, en 1743; l'année de sa mort n'est pas connue.

1412. Le *Négromancien*, d'après le tableau de Le Prince.

Très-belle épreuve avant la dédicace à Monseigneur le duc de Chabot et l'adresse du graveur. Elle est à toutes marges.

HESS (Charles-Ernest-Christophe), graveur à l'eau-forte et au burin; né à Darmstadt en 1755; mort à Munich en 1828.

1413. Portrait de Rembrandt, *suivi de huit autres planches, le tout d'après les tableaux originaux du même ; formant une collection complète de ce qui se trouve de Rembrandt dans la galerie électorale de Dusseldorff. Dédié aux amateurs de ses ouvrages. L. Krahe direcxit.*

La Nativité, l'Élévation de la croix, la Descente de croix, la Sépulture, la Résurrection, l'Ascension.

Portrait d'homme, la tête couverte d'une toque et les deux mains, l'une dans l'autre, posées sur un appui de pierre. Portrait de la femme du précédent, représentée vue presque de face, les mains l'une sur l'autre. En tout 9 estampes. Rares et très-belles épreuves avant la lettre. Elles ont de grandes marges.

1414. La même suite. Belles épreuves avec la lettre.

1415. Les deux derniers morceaux : le portrait d'homme et celui de sa femme. Belles épreuves avec la lettre.

1416. Portrait du comte de Wallenstein, d'après Rembrandt. Belle épreuve, avec toutes ses marges.

1417. Vieillard vu de face, le corps incliné vers la droite, d'où vient le jour; sa tête est couverte d'un bonnet de fourrure. Beau portrait, d'après Rembrandt. Très-belle épreuve.

1418. Vieillard à barbe blanche, représenté assis dans un fauteuil, les deux mains appuyées sur un bâton, d'après Philippe Koning. Très-belle épreuve.

HIRSCHVOGEL (Augustin), peintre et graveur à l'eau-forte; né à Nuremberg en 1503; mort en 1553.

1419. Le portement de croix (B. 3). Superbe épreuve, mais ayant les marges coupées.

HOGENBERG (Abraham), ancien dessinateur et graveur au burin, sur lequel nous n'avons pas de notions.

1420. Intérieur d'appartement, où plusieurs personnages se livrent à divers plaisirs. Au bas, dans la marge, le titre en latin et en allemand. Morceau en hauteur d'après *Aug. Braun.* Rare. Très-belle épreuve.

HOLLAR (Venceslas), dessinateur et graveur à l'eau-forte; né à Prague en 1607; mort à Londres en 1677.

1421. Jésus assis dans le désert, la main droite élevée, semble dire au démon, debout devant lui : *Il est écrit, l'homme ne vit pas de pain seulement....* Morceau en hauteur d'après Ad. Elsheimer. Rare. Très-belle épreuve.

1422. La Magdelaine dans le désert, d'après Pierre van Avont. Très-belle épreuve du premier état, avant l'adresse de *van Merlen* dans le bas de la marge inférieure.

1423. Le Calice, d'après André Mantegna. *Morceau rare.* Superbe épreuve.

1424. Diane couchée et endormie au pied d'un arbre. A la droite du terrain, près du carquois : *W. Hollar fecit;* du côté opposé, dans la marge : *P. Pontius sculp.* A ce morceau en largeur la figure et la draperie sont gravées par Pontius. Superbe épreuve du premier état, avant les mots : *P. Pontius sculp.* Elle a de grandes marges. Cabinet Debois.

1425. Le même sujet. Très-belle épreuve du deuxième état, avec le nom de P. Pontius.

1426. Jugement et exécution du comte de Straffort, lord-lieutenant d'Irlande, en 1641. Deux estampes. Epreuves avec de grandes marges.

1427. Bataille de paysans, d'après P. Breughel. Très-belle épreuve.

1428. Le Portail de la cathédrale d'Anvers. Superbe épreuve du premier état, avec une seule ligne d'écriture, et avant la troisième taille sur la maison qui est à droite. Cabinet Debois.

1429. Vue de la cathédrale de Strasbourg. Planche gravée à Anvers en 1645. Très-rare. Superbe épreuve.

1430. Vue de la Bourse de Londres; Vue du Château connu sous le nom de la Tour de Londres; Vue de Sainte-Marie, du côté du Midi; Vue de la place de Covent-Garden (Jardin du couvent). Quatre estampes. Très-belles épreuves, avec marges.

1431. Les deux dernières vues décrites ci-dessus. Superbes épreuves.

1432. Les quatre Saisons, représentées par des dames anglaises, dans le costume du xvii⁰ siècle. Très-belles épreuves.

1433. Lièvre pendu par une des pattes de derrière, près d'un panier rempli de gibier; à droite, un chien le flaire. Très-beau morceau en hauteur, d'après Pierre Boel. Superbe épreuve du premier état, avec le nom de W. Hollar et avec l'année 1649 *.

* Aux épreuves du 2⁰ état, les mots *J. le Pouter ex.* substitués au nom du graveur et à la date; à celles du 8⁰ état, l'adresse de l'éditeur a été effacée et le nom de W. Hollar rétabli par une main étrangère, sans l'année 1649.

1434. Un Lion couché, le corps dirigé à droite, et regardant de face; d'après Albert Durer. Superbe épreuve, avec de grandes marges.

1435. Un Ane, debout et vu de profil, d'après J. Bassau. Très-belle épreuve.

1436. L'Epagneul couché, d'après A. Maetham. Rare. Belle épreuve.

1437. La tête d'un chat, vu de face, sur un fond blanc; dans le haut, une inscription en langue bohémienne; dans le bas, une autre inscription, mais en allemand. Pièce rare. Très-belle épreuve.

1438. Les Chevaux; les Chèvres et les Moutons; les Chiens de chasse; l'Eléphant et le Chameau; les Loups et le Renards; les Ours; les Porcs et les Anes; les Vaches : ces huit morceaux, d'après F. Barlow. Le Cerf mort, les Moutons : ces deux morceaux d'après P. Van Avont. Le Cerf, sur un fond blanc; sans nom d'auteur. Les Autruches et les Perroquets; les Chiens et le Chat;

les Cerfs et les Lièvres ; les Lions et la Lionne ; les Léopards et les Tigrès : ces cinq derniers morceaux par Robert Gaywood, d'après F. Barlow. En tout seize estampes. Très-belles épreuves.

1439. Feuille d'études en largeur, où sont représentés cinq manchons. Belle épreuve,

1440. Autre feuille d'études en largeur, où l'on voit un colimaçon et des chenilles. Très-belle épreuve.

1441. Jean Della Casa, poète italien, d'après le Titien. Très-belle épreuve.

1442. Portrait d'Albert Durer, à l'âge de 26 ans. Très-belle épreuve.

1443. Adam Elsheimer, d'après J. Meyssens. Très-belle épreuve.

1444. Hans de Zuric, orfèvre, vu de face, un grand chapeau sur la tête ; d'après Holbein. Très-belle épreuve, mais doublée.

1445. Henri Howard, d'après Holbein. *Rare*. Très-belle épreuve.

1446. Inigo Jones, architecte du Roi d'Angleterre, d'après Ant. Van Dyck. *Rare*. Très-belle épreuve.

1447. Portrait de Jean Maximilien, conseiller de la ville de Francfort ; d'après Albert Durer. Très-belle épreuve.

1448. Marie Stuart, comtesse de Portland, d'après Ant. Van Dyck. Très-belle épreuve.

1449. Elisabeth Villiers, duchesse de Lennox, fille du duc de Buckingham, d'après Ant. Van Dyck. Belle épreuve avant que l'adresse de Jean Meyssens n'ait été effacée.

1450. Portrait d'une femme âgée, vue de trois quarts, tournée à droite et éclairée par la gauche ; d'après Holbein. Très-belle épreuve.

HONDIUS (Henri) ; dit *le Jeune*, dessinateur et graveur au burin ; né à Londres en 1580 ; l'année de sa mort n'est pas connue.

1451. Marie de Médicis, reine de France et de Navarre. *Rare*. Belle épreuve.

HOPFER (David ou Daniel), dessinateur et graveur à l'eau-forte; né en Allemagne vers le commencement du xvie siècle.

1452. *Jésus-Christ se séparant de la sainte Vierge, pour aller souffrir la mort à Jérusalem* (B. 8). Rare et très-belle épreuve du premier état, avant le n° 24.

1453. Jésus-Christ à la croix (B. 11). Rare et très-belle épreuve du premier état, avant le n° 220.

1454. Le Centenier perçant d'une lance le corps de Jésus-Christ attaché sur la croix entre les deux larrons (B. 14). Rare et très-belle épreuve du premier état, avant le n° 19.

1455. Saint Georges à cheval, combattant le dragon (B. 41). Rare et très-belle épreuve du premier état, avant le n° 77.

1456. Fête de village, en deux planches qu'on joint ordinairement ensemble (B. 74). La partie de droite seulement. Très-belle épreuve du deuxième état, avec le n° 200.

1457. Panneau d'ornements, représentant en bas la Vierge et saint Jean au pied de la croix, et plus haut la Vierge adorée par deux anges (B. 100). Rare et très-belle épreuve du premier état, avant le n° 69.

HOPFER (Jérôme) frère du précédent, dessinateur et graveur à l'eau-forte.

1458. La Fuite en Egypte (B. 4). D'après Jacques de Barbary, dit *Le Maître au caducée*. Rare et très-belle épreuve du premier état, avant le n° 201.

1459. Pièce emblématique sur la puissance de l'Amour Rare et très-belle épreuve du premier état, avant le n° 16.

1460. Trois hommes nuds attachés à un arbre (B. 39). Rare et très-belle épreuve du premier état, avant le n° 199.

1461. Un paysan dansant avec une villageoise (B. 43). Rare et très-belle épreuve du premier état, avant le n° 13.

1462. Erasme de Rotterdam (B. 62). Rare et très-belle épreuve du premier état, avant le n° 70; mais assez mal conservée.

HORTHEMELS (MARIE-MAGDELEINE), femme de Charles-Nicolas Cochin père; a gravé à l'eau forte et au burin; elle est née à Utrecht en 1687, et elle est morte à Paris âgée de quatre-vingt-sept ans.

1463. Estampes relatives à l'abbaye de Port-Royal-des-Champs. Plus, le portrait de Mathilde de Garlande, fondatrice et première bienfaitrice de cette abbaye en 1204; celui de la R. M. *Claude Loüise* de Ste Anastasie du Mesnil, dernière prieure de cette même abbaye, et un titre manuscrit pour servir de frontispice. En tout 26 pièces.

HOUBRAKEN (ARNOLD), peintre et graveur à l'eau forte; né à Dordrecht, en 1660; mort à Amsterdam en 1719.

1464. Erichtonius, enfant, et Eglaure, Hersé et Pandrose. Pièce capitale du maître. *Rare*. Très-belle épreuve. Cabinet Verstolk de Soelen.

HOUBRAKEN (JACOB), fils du précédent, graveur à l'eau-forte et au burin; né à Dordrecht en 1698; mort à Amsterdam en 1780.

1465. Marie Elisabeth Josephe, archiduchesse, d'Autriche. Très-belle épreuve.

1466. Guillaume Van Citters, bourguemestre de la ville de Middelburg, d'après *J. Palthe*. Rare et belle épreuve avant la lettre; elle a de la marge.

1467. Arn. Drakenborch, professeur d'histoire et d'éloquence; d'après *J. M. Quinkhard*. Belle épreuve.

1468. Pierre Elzevier, ministre; d'après *J. M. Quinkhard*. Très-belle épreuve.

1469. Adrien Jean Elzevier, ministre. Rare et très-belle épreuve avant la lettre; elle a de grandes marges.

1470. Jean Temmink, ministre; d'après *J. M. Quinkhard*. Très-belle épreuve.

1471. Jean Wesselius, docteur en théologie; d'après *J. M. Quinkhard*. Belle épreuve.

11

1472. Portrait d'homme vu de face, d'après P. Cagliari, dit Paul Veronèse (galerie de Dresde). Très-belle épreuve.

HÜET (JEAN-BAPTISTE), peintre et graveur à l'eau-forte; né à Paris en 1745; mort en 1811.

1473. Sujets de figures, paysages et ornements. Neuf morceaux gravés sur deux planches. Belles épreuves; elles ont été divisées chacune en deux, à cause de leur grande dimension.

IMPÉRIALE (JÉRÔME), amateur, peintre et graveur à l'eau-forte; né à Gênes, et mort très-jeune dans le royaume de Naples, vers 1630.

1474. La sainte Vierge assise sur une espèce de piédestal, et ayant sur ses genoux l'Enfant-Jésus qui semble donner une fleur au petit saint Jean (B. 1). Très-belle épreuve.

INGOUF (PIERRE-CHARLES), dessinateur et graveur à l'eau-forte et au burin; né à Paris en 1746; l'année de sa mort n'est pas connue.

1475. La bonne Éducation, et la Paix du ménage; d'après J. B. Greuze. Deux charmantes pièces en hauteur, gravées à l'eau-forte par Moreau (Jean-Michel) et terminées au burin par P. C. Ingouf. Très-rares et superbes épreuves avant toutes lettres; la marge inférieure du cuivre du premier morceau mesure 85 millimètres de hauteur, et celle du second 75 millimètres, tandis que la marge du bas du cuivre de chacun de ces morceaux est réduite, dans les épreuves avec la lettre, à 60 millimètres de hauteur.

INGOUF (FRANÇOIS-ROBERT), dit le Jeune, frère du précédent, graveur à l'eau-forte et au burin; né à Paris en 1747; mort dans la même ville en 1812.

1476. Les Canadiens au tombeau de leur enfant, d'après Le Barbier l'aîné. Épreuve avant la lettre; seulement les noms du peintre et du graveur, et celui de Sampier, imprimeur, légèrement tracés au pointillé.

JACQUE (CHARLES), peintre vivant, graveur à l'eau-forte et à la pointe sèche.

1477. Sujets et Paysages. Dix-huit morceaux de différentes grandeurs; les uns en largeur, les autres en hauteur. Très-belles épreuves en toutes marges; quinze sur papier de Chine. Cet article sera divisé.

JANSON (P.....-C.....), peintre et graveur à l'eau-forte; né en Hollande dans la deuxième moitié du siècle dernier.

1478. Intérieur, où sont des fumeurs; les uns assis, les autres debout. Morceau en hauteur, dans le genre d'A. Van Ostade. Très-belles épreuves.

JANSSENS (Victor-Honoré), peintre et graveur à l'eau-forte; né à Bruxelles en 1664; mort dans la même ville en 1739.

1479. Un morceau en largeur, représentant un sujet de la mythologie; dans la marge du bas, à droite : *Janssens fecit.* Extrêmement rare. Très-belle épreuve.

JEAURAT (Edme), graveur à l'eau forte et au burin; né à Paris en 1692; mort dans la même ville en 1738.

1480. Pierrot content, d'après A. Watteau. Très-belle épreuve avec l'adresse du graveur.

JODE (Pierre de), dit *le Vieux*, graveur au burin; né en Anvers en 1570; mort dans la même ville en 1634.

1481. Scène de carnaval; dans la marge quatre lignes de titre : *Larvatæe incedvnt venetae, ... Divitūs alitvr lvxvriosvs amor*. Riche composition en travers, d'après Louis Pozzorarati. Belle épreuve avec l'adresse de Gérard de Jode.

JODE (Pierre de), dit *le Jeune*, fils du précédent, graveur au burin en 1602; l'année de sa mort n'est pas connue.

1482. Sainte Famille. Au milieu de la composition, la Vierge assise près de sainte Anne tenant sur elle l'Enfant-Jésus endormi; à droite, saint Joseph dort, assis dans un fauteuil; du côté opposé, deux anges appuyés sur le berceau. Beau morceau en travers, d'après Abraham Diepenbeke. Très-belle épreuve.

1483. Charles-Albert de Longueval, comte de Buquoy et de Gratzin, etc., d'après Charles Wautier. Belle épreuve du premier état, avant l'adresse de Franç. Van den Wyngaerde.

1484. Geneviève d'Vrphé, veuve de Charles-Alexandre duc de Croy, d'après Ant. Van Dyck. Belle épreuve du premier état, avec l'adresse de Mart. Van den Enden.

JODE (Arnold *ou* Arnould de). fils du précédent, graveur au burin; florissait vers le milieu du XVIIe siècle.

1485. L'Enfant-Jésus embrassant le petit saint Jean. Morceau en hauteur, gravé à Londres en 1666, d'après Ant. Van Dyck.

JOHANNOT (Alfred) peintre et graveur à l'eau-forte et au rin; né à Offembach-sur-le-Mein; mort à Paris il y a environ quinze ans.

1486. *Ourika*, d'après F. Gérard. Belle épreuve avant la lettre, sur papier de Chine; seulement les noms du peintre et du graveur, tracés à la pointe. Elle est à toutes marges.

JORDAENS (Jacques), peintre et graveur à l'eau-forte; né à Anvers en 1594; mort dans la même ville en 1678.

1487. Les vendeurs chassés du temple. Planche légèrement mordue par l'eau-forte. Belle épreuve.

1488. Le Christ mort, descendu de la croix. Belle épreuve du deuxième état, avec l'adresse d'*A. Bloteling*, vers la droite de la marge du bas.

Le même sujet. Epreuve du troisième état : après que l'adresse a été enlevée.

1489. Jupiter enfant, nourri du lait de la chèvre Amalthée. Très-belle épreuve du premier état, avant l'adresse d'*A. Bloteling*, vers la droite de la marge du bas; elle porte, au verso, la signature de *P. Mariette* et la date de 1695.

1490. Mercure coupant la tête à Argus. Belle épreuve du premier état, avant l'adresse d'*A. Bloteling*, à droite de la marge du bas.

1491. Junon surprenant Jupiter avec Io. Belle épreuve.

1492. Cacus dérobant les vaches d'Hercule et les faisant marcher à reculons. Belle épreuve avec de la marge.

JOSI (C......), amateur, dessinateur et graveur à l'eau-forte; né en Hollande vers le milieu du siècle dernier; mort à Londans un âge fort avancé.

1493. Riche paysage en hauteur, d'après *Both*; sur le devant, trois cavaliers; au second plan, deux autres cavaliers dirigés vers un petit pont de bois. Très-belle épreuve.

JOULLAIN (François), graveur français et marchand d'estampes; florissait dans le siècle dernier.

1494. Charles Rivière du Fresny, d'après Ch. Coypel. elle épreuve avec marge.

JOYANT (J......), peintre et graveur à l'eau-forte; mort à Paris, sa ville natale, en 1854.

1495. Vue prise à Venise. Belle épreuve sur papier de Chine; elle est à toutes marges.

KARTARUS ou CARTARO (Marius), graveur au burin; vivait à Rome au milieu du XVIe siècle.

1496. Le Martyre de sainte Catherine, d'après Fr. Salviati (B. 13). Belle épreuve.

KAUFFMAN (Marie-Angélique), peintre et graveur à l'eauforte et à l'aqua-tinta; née à Coire, dans le pays des Grisons, en 1742; morte à Rome en 1807.

1497. Renaud et Armide. Très-belle épreuve.

KESSEL (Théodore van), dessinateur et graveur à l'eau-forte; né à Anvers vers 1620; l'année de sa mort n'est pas connue.

1498. La Conversion de saint Paul; le même sujet traité différemment, et deux chocs de cavalerie. Ces quatre morceaux en largeur, d'après Pierre Snayers. Belles épreuves.

KILIAN (Lucas), dessinateur et graveur au burin; né à Augsbourg en 1579; mort dans la même ville en 1637.

1499. La Multiplication des pains, d'après Jacques Robusti, dit Le Tintoret. Très-belle épreuve du premier état, avant l'adresse de *Pierre Mariette*, sur le terrain, au-dessous des pieds de la femme assise.

KLAUBER (Ignace-Sébastien), graveur au burin; né à Augsbourg en 1754; mort en Russie en 1817.

1500. Christian-Gabriel Allegrain, sculpteur du roi, rec-

teur en son académie de peinture et de sculpture,
d'après Duplessis. Très-belle épreuve du premier état,
avant les qualités du personnage; elle est à toutes
marges.

KLENGEL (Jean-Chrétien), peintre et graveur à l'eau-forte;
né à Kesseldorf, près de Dresde, en 1751; mort à Dresde, en
1824.

1501. Mendiant assis au pied d'un arbre, un bâton entre ses jambes. Très-belle épreuve du premier état,
avant l'aqua-tinta.

1502. Vieille femme assise, lisant dans un livre. Deux
épreuves avec différences : la première, très-belle, avant
la roulette; la deuxième terminée.

1503. Six Moutons dans une campagne : quatre couchés, deux debout. Très-belle épreuve.

1504. Halte de paysans, et chaumière à la gauche d'une
campagne. Deux morceaux en largeur, faisant pendants. Belles épreuves.

1505. Paysage en hauteur; vers la droite, une femme
nue couchée. Belle épreuve.

KOBELL (Ferdinand), peintre et graveur à l'eau-forte; né à
Manheim en 1740; mort à Munich en 1799.

1506. *Six études d'après nature par Ferd. Kobell*, représentant des jeux d'enfants. Très-belles épreuves du
premier état, avant que plusieurs des planches n'aient
été retouchées, et la marge du premier morceau, portant le titre, coupée.

1507. Homme estropié accompagné de sa femme, et
homme et enfant portant chacun un bâton. Deux pièces. Belles épreuves.

1508. Suite de Paysages; au premier morceau, le titre :
*Six paysages dessinés et gravés par Ferd. Kobell.
A Paris chez Hess.... et à Manheim chez Kobell.*
Très-belles épreuves du premier état, avant les plan-
ches coupées au trait carré; elles ont de grandes
marges.

1509. Paysage en largeur, avec pont de bois sur lequel passe un homme. Autre Paysage orné de figures et d'animaux. Belles épreuves.

1510. Porte d'entrée d'une ville ; à droite, une chapelle. Très-beau morceau en hauteur. Belle épreuve.

KOBELL *junior* (Henri), peintre et graveur à l'eau-forte ; né à Amsterdam en 1741 ; l'année de sa mort n'est pas connue.

1511. Vue d'une grande chaumière et d'une grange à foin au bord de la mer ; à droite, des bâtiments à voiles. Très-belle épreuve du premier état, représentant un effet de jour.

1512. Autre très-belle épreuve du même état ; elle est lavée à l'encre de la Chine par l'auteur. Très-rare.

1513. La même vue. Très-belle épreuve du deuxième état, représentant un effet de nuit pris au clair de lune.

1514. Autre très-belle épreuve du même état ; elle est lavée à l'encre de la Chine par le graveur. Très-rare.

1515. Vue prise en Hollande : à la gauche du devant, une grande église, des fabriques et une longue jetée ; plus loin, des villages avec moulins à vent. Épreuve d'essai d'une grande finesse.

1516. Une Marine : vers le milieu, une barque à voile, chargée de foin ; à gauche, sur le devant, cinq hommes dans un bateau. Belle épreuve.

1517. Deux Paysans dans une cour entourée de bâtiments en ruines : l'un assis, l'autre debout. Très-belle épreuve.

KOBELL (Jean), fils du précédent, peintre et graveur à l'eau-forte ; né à Utrecht en 1782 ; mort à Amsterdam en 1814.

1518. Quatre morceaux en largeur : les deux Vaches ; la Vache qui boit ; la Vache et les deux Moutons ; le Cheval près d'un chariot. Belles épreuves.

1519. Les mêmes. Très-belles épreuves sur papier de Chine.

KOLBE (Charles-Guillaume), dessinateur et graveur à l'eau-
forte; né à Berlin vers le milieu du siècle dernier; l'année de
de sa mort n'est pas connue.

1520. Suite de six jolis Paysages et intérieurs de forêts,
ornés de figures et d'animaux; dans la marge du bas,
à droite : *C. W. Kolbe f.* Très-belles épreuves.

1521. Pays en partie couvert de bois; vers la gauche,
quatre figures dans un bateau près de deux grands ar-
arbres. Morceau en largeur, sans noms d'auteur; sur
la marge du haut, à droite : *N°* 10, légèrement tracés
à la pointe. Très-belle épreuve.

1522. Paysage en hauteur, où, à droite, un homme nu
tire de l'arc; à la gauche du haut, le n° 37.

1523. Autre paysage en travers, avec pont de pierre
d'une seule arche; à la droite du haut, le n° 47.

1524. Deux superbes Paysages en hauteur : Les Bai-
gneurs et le repos du Berger. Très-belles épreuves. Cabinet Verstolk de Soelen.

1525. Suite de vingt-cinq Paysages, d'après Salomon
Gessner, savoir : Le Bain grec; la Fontaine en Arca-
die; Danse de jeunes garçons; le Concert champêtre;
la Cascade; le Bosquet; Apollon et Daphné; le Pêcheur; la Fontaine dans le bois; Damon et Philis;
Chloé; la Fête champêtre; la Promenade sur l'eau; le
Soir; le Temple; la Récolte des pommes; la Grotte;
le Pont rustique; la Rêveuse; le Souhait ou la solitude poétique; le Bois; la Solitude; la Conversation au
bain; Sacrifice au dieu Pan; et la Cabane des pêcheurs.
Cette suite, dont les sept premiers morceaux sont en hauteur et les dix-huit autres en largeur, est précédée d'un
titre daté de 1811, au bas duquel on voit le portrait
de S. Gessner, dans un médaillon, par *H. Lips*, et
d'une épître dédicatoire. Très-belles épreuves avec de
grandes marges.

KONINCK (Salomon), peintre et graveur à l'eau-forte; né à
Amsterdam en 1609; l'année de sa mort n'est pas connue.

1526. Buste de Vieillard vu de profil; à la gauche du
haut : *S. Koninck n°* 1628. Très-belle épreuve.

1527. Vieillard assis dans un fauteuil, les mains élevées et jointes. Belle épreuve.

ROOGEN (Léonard-Vander), peintre et graveur à l'eau-forte; né à Harlem vers 1610; mort dans la même ville en 1681.

1528. Saint Bavon (B. 3). Rare. Supérbe épreuve. Cabinet de Fries.

RUSSEL (Mathieu), dessinateur et graveur au burin et à la pointe; né à Augsbourg en 1621; mort dans la même ville en 1682.

1529. Portrait d'homme vu de face, la main droite posée sur une table. Très-belle épreuve.

LAER ou **LAAR** (Pierre de), peintre et graveur à l'eau-forte; né à Laaren, en Hollande, vers 1613; mort à Harlem en 1673 ou 1674.

1530. Différents Animaux. Suite de huit estampes : le Titre (B. 1); les Chevaux (B. 2); les Bœufs (B. 3) *manquent;* les Cochons et les Anes (B. 4); les Chèvres (B. 5); les Chiens (B. 6); les Buffles (B. 7); les Mules (B. 8). Sept pièces. Superbes épreuves. Cabinet de Boissieu.

1531. Différents Chevaux. Suite de six estampes : le Paysan conduisant un cheval (B. 9); le Cheval buvant (B. 10); le Cheval qui pisse (B. 11); le Cheval et le Chien (B. 12); les deux Chevaux au pâturage (B. 13); les deux Chevaux morts (B. 14). Belles épreuves; celles sous les n°s 10 à 14 sont doubles avec différences. En tout onze pièces.

1532. Les deux Cavaliers (B. 17). Belle épreuve du premier état, *non décrit,* avant que les marges du cuivre n'aient été nettoyées et le trait carré renforcé. Le même sujet. Belle épreuve du deuxième état.

1533. Le Paysage (B. 18). Belle épreuve du premier état, avant la planche nettoyée et le trait carré.

Le même. Epreuve du deuxième état.

LAGRENÉE (Jean-Jacques), peintre et graveur à l'eau-forte et à l'aqua-tinta ; né à Paris vers 1727 ; l'année de sa mort n'est pas connue.

1534. Sacrifice au dieu Pan ; au bas, une marge blanche. Pièce capitale du maître. Très-belle épreuve.

1535. Quatre Enfants jouant avec une chèvre. Très-belle épreuve.

LA HYRE (Laurent de), peintre et graveur à l'eau-forte ; né à Paris en 1606 ; mort dans la même ville en 1656.

1536. La Vierge, l'Enfant-Jésus et le petit saint Jean (R.-D. 9). Très-belle épreuve avec marge.

1537. Le Corps de Jésus-Christ à l'entrée du sépulcre (R.-D. 12). Très-belle épreuve avec marge.

1538. La Vierge de douleurs (R.-D. 13). Très-belle épreuve avec marge.

1539. La Conversion de saint Paul (R.-D. 16). Belle épreuve du premier état, avant toute adresse.

1540. Le même sujet. Épreuve intermédiaire entre celles du deuxième et du troisième état, *décrits*. Elle est avec l'adresse de *B. Anthéaume* en remplacement de celle de Herman Weyen.

1541. L'Homme vu par le dos (R.-D. 31). Très-belle épreuve du premier état, avant que l'adresse d'Herman Weyen n'ait été effacée.

1542. Les Rochers couverts (R.-D. 33 et le Sarcophage (R.-D. 34). Belles épreuves du premier état, avant que l'adresse d'Herman Weyen n'ait été effacée.

LAIRESSE (Gérard de), peintre et graveur à l'eau-forte ; né à Liége en 1640 ; mort à Amsterdam en 1711.

1543. Des Assassins présentant la tête de Pompée à Jules César. Très-belle épreuve du premier état, avant le numéro et avant l'adresse de N. Visscher et le trait carré renforcé.

1544. Autre très-belle épreuve du même état que la précédente.

1545. Sujet allégorique, en hauteur. Dans la marge, le titre : *Debellare superbos.* Très-belle épreuve du premier état, avant le trait carré renforcé au burin et l'adresse de N. Visscher.

1546. Le même sujet. Belle épreuve du deuxième état, avec le trait renforcé carré et l'adresse de N. Visscher, mais avant le n° 36 à la gauche du bas, au-dessous de la bordure.

1547. Pièce allégorique, en hauteur. Au bas, un satyre et un faune tiennent un papier sur lequel on lit : *Door A. Pels.* Deux très-belles épreuves : la première avant l'adresse de N. Visscher ; la deuxième, avec l'adresse, mais avant le numéro.

1548. Vénus se reposant au pied d'un arbre, près de l'amour endormi. Très-belle épreuve du premier état, avant le numéro et avant l'adresse de N. Visscher.

1549. Sémiramis s'exerçant à la chasse aux lions. Pièce capitale du maître. Superbe épreuve du premier état, avant la lettre ; seulement le nom du maître gravé à l'eau-forte.

LARMESSIN (Nicolas de), fils, graveur à l'eau forte et au burin ; né à Paris en 1684 ; mort dans la même ville en 1756.

1550. *Louis XIIII metant le cordon bleu, à Monsieur de Bourgogne père de Louis XV, Roy de France regnant,* d'après A. Watteau. Au milieu du bas de la marge inférieure : *Tiré du cabinet de M. de Jullienne, à Paris, avec privilège du Roy.* Très-belle épreuve.

1551. Les Quatre saisons, d'après H. Lancret. Très-belles épreuves avec l'adresse du graveur.

1552. Pâté d'anguille, d'après N. Lancret. Très-belle épreuve, avec l'adresse du graveur.

1553. Le Midi, d'après le même. Très-belle épreuve, avec l'adresse du graveur.

1554. L'Après-dînée, d'après le même. Très-belle épreuve, avec l'adresse du graveur.

1555. La Coquette de village, d'après le même. Très-belle épreuve, avec l'adresse du graveur.

1556. Les Troqueurs, d'après le même. Très-belle épreuve, avec l'adresse du graveur.

1557. Les Rémois, d'après le même. Très-belle épreuve, avec l'adresse du graveur.

1558. Le Petit chien qui secoue de l'argent et des pierreries, d'après le même. Très-belle épreuve, avec l'adresse du graveur.

1559. Le Magnifique, d'après Boucher. Très-belle épreuve avec l'adresse du graveur.

1560. La Courtisane amoureuse, d'après le même. Très-belle épreuve avec l'adresse du graveur.

1561. Le Calendrier des vieillards, d'après le même. Très-belle épreuve avec l'adresse du graveur.

NOTA. Toutes les estampes décrites sous les nos 1550 à 1561, exception faite de celle désignée sous le nº 1553 (le Midi), sont avec de grandes marges.

LAROCHE (L.....), dessinateur et graveur à l'eau-forte, Français.

1562. Deux hommes assis à terre. Belle épreuve à toutes marges, sur papier de Chine.

LASINIO (CHARLES), dessinateur et graveur à l'eau-forte et au burin; né à Florence, où il florissait vers la fin du siècle dernier.

1563. Les Loges du Vatican, d'après Raphaël d'Urbin, en 14 planches en hauteur, y compris le titre par Jean Balzur. Belles épreuves.

LASNE (MICHEL), dessinateur et graveur au burin; né à Caen en 1596; mort à Paris en 1667.

1564. Anne d'Autriche, reine de France, d'après C. *Champaigne*. Portrait rare. Très-belle épreuve.

1565. Portrait de Jacques Callot; au bas, dans un cartouche: *En Miraculum Artis..... unicus hœres.* Très-belle épreuve.

1566. Portrait de Jules Strozzi, poëte vénitien, d'après Simon Voüet. Très-belle épreuve.

1567. La Sainte Vierge assise près d'un berceau, contre lequel l'Enfant-Jésus est appuyé; dans la marge : *Virgo Dei genitrix..... addicto pectore Matrem* (Bazan, nº 33). Belle épreuve de l'édition d'Erasme Quellinus.

LASTMAN (Pierre), peintre et graveur à l'eau-forte, né à Harlem en 1562; mort en 1649.

1568. Judas et Thamar. Superbe épreuve, avec marge. *Très-rare.* Cabinets Robert-Dumesnil et Verstolk de Soelen.

LAUGIER (Jean-Nicolas), graveur au burin; né à Toulon en 1785.

1569. L'Assomption de la Vierge, d'après N. Poussin. Belle épreuve avant la lettre; seulement les noms d'auteurs gravés au burin; elle est à toute marge.

LAURENT (Pierre), graveur à l'eau-forte et au burin; né à Marseille en 1739; mort à Paris en,....

1570. Le Bénédicité, d'après J. B^te Greuze. Très-belle épreuve avant toutes lettres; elle est à toutes marges.

LAURENT (Henri), fils du précédent, graveur à l'eau-forte et au burin; né à Paris en 1779.

1571. La Communion de saint Jérôme, d'après le Dominiquin. Très-belle épreuve avant la lettre; seulement les noms d'auteurs, et de *Durand*, imprimeur.

1572. Portrait de Rembrandt, d'après le tableau de ce peintre. Très-belle épreuve avant la lettre; seulement les mots : *Gravé par Henri Laurent* 1822, légèrement tracés au pointillé; elle est à toutes marges.

LAUTENSACK (Hans-Sedald), peintre et graveur à l'eau-forte; né à Bamberg vers 1507; mort en 1560.

1573. Portrait d'homme à mi-corps (B. 9). Très-belle épreuve.

1574. Paysage représentant une cabane fermée par une haie et entourée de beaucoup d'arbres (B. 32). Belle épreuve.

1575. L'ange consolant Agar (B. 54). Très-belle épreuve.

1576. Riche paysage, *non décrit*. A gauche, un château fortifié environné des eaux d'une rivière qui se perd à l'horizon; au milieu, un grand arbre s'élève jusqu'au trait carré supérieur; à droite, un chemin conduit à la porte d'entrée d'une ville qu'on voit dans le fond; plus loin, une chaîne de montagnes occupe presque toute la largeur de l'estampe. Largeur: 295 millimètres; hauteur: 194 millimètres. *Morceau très-rare.* Très-belle épreuve.

LAUWERS ou **LAWERS** (Nicolas), graveur au burin; né à Leuse, dans le Hainaut, vers le commencement du xviie siècle.

1577. Philémon et Baucis accordant l'hospitalité à Jupiter et à Mercure. Beau morceau en largeur, d'après Iacques Iordaens. Très-belle épreuve tirée avant toutes lettres et avant que la composition n'ait été diminuée de 12 millimètres dans la partie supérieure. Extrêmement rare, sinon unique.

1578. Le même sujet. Epreuve tirée de la planche réduite à la grandeur ordinaire, avec la lettre et l'adresse d'*A. Bloteling* *.

* Aux épreuves du dernier état, les mots *Cum priuilegio* au-dessous du nom du peintre, et l'adresse de l'éditeur : *A. Bloteling excudit cum priuilegio* ont été effacés, et le n° 7 gravé à la droite de la marge du bas.

LAUWERS (Conrad), frère du précédent, graveur à l'eau-forte et au burin; né à Leuse, dans le Hainaut, vers 1613.

1579. La Vierge, l'Enfant-Jésus, sainte Anne et saint Jean, d'après *A. Schiauone.* Belle épreuve.

LAVALLE (J. B. de), dessinateur et graveur à l'eau-forte, allemand, sur lequel nous n'avons pas de données.

1580. Trois paysages de forme presque carrée, un peu en largeur, représentant des sites agrestes; à l'un d'eux, vers le milieu de la marge du bas, l'adresse de l'éditeur : *Ex. Christoph : Weigelii vidua.* Pièces rares. Belles épreuves.

LE BAS (Jacques-Philippe), dessinateur et graveur à l'eau-forte et au burin; né à Paris en 1707; mort dans la même ville en 1785.

1581. La tentation de saint Antoine; dans la marge, les armes et la dédicace à Monsieur Hickman. Morceau en hauteur, d'après D. Teniers. Belle épreuve.

1582. *Le Retour à la ferme*, d'après le tableau de

N. Berghem, qu'on voit au Musée du Louvre. Grand
morceau en largeur, *gravé à l'eau-forte par Weysbrod
et terminé au burin par J. P. Le Bas, en* 1775. Très-
rare et fort belle épreuve avant la lettre, sur papier de
Chine ; elle a quelques taches d'humidité.

1583. Vue d'un port de mer, d'après *Joseph Vernet.*
Belle épreuve avant toutes lettres.

> **LE BLON** ou **LE BLOND** (Michel), orfèvre et graveur au bu-
> rin ; né à Francfort-sur-le-Mein vers 1590 ; mort à Amsterdam
> en 1656.

1584. Les armoiries d'Albert Durer. Très-belle épreuve.

> **LECLERC** (Jean), peintre et graveur à l'eau-forte ; né à Nancy
> en 1594 ; mort dans la même ville en 1633.

1585. Le Repos en Égypte, d'après C. Saracenus (R.-D.
1). Belle épreuve du premier état, avant les monogrammes de l'*Espagnolet* et l'adresse de *F. V. Wyngaerde.*

Le même sujet. Belle épreuve du deuxième état, avec les
monogrammes et l'adresse ci-dessus mentionnés.

> **LE CLERC** (Sébastien), dessinateur et graveur à l'eau-forte ;
> né à Metz en 1637 ; mort à Paris en 1714.

1586. Portrait de Sébastien Le Clerc, dessinateur et
graveur ordinaire de la maison du Roi, gravé par
Cl. Duflos. Épreuve du deuxième état, avec la qualité
de *chevalier romain.*

Autre portrait de S. Le Clerc, par E. Jeaurat. Belle
épreuve imprimée dans un passe-partout formant encadrement.

1587. La grande Destruction de *Lustucru* par les femmes
fortes et vertueuses (Jombert, 68, 2°). Belle épreuve.

1588. Histoire sacrée en tableaux, par l'abbé de Brian-
ville, en trois volumes *in-douze* (J. 93, 94 et 116).
145 pièces seulement de cet ouvrage ; *sept morceaux
manquent.*

1589. Six pièces seulement du Livre de paysages en
douze planches, dédié à M. de Beringhen (J. 107).

Belles épreuves du premier état, avant divers travaux.
Plus 35 pièces, y compris 3 copies, des diverses suites
de figures, chevaux et paysages, dessinées et gravées
pour l'instruction de M. le duc de Bourgogne (J. 258).
En tout 45 estampes.

1590. Frontispice pour les dix livres d'architecture de
Vitruve (J. 109). Belle épreuve avec la lettre, mais
avant le manteau fleurdelisé, etc.

1591. Le Mai des Gobelins (J. 191). Très-belle épreuve
du premier état, avant la femme à côté de la portière
d'un carrosse, qu'on remarque sur le devant à gauche.

1592. Le même Sujet. Très-belle épreuve du deuxième
état, avec la femme près de la portière du carrosse,
mais avant que la large banderolle n'ait été effacée et
remplacée par une beaucoup plus petite.

1593. Figures de la Passion de N. S. Jésus-Christ, pré-
sentées à madame la marquise de Maintenon par son
très-humble et très-obéissant serviteur Séb. Le Clerc.
Suite de 36 pièces. (Jomb. 232). Belles épreuves avec
l'adresse de G. Audran, qui a été remplacée depuis par
celle de Jeaurat, gendre de S. Le Clerc.

1594. L'Apothéose d'Isis (J. 236). Belle épreuve d'un
travail très-léger, avant le nom de *S. Le Clerc*, sur la
première marche, à droite. *Extrêmement rare.*

1595. Le même sujet. Très-belle épreuve poussée à l'effet, avec le nom du maître ; mais avant les armes et la
lettre, et avant que les danseurs n'aient été effacés et
remplacés par des sacrificateurs.

Le même sujet. Très-belle épreuve avec les changements
et avec la lettre.

1596. Le *Puer parvulus*, ou le Passage d'Isaïe (J. 245).
Belle épreuve du premier état, avant la lettre, et avant
le nom du graveur et le petit serpent, près de l'enfant
nu couché à terre. Cabinet Debois.

1597. Le même sujet. Très-belle épreuve du deuxième
état, avec le nom du graveur et le petit serpent, mais

avaut la lettre; elle a de très-grandes marges. Cabinet Debois.

1598. Le même sujet. Belle épreuve du troisième état, avec la lettre et le berger habillé.

Le même sujet. Épreuve du quatrième état, avec un enfant nu substitué au berger.

1599. La Multiplication des pains dans le désert (J. 251). Deux épreuves : l'une avant la lettre, l'autre avec.

1600. Les batailles d'Alexandre. Suite de six pièces en largeur, y compris la galerie de l'hôtel royal des Gobelins, où l'on fait voir à M. Colbert, surintendant des bâtiments, jardins et manufactures de S. M.; quelques actions d'Alexandre représentées en tapisseries sur les tableaux de M. Lebrun (J. 257).

1601. L'Académie des sciences et des beaux-arts (J. 263). Très-belle épreuve avant la lettre, et avant beaucoup de travaux qu'il serait trop long de signaler; elle porte, au verso, avec la date de 1754, la signature de *Le Normant Ducoudray d'Orléans*, amateur très-distingué dont parle Jombert dans son catalogue de l'œuvre de S. Le Clerc. Extrêmement rare.

1602. Le même sujet. Epreuve de la planche entièrement terminée, avec le titre, mais avant les lettres *C R* (chevalier romain), à la suite du nom de Le Clerc.

1603. Les petites Conquêtes du roi, où les principaux événements de l'histoire de Louis XIV, en une suite de huit estampes (J. 279). Belles épreuves.

1604. L'Entrée d'Alexandre dans Babylone (J. 285). Très-belle épreuve du premier état, avec toutes les remarques signalées par Jombert; elle porte, au verso, la signature de *Le Normant Ducoudray d'Orléans*, et la date de 1754. Extrêmement rare.

1605. Le même sujet. Epreuve de la planche terminée, avec la tête d'Alexandre vue de face.

1606. Histoire de Charles V, duc de Lorraine (J. 288);
seulement les n°s 1 à 7, 9 à 12, 14, 15, 19 à 24, 31,
32. En tout, vingt-une pièces. Belles épreuves.

1607. Le prophète Élie enlevé dans un char de feu
(J. 293). Deux épreuves : l'une du premier état, dite
aux chevaux blancs ; l'autre du deuxième état, c'est-
à-dire après l'entier achèvement de la planche.

1608. Tobie sur le bord du Tigre, tirant à lui le poisson
miraculeux, par le conseil de l'ange (J. 298). Deux
épreuves : l'une du premier état, l'autre du deuxième.

1609. Histoire de l'Amour et de Psyché, en une suite de
quatre pièces (J. 307). Belles épreuves.

1610. Vingt-huit pièces diverses, la plupart appartenant
à différentes suites.

> LEEUW (GABRIEL VANDER), peintre et graveur à l'eau-forte ; né
> à Dordrecht en 1643 ; mort dans la même ville en 1688. Cet
> artiste a marqué les planches qu'il a gravées en Italie, de son
> nom ainsi traduit : *G. Leone.*

1611. Vue des Cascades de Tivoli. Morceau en largeur,
sans nom de maître. Belle épreuve.

1612. Près d'une fontaine, on remarque un âne chargé
d'un sac ; à côté de lui sont trois moutons et une
chèvre. Morceau en largeur sans nom de maître. Belle
épreuve.

1613. Une marche d'animaux : à gauche, un bœuf, dont
on ne voit que la moitié du corps, et un mulet sont
précédés de plusieurs moutons et chèvres ; dans le fond,
des ruines. A droite de la marge, on lit : *G. Leone f.*
Belle épreuve.

1614. Le Troupeau descendant d'une colline près d'une
pièce d'eau qui couvre toute la largeur de l'estampe.
On y voit un cheval, des chèvres et des moutons suivis
d'un bœuf ; vers l'angle inférieur de la gauche :
G. Leone. Belle épreuve.

> LE FEBURE (CLAUDE), peintre et graveur à l'eau-forte ; né à
> Fontainebleau en 1633 ou 1636 ; mort en 1673.

1615. Portrait d'Alexandre Boudan, imprimeur en taille
douce (R.-D. 2). Superbe épreuve avec marge.

1616. Portrait de Charles Patin (R. D. 3). Très-belle épreuve du premier état, avant que la planche n'ait été diminuée de dimension ; le personnage est dans un ovale en hauteur.

1617. Le même portrait. Belle épreuve du troisième état ; la planche est réduite et entièrement terminée.

1618. Le même. Très-belle épreuve d'un état antérieur au premier décrit ; elle est avant divers travaux, notamment à la perruque, et avant que la verrue sur la joue gauche du personnage n'ait été enlevée. Extrêmement rare.

LE FEVRE (. . . . .), graveur français moderne.

1619. La Vierge et l'Enfant-Jésus, d'après Murillo. Superbe épreuve avant la lettre, sur papier de Chine ; seulement les noms d'auteurs et celui de l'éditeur. Elle est à toutes marges.

LE GROS (Sauveur), dessinateur et graveur à l'eau-forte ; né vers le milieu du siècle dernier, en Allemagne, selon les uns, en France selon les autres.

1620. Vue de rochers avec cascades ; sur le premier plan, vers la droite, un homme debout près d'un autre homme assis. Joli morceau en hauteur. Très-belle épreuve.

LE MAY (Olivier), peintre et graveur à l'eau-forte ; né à Bruxelles ou à Valenciennes ; florissait dans la deuxième moitié du siècle dernier.

1621. Vue prise sur les bords de la Seine en Normandie : au milieu du premier plan, quatre figures dont trois dans un bateau ; à droite, deux hommes et une femme. Très-belle épreuve d'eau-forte pure.

LE MERCIER (Jacques), savant architecte, habile dessinateur et graveur à l'eau-forte ; né à Pontoise en 1590 ; mort à Paris en 1660.

1622. Dessin de la statue de Henri IV érigée à Saint-Jean-de-Latran en 1608 (R. D. 2). Morceau en hauteur de la plus grande rareté. Très-belle épreuve.

LE PAUTRE (Jean), dessinateur et graveur à l'eau-forte; né à Paris en 1617; mort dans la même ville en 1682.

1623. Deux paysages avec ruines, ornés de figures et d'animaux. Très-belles épreuves du premier état, avant que l'adresse de *Le Blond* n'ait été effacée.

LE SUEUR (J. B.), artiste français sur lequel on n'a pas de données, peintre et graveur à l'eau-forte.

1624. Vieillard habillé à l'orientale; il est vu de face et à mi-corps, la tête couverte d'un turban. Morceau rare. Très-belle épreuve.

LE VEAU (Jean-Jacques), graveur à l'eau-forte et au burin; né à Rouen en 1729; mort à Paris en 1785.

1625. Le Corps de garde, d'après Le Prince. Très-belle épreuve avant la dédicace et l'adresse.

LEYDE (Lucas de), peintre, graveur au burin, à l'eau-forte et en bois; né à Leyde en 1494; mort dans la même ville en 1533.

1626. Le péché d'Adam et d'Eve (B. 10). Superbe épreuve.

1627. Adam et Eve fugitifs, après avoir été chassés du paradis terrestre (B. 11). Très-belle épreuve.

1628. L'Histoire de Joseph. Suite de cinq estampes. Joseph raconte ses songes à Jacob (B. 19); Joseph et la femme de Putiphar (B. 20); le n° 21 *manque*; Joseph en prison expliquant les songes à deux officiers du roi (B. 22); Joseph interprétant les songes de Pharaon (B. 23). Quatre pièces. Très-belles épreuves.

629. David en prière (B. 29). Morceau gravé à l'eau-forte. Très-belle épreuve.

1630. Jésus-Christ saisi par les Juifs (B. 45); le portement de croix (B. 51). Deux pièces faisant partie d'une suite de quatorze estampes. Très-belles épreuves.

1631. La Vierge avec l'Enfant-Jésus, assise dans un paysage (B. 84). Belle épreuve.

1632. Saint Jean-Baptiste dans le désert (B. 110). Superbe épreuve. Saint Antoine l'hermite (B. 116). Très-belle épreuve.

1633. Sainte Catherine (B. 125). Très-belle épreuve.

1634. La Vieille avec la grappe de raisin (B. 151). Très-belle épreuve. Cabinet Debois.

1635. Une femme nue et assise cherchant les puces à son chien (B. 154). Superbe épreuve.

1636. L'Opérateur (B. 157). Très-belle épreuve.

LIGNON (Frédéric), graveur au burin; né à Paris en 1779; mort dans la même ville en 183...

1637. La Vierge au poisson, d'après Raphael. Très-rare et fort belle épreuve sur papier de Chine, avant toutes lettres et avant beaucoup de travaux; elle a de très-grandes marges, et elle porte au crayon de mine de plomb la signature du graveur.

1638. Mademoiselle Mars, d'après F. Gérard. Très-belle épreuve avant la lettre; elle est à toutes marges.

1639. Talma, d'après Picot. Deux très-belles épreuves : la première n'est qu'une ébauche; la seconde est terminée, mais avant la lettre. Elles sont à toutes marges.

LIONI (Octave), peintre et graveur à l'eau-forte; né à Rome en 1574; mort dans la même ville en 1624.

1640. *Joseph Cesare*, dit d'*Arpino*, peintre (B. 23). Belle épreuve avec marge.

1641 *Marcel Provenzale*, peintre (B. 33). Belle épreuve.

LIVENS (Jean), peintre et graveur à l'eau-forte et au burin; né à Leyde en 1607; mort à Anvers en 1663.

1642. La sainte Vierge et l'Enfant-Jésus (1) B. 1. Très-belle épreuve tirée avant les initiales *IL*, au coin du haut de la gauche. Cabinets de Fries et Verstolk de Soelen.

1643. Saint Jérôme assis dans une grotte (5) B. 5. Très-rare et superbe épreuve du premier état, avant que la planche n'ait été coupée tout autour. Cabinet Verstolk de Soelen.

1644. Le même. Superbe épreuve du deuxième état, après que la planche a été diminuée et terminée; mais

avant que l'adresse : *Fran. Van Wyngaerde exc.*, à
la droite du bas, n'ait été couverte de tailles.

1645. Le même. Rare épreuve d'un état intermédiaire
entre le premier état et le deuxième décrits : la planche est coupée à la grandeur ordinaire; mais elle est
avant l'adresse de *Fran. Van Wyngaerde*, et avant
divers travaux, ajoutés pour l'effet, notamment sur
la partie supérieure des feuilles de l'arbre et sur le bord
du chapeau. Cabinet Poggi *.

* C'est par erreur que, lors de la vente de ce cabinet, qui fut faite à Paris en
1830, le rédacteur du catalogue annonça cette même épreuve comme du troisième état décrit par Bartsch.

1646. Saint François (6) B. 6. Superbe épreuve du premier état, avant que la planche n'ait été coupée tout
autour; on n'y voit pas les initiales du maître.

1647. Belle épreuve du deuxième état, après la planche
réduite et avec les lettres *I L fec.*

1648. Le même. Rarissime épreuve; probablement unique; elle est antérieure à celle du premier état décrit
par Bartsch et par de Claussin : l'effet en est très-léger, la planche n'ayant pas été revernie et retravaillée
à l'eau-forte. Cabinets Robert-Dumesnil et Verstolk
de Soelen.

1649. Anachorète (7) B. 7. Belle épreuve.

1650. Saint Antoine (8) B. 8. Belle épreuve du deuxième
état, après que la marge du cuivre a été réduite de
11 millimètres et demi.

1651. Le même. Très-rare et superbe épreuve *non mentionnée*; elle est intermédiaire entre celles du premier
et du second état décrits par Bartsch et par de Claussin. La planche est entièrement terminée et les initiales du maître sont ajoutées au haut de la droite; on lit,
à la gauche du bas de la marge, qui n'est pas encore
coupée : *Ioannes Liuius fecit*, et à droite : *Franciscus
Vanden Wyngaerde excud.*

1652. Mercure et Argus (10) B. 10. Très-rare et superbe
épreuve, *non décrite*, avant les initiales du maître et

183

l'adresse de *Franc. V. Wyngaerde*. Cabinets Robert-
Dumesnil et Vertstolk de Soelen.

1653. Une tête orientale (18) B. 18. Très-belle épreuve.

1654. Buste d'homme (41) B. 41. Très-belle épreuve.

1655. Ephraïm Bonus, médecin juif (55) B. 56. Rare et
très-belle épreuve du premier état, *non décrite*, avant
l'adresse de Clemendt de Jonghe, remplacée depuis
par celle de Jean de Ram *.

> * Aux épreuves du dernier état, l'adresse de Jean de Ram a été enlevée et
> la planche retouchée.

1656. Portrait de Juste Vondel (56) B. 57. Très-belle
épreuve, avant que l'adresse de *A. de Wees* n'ait été
effacée et remplacée par celle de *Théodore Matham*.
Cabinet Debois *.

> *NOTA. Aux épreuves du dernier état, le nom du peintre et l'adresse de
> l'éditeur ont été enlevés;

1657. Portrait de Daniel Heinsius (57) B. 58. Très-belle
épreuve du premier état, avant que l'adresse de *Martinus Van den Enden* n'ait été effacée pour être remplacée par celle-ci : *Ioan. Meyssens exc. Antverpiæ.*
Cabinet F. Lousberg de Gand.

1658. Le même. Belle épreuve du deuxième état, *non
décrite*, avec l'adresse de Jean Meyssens.

1659. Portrait de Jacques Gouter (58) B. 59. Superbe
épreuve avec marge.

> **LOIR** (NICOLAS), peintre et graveur à l'eau-forte; né à Paris en
> 1624; mort dans la même ville en 1679.

1660. L'Enfant-Jésus (R.-D. 15). Très-belle épreuve tirée
avant que l'adresse de *Pierre Mariette* n'ait été effacée.

1661. Jupiter et Antiope (R.-D. 30); Diane et Actéon
(R.-D. 32); le Jugement de Paris (R.-D. 38). Trois
estampes. Belles épreuves avec marges.

1662. Diane et Endymion (R.-D. 40); l'Enlèvement
d'Europe (R.-D. 41); Bacchus et Ariane (R.-D. 42);
Apollon et Daphné (R.-D. 43). Quatre estampes. Belles
épreuves avec marges.

1663. Paysage (R.-D. 45). Morceau fort joli et très-rare. Belle épreuve, *non décrite*; elle n'a pas les indications *N. Loir. In Fe.*; on y voit le n° 6, à gauche de la marge, qui porterait à croire que cette pièce était destinée à faire partie d'une suite.

1664. Autre Paysage, *non décrit*, faisant pendant au précédent. On y remarque, vers le milieu du premier plan, deux figures assises, et à gauche, deux hommes marchant de compagnie; le fond offre des fabriques au bord d'une rivière, et au delà une chaîne de montagnes. *Ce morceau, encore plus joli et plus rare que celui désigné ci-dessus, est sans nom ni marque.* Très-belle épreuve.

LOIR (ALEXIS), frère du précédent, orfèvre et graveur à l'eau-forte et au burin; né à Paris en 1640; mort dans la même ville en 1713.

1665. La sainte Famille avec un ange; l'Enfant-Jésus est est assis sur la croix. Cette composition dans un ovale en largeur, sur une planche carrée, est d'après N. Loir. Très-belle épreuve.

1666. La Vierge et l'Enfant-Jésus, dans un octogone en hauteur, sur une planche carrée, d'après le même. Très-belle épreuve.

1667. La sainte Vierge et l'Enfant-Jésus assis sur ses genoux, une poire à la main. Morceau en hauteur, d'après le même. Très-belle épreuve.

1668. La sainte Vierge, l'Enfant-Jésus et le petit saint Jean. Morceau en hauteur, d'après le même. Très-belle épreuve.

LOLI (LAURENT), peintre et graveur à l'eau-forte; né à Bologne vers 1612; l'année de sa mort n'est pas connue.

1669. La Renommée, d'après J. A. Sirani (B. 31). Belle épreuve.

LOMBART (PIERRE), graveur au burin; né à Paris en 1613; mort dans la même ville en 1682.

1670. Le portrait de Lafond, pièce dite le *Gazetier de Hollande*, d'après H. Gascard. Très-belle épreuve.

LONDONIO (François), peintre et graveur à l'eau-forte; né à
Milan en 1723; mort en 1783.

1671. Vieux pâtre assis et endormi; derrière lui, à
droite, une petite fille près d'une femme qui porte des
pigeons dans un panier. Très-belle épreuve du premier
état, avant le n° 6 à la droite de la marge du bas.

1672. Jeune fille debout, montrant un pâtre assis et endormi; près d'elle, un enfant et une chèvre; plus loin,
un villageois conduit des animaux. Très-belle épreuve
du premier état avant le n° 9 à la droite de la marge
du bas.

LOUIS (Aristide), graveur français; mort depuis peu d'années.

1673. Jeanne d'Arc, représentée en pied et tenant des
deux mains une épée, d'après la sculpture exécutée par
S. A. R. la princesse Marie d'Orléans. Très-belle
épreuve avant la lettre, sur papier de Chine; seulement
les noms d'auteurs tracés à la pointe. Elle est à toutes
marges.

1674. Mignon aspirant au ciel; Mignon regrettant la
la patrie. Deux morceaux en hauteur, faisant pendants,
d'après M. Ary Scheffer. Très-belles épreuves avant la
lettre; elles portent, l'une et l'autre, le n° 56 de l'ordre
du tirage. Elles sont à toutes marges.

LOUTHERBOURG (Philippe-Jacques), peintre et graveur à
l'eau-forte et à l'aqua-tinta; né à Strasbourg vers 1730; mort
à Chiswick, en Angleterre, en 1812.

1675. *La bonne petite sœur;* dans la marge, les armes
et la dédicace *à Madame la vicomtesse d'Arsy.* Rare
et superbe épreuve, avant toutes adresses; elle a de
grandes marges. *Tranquillité champêtre;* dans la
marge, les armes et la dédicace *à Madame la marquise de Gouy, dame de Madame.* Très-rare et superbe épreuve avant que l'inscription n'ait été changée;
elle porte ce titre : *La Tranquillité champêtre,* et au
dessous ces quatre vers :

> *Ce riant paysage où l'œil est enchanté,*
> *Ce calme d'un beau jour exprime*
> *La paix et la sérénité*
> *De la vertu qui nous anime.*

Elle a de grandes marges.

1676. Les Joueurs de trictrac : composition de dix figures, spirituellement exécutée à l'eau-forte. Extrêmement rare. Très-belle épreuve.

LUCCHESI (Michel), graveur au burin; né en Italie dans le
xvi° siècle.

1677. Les Grimpeurs. Copie en contre-partie de l'estampe de Marc-Antoine, d'après Michel-Ange (B. 487).
Superbe épreuve.

LUTMA (Jean) le fils, orfèvre, graveur à l'eau-forte et au maillet; né à Amsterdam en 1609; mort en 1689.

1678. Portrait de Jean Lutma, le père. Morceau gravé à
l'eau-forte en 1656. Superbe épreuve à toutes marges.

1679. Quatre Portraits gravés au maillet, savoir : Jean
Lutma père, orfèvre; Jean Lutma fils (le graveur);
J. Vondel, poète hollandais ; P. C. Hooft, historiogra-
phe. Superbes épreuves. Celle du premier morceau est
avant l'inscription au haut de la gauche *.

* Nota. Ces épreuves sont à toutes marges, à l'exception de celle de Vondel,
qui est remargée.

LUTMA (Jacques), frère du précédent, dessinateur et graveur à
l'eau-forte.

1680. Petit Paysage en hauteur portant le n° 2, d'après
J. Both. Belle épreuve.

LUYKEN (Jean), dessinateur et graveur à l'eau-forte; né à
Amsterdam en 1649; mort dans la même ville en 1712.

1681. Le duc d'Anjou échouant dans son entreprise sur
Anvers, en l'année 1583. Deux belles épreuves : la
première, à l'eau-forte pure ; la seconde, terminée.

MAAS (Dirck ou Thierry), peintre et graveur à l'eau-forte et
en manière noire; né à Harlem en 1656; l'année de sa mort
n'est pas connue.

1682. Le Manège. Suite de neuf pièces. Très-belles
épreuves.

Maître anonyme très-ancien, graveur au burin.

1683. Deux petits morceaux en hauteur représentant
des sujets religieux : dans l'un, le Christ sur la Croix,

entouré des instruments de la passion ; dans l'autre,
le bon Pasteur au milieu d'une gloire, au-dessus de
plusieurs personnages des deux sexes. *Fort rares.*

Maître anonyme allemand du xvie siècle, graveur au burin.

1684. La Cène. Fort jolie pièce de forme ronde. Diamè-
tre : 54 millimètres. Très-belle épreuve. Cabinet Visscher, de Bâle.

Maître anonyme allemand du xvie siècle, dessinateur et graveur
au burin.

1685. Combat entre des dieux marins (B. X, p. 134,
n° 5). Morceau très-bien gravé dans le goût de Barthélemi Beham. Très-belle épreuve.

Maître anonyme allemand du xvie siècle, graveur au burin.

1686. Un Saint représenté en habit de religieux, une
bèche à la main. Il est debout entre saint Sébastien et
sainte Catherine. Morceau en hauteur *non décrit.*
Belle épreuve. Cabinet B. Delessert.

Maître anonyme du xvie siècle.

1687. Feuille de dix têtes d'études de différents caractères. Morceau en hauteur gravé en bois.

Maître anonyme flamand du xvie siècle, graveur à l'eau-forte.

1688. *Le Koërt de Bruxselles.* Au bas de la droite, l'a-
dresse de *Corn. de Iode.* Morceau rare. Très-belle
épreuve.

Maître au monogramme **A M**, graveur au burin (Bartsch, IX,
496).

1689. La Société gaie (B. 3). Très-belle épreuve.

Maître au monogramme composé des lettres **A M E** surmontées
d'un **P**, graveur au burin ; florissait dans les Pays-Bas vers le
milieu du xvie siècle.

1690. Un Magicien tourmenté par les démons, d'après
Bruegel. Dans la marge on lit : *Idem impetravit a Deo
ut magvs a demonibvs discerperetvr.* Belle épreuve.

1691. Cinq pièces de la suite des Sept péchés capitaux,
savoir : l'Envie, la Colère, la Luxure, la Gourmandise,

l'Avarice. Compositions très-spirituelles d'un grand nombre de figures grotesques d'après P. Breughel. Belles épreuves.

Maître anonyme du xvie siècle, graveur au burin.

1692. La Charité. Très-riche composition en largeur, d'après Pierre Breughel. Belle épreuve.

Maître au monogramme **A S**, graveur au burin (Bartsch, IX, 50).

1693. La Fortune. 1540 (B. 1). Très-belle épreuve.

Maître allemand au monogramme **C B** (Bartsch, VIII, 533).

1694. Pièce allégorique tirée des Proverbes de Salomon, chapitre 16, verset 18 : *L'orgueil précède la ruine de l'homme et l'esprit s'élève avant la chute.* Au premier plan, vers le milieu, un vieillard, le bras droit appuyé sur un arbre, se repose; à gauche, un homme et une femme sur le même cheval, précédé d'un chien, prennent la fuite. Sur le second plan, à droite, deux soldats se battent. Morceau en largeur, *non décrit.* Superbe épreuve avec marge.

Maître au monogramme **C P V** (Brulliot, 1re partie, n° 1436).

1695. Femme portant un coussin, d'après François Mazzuoli, dit *le Parmesan. Rare.* Belle épreuve.

Maître au monogramme composé des lettres **D H F**, graveur au burin; travaillait dans le xviie siècle.

1696. Dix-sept estampes, représentant des passages de la vie de *Wlespiegle*, faisant partie des morceaux connus sous le nom de : *les Proverbes de Lagniet.*

Maître allemand aux initiales **E S**, dit *le Graveur de l'an* 1466, graveur au burin.

1697. Le Sauveur (B. 84). Epreuve de la plus belle conservation.

1698. Une Lettre de l'alphabet, ressemblant à un Y; elle est composée de trois figures d'hommes et de deux chiens (B. 95). Belle épreuve.

Maître aux initiales **F B** (peut-être François Brun), graveur au burin (Bartsch, IX, 443); florissait vers le milieu du XVIᵉ siècle.

1699. Les deux Officiers à cheval, 1559 (B. 61). Très-belle épreuve.

1700. Le Bouffon (B. 85). Jolie petite pièce en hauteur. Très-belle épreuve.

Maître aux initiales **F H**; florissait vers le milieu du XVIᵉ siècle.

1701. Fête de village. Au milieu, une grosse paysanne danse près d'un tonneau renversé, sur lequel est assis un petit chien encapuchonné; à droite et à gauche, divers personnages. Morceau en travers, d'après Pierre Breughel-le-Vieux. Très-belle épreuve.

Maître anonyme du XVIᵉ siècle, que nous croyons être Paul Flynt, graveur dans le genre qu'on nomme *opus mallei*.

1702. Deux Paysages, dans des ovales en hauteur, gravés sur la même planche. Belle épreuve.

Maître au monogramme **H F** (Bartsch, IX, 546).

1703. Allégorie sur le temps; elle est représentée dans un médaillon entouré d'arabesques, et porte la date de 1572. Très-belle épreuve. Cabinet P. Visscher, de Bâle.

Maître au monogramme **J G**, graveur au burin; florissait vers le milieu du XVIᵉ siècle.

1704. Saint Eloi et le roi Dagobert (R.-D. 12). Superbe épreuve. Cabinet P. Visscher, de Bâle.

1705. L'Enfant dans la galerie (R.-D. 17). Superbe épreuve. Cabinet P. Visscher, de Bâle.

Maître à l'écrevisse (le), dont le nom de famille était Crebs, graveur à l'eau-forte et au burin; florissait en Allemagne au commencement du XVIᵉ siècle.

1706. La Sépulture (B. 17). Très-belle épreuve, avec les témoins du cuivre. Cabinet P. Visscher, de Bâle.

Maître anonyme allemand du XVIᵉ siècle (Bartsch, VII, 545); graveur au burin, qui a marqué ses planches des lettres **N A R** entrecroisées.

1707. La Vierge assise et adossée contre un mur, tenant

dans ses bras l'Enfant-Jésus une pomme à la main ;
dans le fond, à droite, une ville; à gauche, contre le
mur, le monogramme du maître. *Jolie pièce non décrite.* Belle épreuve du premier état, avant que la
planche n'ait été entièrement retravaillée au burin.

Le même sujet. Epreuve du deuxième état, avec les travaux additionnels; l'aspect de la planche n'est plus le
même que dans l'épreuve précédente : le caractère des
têtes ayant été changé.

Maître anonyme hollandais, **P V H**, dessinateur et graveur à
l'eau-forte; florissait vers le milieu du xviie siècle.

1708. Le couple de chiens (B. 2). Belle épreuve.

Maître anonyme flamand du xviie siècle, graveur au burin.

1709. Hospitalité de Philémon et de Baucis envers Jupiter et Mercure. Morceau en largeur, d'après Pierre-
Paul Rubens, publié par Jean *Meyssens* (Basan, 34 des
sujets de la fable). Superbe épreuve.

Maître anonyme flamand du xviie siècle, graveur au burin.

1710. La Pêche du poisson, pour payer le tribut; dans
la marge, le titre : *Vade ad mare invenies staterem.*
Matt. 17. Rare et beau morceau, d'après P. P. Rubens. (Basan, 44 du nouv. texte). Très-belle épreuve,
mais manquant de conservation; elle a quelques taches *.

*Nota. Quelques curieux attribuent cette estampe à Lucas Vorsterman, *le
Vieux.*

Maître anonyme flamand, graveur dans le goût de Gilles Sadeler.

1711. Adam et Eve, d'après B. Spranger. Très-belle
épreuve.

Maître anonyme hollandais, graveur à l'eau-forte.

1712. Fumeur à la fenêtre. Morceau en hauteur, dans le
genre d'Ostade. Très-belle épreuve, avec quelques
teintes de lavis à l'encre de Chine par le graveur.

Maître anonyme du temps de Marc-Antoine Raimondi (Bartsch,
XV, 22). graveur au burin.

1713. La sainte Vierge, accompagnée de saints, d'après
Raphaël (B. 13). Belle épreuve.

Maître anonyme italien du xvie siècle, graveur au burin.

1714. Vieux berger assis au pied d'un arbre, montrant une étoile à un jeune homme auprès duquel on remarque des instruments de mathématiques. Hauteur : 86 millimètres; largeur : 75 millimètres. Cette pièce, gravée au burin, est une admirable copie en contre-partie de l'estampe de Marc-Antoine (B. 366). Très-belle épreuve. Cabinet P. Visscher, de Bâle.

Maître anonyme de l'école de Fontainebleau.

1715. Mars assis près de Vénus que couronne l'Amour; un bandeau sur les yeux; au coin de la gauche, au-dessus du trait carré : *Roma F.* Pièce en hauteur, non décrite. Belle épreuve.

Maître anonyme italien du xvie siècle, graveur au burin.

1716. Portrait d'Alexandre Farnèse, prince de Parme et de Plaisance, gouverneur et capitaine général des Pays-Bas sous Philippe II, roi d'Espagne. Superbe épreuve.

Maître anonyme de l'école de Bologne, graveur à l'eau-forte.

1717. Saint Antoine de Padoue; à gauche, contre la marche de l'autel, la date 1640; dans la marge, le titre et l'adresse de J. Jques Rossi. Riche et belle composition en hauteur. Superbe épreuve.

1718. L'Enlèvement d'Europe (B. 34 des maîtres anonymes de l'école du Guide). Superbe épreuve.

Maître anonyme français de la fin du xvie siècle.

1719. *Pyramide dressée devant la porte du Palais, à Paris, avec privilége du Roy.* Pièce historique; elle est relative à la condamnation de Jean Chastel.

Maître anonyme du xviie siècle, graveur au burin.

1720. Portrait du Révérend Père Quesnel. Il est représenté vu de face et assis devant une table sur laquelle est placé un livre dans lequel il écrit. Très-belle épreuve.

Maître anonyme français du siècle dernier, graveur à l'eau-forte.

1721. Pièce satyrique; dans la marge du bas, le titre : *Estampe du tableau trouvé dans l'Eglise des cy devant soy disant Jésuittes de Billom, en Auvergne, l'an 1762. Voyez les comtes rendus au chambres assemblées des colléges de Clermont-Ferrand et Billom. Le 15 juillet 1763.* Belle épreuve, avec marge.

Maître anonyme du commencement du xviii⁰ siècle, graveur au burin.

1722. Vénus allaitant les Amours, d'après P. P. Rubens. Morceaux en hauteur, sans aucune lettre. Belle épreuve.

Maître anonyme du siècle dernier, graveur à l'eau-forte et au burin.

1723. Sujet en hauteur, représentant une femme assise sur un lit, cherchant à retenir un homme debout près d'elle; dans la marge, à gauche, près du trait carré : *W Hogarth Inv¹. et Pinx¹.* Très-belle épreuve, avec marge.

Maître anonyme français du siècle dernier, graveur à l'eau-forte.

1724. Bataille, d'après Pierre Norblin. Morceau en travers, énergiquement exécuté à l'eau-forte. Belle épreuve; elle porte à la droite du haut le n° 21.

Maître anonyme français du siècle dernier, graveur à l'eau-forte.

1725. Le triomphe de Monsieur de Ramponeau. Dans la marge inférieure, le portrait de Madame de Ramponeau, au milieu du titre : *Chez Ramponeau bon vin nouveau..... Vous mentendés bien.* Belle épreuve, avec marge.

Maître anonyme du présent siècle, graveur au burin.

1726. Portrait d'homme vu de trois quarts, dirigé vers la droite et éclairé par la gauche. Belle épreuve, sans noms ni lettres; elle a de très grandes marges.

MALEUVRE (Pierre), graveur à l'eau-forte et au burin; né à Paris en 1740; l'année de sa mort n'est pas connue.

1727. L'Enfant gâté, d'après J. B. Greuze. Superbe

épreuve avant la lettre; seulement, les noms d'auteurs gravés au burin. Elle a de grandes marges.

MANTEGNA (ANDRÉ), peintre et graveur au burin; né à Padoue en 1431; mort à Mantoue en 1506.

1728. La Flagellation (B. 1). Belle épreuve.

1729. Bacchanale au Silène (B. 20). Très-belle épreuve.

MARAIS (H. . . . . .), graveur à l'eau-forte et au burin, Français; florissait dans la deuxième moitié du siècle dernier.

1630. *L'hermite*, d'après Greuze. Pièce capitale. Superbe épreuve avant la lettre; seulement, les noms d'auteurs tracés à la pointe. Elle a de la marge.

MARATTI (CHARLES *dit* CARLE), peintre et graveur à l'eau-forte; né à Camurano en 1625; mort à Rome en 1713.

1731. Saint André sur le chevalet et tourmenté par les bourreaux, d'après le tableau de Zampieri, dit le Dominiquin, qui est dans la chapelle Saint-Grégoire, à Rome (B. 11). Belle épreuve tirée avant l'adresse d'*Arnould Westerhout*, à droite du bas de la marge.

MARCENAY DE GHUY (ANTOINE DE), peintre et graveur; né à Arnay-sur-Arou en 1722; mort à Paris en 1811.

1732. Henri, comte de Berge, en cuirasse, d'après Ant. Van Dyck, 1767 (R. 5). Très-belle épreuve avant la lettre; elle a de la marge.

1733. Tobie recouvrant la vue, d'après Rembrandt, 1755 (R. 10). Rare et belle épreuve d'eau-forte pure.

Le même sujet. Très-belle épreuve de la planche terminée, avec la lettre; elle a de la marge.

1734. Cavalier et dame dans une campagne, d'après Rembrandt, 1755 (R. 11). Très-belle épreuve avant la lettre, et avant quelques travaux, notamment sur le manteau de la femme.

Le même sujet (R. 11). Très-belle épreuve avec la lettre.

1735. Vieillard à barbe blanche, dit *le Vieillard atrabilaire*, d'après Rembrandt, 1764 (R. 15); très-belle épreuve. Vieillard coiffé d'une toque, sa barbe est en partie blanche, d'après le même, 1755 (R. 16); deux belles épreuves : la première avant divers travaux, la seconde terminée. Trois estampes.

1736. Commencement d'un orage, d'après Rembrandt, 1758 (R. 17). Très-belle épreuve avant les armes et la lettre; elle a de la marge.

1737. Le même paysage (R. 17). Belle épreuve avec les armes et la lettre.

1738. La Fleuriste près d'une fenêtre, d'après Gérard Dow, 1766 (R. 18). Superbe épreuve avant la lettre.

1739. Le même (R. 18). Très-belle épreuve avec la lettre.

1740. La Bataille, d'après Parrocel, 1755 (R. 21). Superbe épreuve avant la lettre.

1741. Le même sujet. Belle épreuve avec la lettre.

1742. Paysage au clair de lune, d'après Vernet, 1756 (R. 23). Très-belle épreuve avant les armes et la lettre; elle a de la marge.

1743. Le même (R. 23). Très-belle épreuve avec la lettre.

1744. Sept portraits, savoir : Charles VII, dit *le Victorieux*, d'après N..... (R. 29), épreuve tachée d'encre, sur les armes; le prince Eugène, d'après Kopeski (R. 31); le chevalier Bayard, d'après N..... (R. 32); le maréchal de Turenne, d'après Ph. de Champagne (R. 33), épreuve tachée d'encre; le maréchal de Villard, d'après Rigaud (R. 34), épreuve tachée d'encre; Maximilien de Béthune de Sully, d'après Porbus (R. 36); Jeanne d'Arc, d'après N..... (R. 39). Plus, un paysage: *le Repos*, (R. 60); belle épreuve, avec marges. En tout huit estampes.

MARIETTE (Jean), dessinateur et graveur à l'eau-forte et au burin, mort à Paris en 1742, à l'âge de quatre-vingt-trois ans.

1745. L'Ange gardien conduisant un enfant; dans la marge, le titre : *Dieu a donné ordre à ses anges de vous garder en toutes vos voies. Pse. XC.*, les noms du peintre et du graveur, et l'adresse de P. Mariette.

Trois belles épreuves : la première avant toutes lettres,
très-rare ; la deuxième avec la lettre, mais avant la
troisième taille sur le terrain, entre le nuage et la partie inférieure de la jambe de l'ange, *rare ;* la troisième
terminée.

MARLIÉ (Renée-Elisabeth), femme de Bernard Lépicié, a gravé
à l'eau-forte et au burin.

1746. *La Jeunesse sous les habillements de la Décrépi-
tude,* d'après Charles Coypel. Très-belle épreuve.

MARINUS (Ignace), graveur au burin; né à Anvers dans la première moitié du XVIIᵉ siècle.

1747. Jésus-Christ devant Caïphe, d'après *Iac : Iordaens.* Très-belle épreuve du premier état, avant le
nom du graveur, à la suite du mot *inuent:*; elle porte
l'adresse de *Martinus van den Enden,* qui a été remplacée depuis par celle de *Gillis Hendricx.*

1748. Saint Ignace de Loyola guérissant des Possédés;
dans la marge du bas, le titre : *S. Ignativs Loyola
magnæ Societatis Jesv Fvndator.* Très-beau morceau
en hauteur, d'après P. P. Rubens (Basan, 24 des sujets de saints). Superbe épreuve avec marge.

MARTSS DE JONGE (Jean), peintre et graveur à l'eau-forte;
né en Hollande au commencement du XVIIᵉ siècle.

1749. Combat de cavalerie (B. 6). *Rare.* Superbe épreuve
de la pièce la plus considérable du maître.

MARVY (Louis), dessinateur et graveur à l'eau-forte et à l'aqua-
tinta; né à... vers 1820; mort à Paris le 15 novembre 1850.

1750. Quatorze beaux paysages, soit d'après nature, soit
d'après différents maîtres anciens ou modernes. Très-
belles épreuves à toutes marges; plusieurs sont avant
la lettre, et treize sur papier de Chine. *Cet article sera
divisé.*

MASSARD (Jean-Baptiste) le père, graveur au burin, né à Be-
lesme en 1740; mort à Paris en 1822.

1751. La mort de Socrate, d'après le tableau de Louis
David. Belle épreuve avant la lettre; seulement les
noms d'auteurs, tracés au pointillé.

1752. La Dame bienfaisante, d'après J. B. Greuze. Belle épreuve, mais tachée d'humidité; elle porte, au verso, la signature du peintre et celle du graveur.

MASSARD (L....), graveur au burin.

1753. Jeanne-Antoinette Poisson, marquise de Pompadour, d'après le tableau peint par Steuben à l'imitation du portrait qu'en avait fait Latour. Belle épreuve sur papier de Chine, à toutes marges.

MASSON (Antoine), graveur au burin; né à Louvry, près d'Orléans, en 1636; mort à Paris en 1700.

1754. Emmanuel-Théodose de la Tour-d'Auvergne, duc d'Albret, cardinal de Bouillon (R.-D. 14). Superbe épreuve du premier état.

1755. Marin Cureau de la Chambre (R.-D. 24). *Un des chefs-d'œuvre du maître.* Très-belle épreuve du premier état, avant les contre-tailles sur la joue gauche du personnage.

1756. Le même portrait. Epreuve du quatrième état, avec l'adresse : *E. Desrochers exc.*

1757. Pierre Dupuis, peintre de fleurs (R.-D. 25). *Belle pièce.* Très-belle épreuve du premier état, *non mentionné*, avant que la planche n'ait été retravaillée au burin, notamment sur le visage et les cheveux du personnage. Cabinets Daudet et de Claussin.

1758. Le même portrait. Belle épreuve du deuxième état, avec l'addition des travaux : Le visage du personnage a perdu de son expression, et les cheveux du côté de l'ombre se détachent durement du fond; de plus, on remarque un trait échappé vers le haut de la droite, partie sur les tailles horizontales, partie sur la marge du cuivre.

1759. Gui Patin, médecin et littérateur (R.-D. 59). Très-belle épreuve du deuxième état, avant l'adresse du graveur; elle a de la marge.

1760. Charles Patin, médecin, fils du précédent (R.-D. 60). Rare et superbe épreuve avec la planche accessoire; elle a de la marge. Cabinet Franck, de Vienne en Autriche.

MATHAM (Jacques), graveur au burin; né à Harlem en 1571; mort en 1631.

3. 1761. Les Bergers adorant l'Enfant-Jésus nouvellement né, d'après Abraham *Blommaert* (B. 67). Très-belle épreuve.

21 1762. Cupidon venant trouver au lit Psyché (B. 76). Superbe épreuve; elle porte, au verso, la signature de *P. Mariette* et la date de 1685.

6·f0 1763. Les disciples de Jésus-Christ transportant son corps dans le sépulcre; d'après Jacques Robusti, dit le Tintoret (B. 191). Superbe épreuve du premier état, *non décrit*, avant l'adresse de *J. C.* (Jean-Nicolas) *Visscher*.

MATHAM (Théodore), fils du précédent, graveur au burin; né à Harlem en 1589; l'année de sa mort n'est pas connue.

8. 1764. Géographe hollandais. Il est représenté assis dans un fauteuil, et traçant sur le feuillet d'un livre ouvert une figure de géométrie. Superbe épreuve avant toutes lettres; elle a de la marge. Extrêmement rare, sinon unique.

MATSYS (Corneille), peintre et graveur à l'eau-forte; né dans la première moitié du xvie siècle.

10· 1765. L'Histoire de Samson. Suite de douze pièces (B. 8 à 19), le n° 10 *manque*. Belles épreuves du premier état, avec l'année 1549. Plus, les n°s 8, 11, 13, 15 et 17; épreuves du deuxième état, avec l'année 1562. En tout seize estampes.

8· 1766. Les quatre Aveugles (B. 53). Belle épreuve.

1. 1767. Le Satyre et l'Enfant; copie, *non décrite*, en contre-partie de l'estampe de Marc-Antoine Raimondi, n° 281 de B. Pièce rare.

MAUPERCHE (Henri), peintre et graveur à l'eau-forte; né à Paris en 1604 ou 1606; mort dans la même ville en 1686.

4·f0 1768. Tobie fait ensevelir les morts (R.-D. 2). Belle épreuve du premier état, avant que l'adresse du graveur n'ait été effacée et remplacée par celle de *Gallays*. Cabinet Debois.

1769. Tobie le fils se rend maître d'un poisson monstrueux (R.-D. 2). Rarissime et très-belle épreuve, *non décrite*, avant toutes lettres. Cabinet Debois.

1770. Retour de Ragès (R.-D. 5). Très-belle épreuve du premier état, avant l'adresse de *Gallays*. Cabinet Debois.

1771. Arrivée de Tobie à la maison paternelle (R.-D. 6). Rarissime et très-belle épreuve, *non décrite*, avant toutes lettres. Cabinet Debois.

Le même sujet (R.-D. 6). Très-belle épreuve avant l'adresse de *Gallays*. Cabinet Debois.

1772. L'Ange se découvre à Tobie (R.-D. 7.). Très-belle épreuve du premier état, avant l'adresse de *Gallays*. Cabinet Debois.

1773. Le Miracle, d'après Herman Swanevelt (R.-D. 26). Rare et très-belle épreuve du premier état, avant que le mot *excudit* n'ait été effacé et le nom de *Gallays* substitué à celui de *Swanevelt*.

1774. La Fontaine monumentale (R.-D. 49). Très-belle épreuve.

MAZURIE (L.....); dessinateur et graveur à l'eau-forte; florissait à Anvers dans le siècle dernier.

1775. Vue d'une campagne de Flandre, d'après D. Teniers; à droite, une femme à la porte de sa maison vend du fruit; du côté opposé, des hommes cerclent des tonneaux. Belle épreuve.

MEIER ou MEYER (Félix), peintre et graveur à l'eau-forte; né à Winterhur en 1653; mort à Wyden en 1713.

1776. Suite de six beaux paysages, en travers; à la gauche du premier morceau, deux jeunes filles, les jambes dans l'eau, lèvent une pierre; dans la marge, à droite: *Felix Meyer Vitoduranus fecit*. Pièces rares et les plus considérables du maître. Très-belles épreuves.

MEISSONIER (. . . . .), peintre et graveur à l'eau-forte, contemporain.

1777. Le Fumeur assis près d'une table, sur laquelle il a le bras gauche posé. Joli morceau en hauteur. Superbe épreuve sur papier de Chine; elle a de grandes marges.

 MELDOLLA (André), dessinateur et graveur à l'eau-forte, à la pointe sèche et au burin; né en Italie dans la première moitié du XVIe siècle.

1778. Minerve et les Muses (B. 79). Pièce rare. Très-belle épreuve.

 MELINI (Charles-Dominique), graveur à l'eau-forte et au burin; né à Turin vers 1740; l'année de sa mort n'est pas connue.

1779. Les Enfants du prince de Turenne, d'après *Drouais*. Très-belle épreuve avant toutes lettres; elle a de grandes marges.

 MELLAN (Claude), dessinateur et graveur au burin; né à Abbeville en 1601; mort à Paris en 1688.

1780. Saint François en prière dans le désert. Morceau distingué par le savant contraste des travaux. Belle épreuve.

1781. La sainte face de Jésus-Christ, de grandeur naturelle. Ce morceau, le chef-d'œuvre du maître, est formé d'un seul trait circulaire qui commence au bout du nez, et s'enfle selon l'exigence de l'effet désiré. Très-belle épreuve.

1782. Hercule aidant Atlas à soutenir le globe terrestre. Sujet allégorique représenté par une femme assise sur des canons et des livres, la main droite posée sur une corne d'abondance. Scène de satyres, en hauteur. Trois estampes. Belles épreuves.

1783. Henri Blacvod, médecin et professeur royal. Très-belle épreuve avant les huit vers latins. *Extrémement rare*.

Le même portrait. Très-belle épreuve avec les huit vers latins; mais avant l'adresse d'Odieuvre, qui a été effacée dans le dernier état. *Rare*.

1784. Nicolas-Claude Fabri de Peiresc, conseiller au Parlement de Provence. Belle épreuve du premier état, avant que la planche n'ait été réduite et avant l'adresse d'Odieuvre.

1785. Henri-Louis Habert de Montmort. Belle épreuve du premier état, avant *A Paris, chez Vanheck*, au bas de l'ovale, à gauche; elle porte, au verso, la signature de *P. Mariette* et la date de 1671.

Le même portrait. Epreuve du deuxième état, avec l'adresse de Vanheck.

MERCATI (Jean-Baptiste), peintre et graveur à l'eau-forte; né à Borgo-san-Sepolchro; florissait à Rome entre les années 1616 et 1637.

1786. Sainte Bibiane refusant de sacrifier aux divinités payennes, d'après *Pietre de Cortone* (B. 5). Très-belle épreuve.

1787. Deux Bas-reliefs, d'après des médaillons de l'arc de Constantin. Morceaux cités par Gori et que Barstch n'a pas eu occasion de voir. Belles épreuves.

MERCURI (Paul), peintre, sculpteur et graveur à l'eau-forte et au burin; né au commencement de ce siècle, à Rome, où il réside.

1788. Françoise d'Aubigné, marquise de Maintenon, d'après Petitot. Rare et belle épreuve avant l'entourage et avant toutes lettres; elle a de très-grandes marges.

Le même portrait. Belle épreuve avec la lettre sur papier de Chine.

1789. Christophe Colomb, célèbre navigateur, d'après un tableau du temps. Portrait en buste, publié par Gavard. Très-belle épreuve sur papier de Chine, à toutes marges; elle porte l'autographe suivant de l'éditeur : *A M. Barbier, Gavard,*

1790. Torquato Tasso, poète italien. Très-belle épreuve avant la lettre; elle est à toutes marges.

MERYON (Charles), dessinateur et graveur à l'eau-forte; né en 1821 à Paris, où il réside.

Vues de Paris.

1791. La Tour de l'Horloge au Palais de Justice. Belle épreuve du premier état, sur papier de Chine, avant les initiales du graveur : *C M*, au coin du haut à droite.

1792. Les Tours de Notre-Dame et le petit Pont. Belle épreuve du premier état, sur papier de Chine, avant les initiales *C M*, au coin du haut à droite.

1793. Tourelle de la rue de la Petite–Tixeranderie; Saint-Etienne-du-Mont et l'ancienne prison Montaigu. Deux estampes. Belles épreuves sur papier de Chine.

MEYERINGH (Albert), peintre et graveur à l'eau-forte; né à Amsterdam en 1645; mort en 1714.

1794. Le Troupeau de moutons (B. 2). Rare et très-belle épreuve tirée avant que la montagne du fond n'ait disparu.

1795. La Bourrasque (B. 15). Très-belle épreuve.

1796. Le Coup de fusil (B. 16). Très-belle épreuve.

1797. La Pêche aux écrevisses (B. 20). Très-rare et fort belle épreuve du premier état, non décrit, avant divers travaux à la gauche du devant, notamment les contre-tailles sur le tronc d'arbres et sur les pierres.

1798. Les Bergers (B. 21). Très-belle épreuve.

MEYSSENS (Jean), peintre et graveur à l'eau-forte, et marchand d'estampes; né à Bruxelles en 1612; l'année de sa mort n'est pas connue.

1799. Méléagre qui présente la hure du sanglier de Calidon à Atalante. Morceau en hauteur, d'après Pierre-Paul Rubens (Basan, 19 des sujets de la fable). Superbe épreuve.

1800. Henriette-Marie de France, reine d'Angleterre; d'après Ant. Van Dyck. Très-belle épreuve tirée avant que le nom de J. Meyssens n'ait été effacé.

MIELE (Jean), peintre et graveur à l'eau-forte; né dans un bourg à dix lieues d'Anvers en 1599; mort à Turin en 1664.

1801. Le Berger (B. 1). Très-belle épreuve.

1802. La Vieille (B. 2). Très-belle épreuve.

1803. L'Epine dans le pied (B. 3.). Très-belle épreuve, avec marge.

MITELLI (Joseph-Marie), peintre et graveur à l'eau-forte; né à Bologne en 1634; mort dans la même ville en 1718.

1804. Un saint Roi, assis sur son trône, recevant des présents et des offrandes, d'après le Guide (B. 33). Très-belle épreuve.

MOITTE (Pierre-Etienne), graveur à l'eau-forte et au burin; né à Paris en 1722; mort dans la même ville en 1780.

1805. Le Joueur de guitare, d'après J. B. Greuze. Rare et très-belle épreuve avant la lettre.

MOLYN (Pierre de) le père, peintre et graveur à l'eau-forte; né à Harlem vers 1598; l'année de sa mort n'est pas connue.

1806. Suite de quatre paysages, en largeur : au milieu du haut du premier morceau, dans un cartouche, on lit : *Pieter de Molyn fecit et excudit. Ano* 1626 (B. 1 à 4). Pièces rares. Très-belles épreuves.

MONCORNET (Balthasar), graveur et marchand d'estampes; né à Rouen en 1658; l'année de sa mort n'est pas connue.

1807. *Amador de La Porte, Grand Prieur de France, vice admiral de France, etc. Monsieur l'abbé de la Riuiere, seigneur de Petit-Bourg, conseiller du Roy en son Conseil d'Estat, etc.*

MONTAGNA (Benoît), peintre et graveur au burin; florissait à Vienne vers le commencement du XVIᵉ siècle.

1808. L'homme assis près d'un palmier (B. 28). Epreuve du premier état, avant l'adresse : *Guidetti for*, au bas de la gauche.

MONTAGNE ou de **PLATE-MONTAGNE** (Michel), peintre et graveur à l'eau-forte; né à Anvers en 1600; mort à Paris en 1660 ou 1666.

1809. La petite Marine (R.-D. 9). Deux épreuves : l'une

du premier état, avec l'adresse du graveur ; l'autre du
deuxième état, après que l'adresse a été effacée.

1810. Le vaisseau entrant dans le port (R.-D. 28). Très-
belle épreuve du premier état, avant le titre : *Vue de
l'Isle de Malthe.*

1811. Débarquement de soldats (R.-D. 29). Très-belle
épreuve du premier état, avant la lettre et la planche
réduite du haut.

Le même sujet (R.-D. 29). Belle épreuve du deuxième
état, avec le titre : *Vue du port de Palerme en Sicile.*

MONTAUT D'OLÉRON (G.....), dessinateur et graveur à l'eau-
forte, contemporain.

1812. Bacchanale, d'après Gleyre. Belle épreuve sur papier de Chine, à toutes marges.

MOOR (Charles de, *dit* Carle), peintre et graveur à l'eau-forte ;
né à Leyde en 1656 ; mort à La Haye en 1738.

1813. Jean Van Goyen, peintre. Rare et très-belle
épreuve.

1814. Le même portrait. Précieuse épreuve que l'auteur
s'est plu à laver d'encre de Chine pour lui donner plus
d'effet ; elle est à toutes marges. Très-rare.

1815. François Mieris. Très-rare et superbe épreuve du
premier état, avant la lettre et avant quelques travaux.

1816. Le même portrait. Très-belle épreuve avec la
lettre.

1817. Le même. Précieuse épreuve que le graveur a lavée à l'encre de Chine pour lui donner plus d'effet.
Très-rare.

MOREL (Antoine-Alexandre), graveur au burin ; né à Paris en
1765.

1818. Le serment des Horaces, d'après Louis David.
Très-belle épreuve avant la lettre ; seulement, les noms
d'auteurs très-légèrement tracés au pointillé ; elle est
à toute marge.

MORGENSTERN (Jean-Frédéric), dessinateur et graveur à l'eau-forte; né à Francfort-sur-le-Mein dans la dernière moitié du siècle dernier.

1819. Vieillard vu à mi-corps, portant un manteau doublé de fourrure. Morceau dans le goût de Rembrandt, d'après Dietricy. Belle épreuve.

MORIN (Jean), peintre et graveur à l'eau-forte; né à Paris au commencement du xviie siècle; mort dans la même ville vers 1666.

1820. La Vierge adorant l'Enfant-Jésus, d'après Le Titien. *Très-belle pièce* (R.-D. 15). Fort belle épreuve.

1821. La Vierge de douleurs, d'après Annibal Carrache. Très-belle pièce (R.-D. 17). Belle épreuve, avec de grandes marges.

1822. L'Adoration des bergers, d'après Ph. de Champaigne (B. 18). Très-belle épreuve.

1823. La sainte Vierge, d'après Ph. de Champaigne (B. 19). Très-belle épreuve.

1824. La sainte Face; dans la marge : *non est species ei et c* (R.-D. 24). Superbe épreuve, avec marges.

1825. Guido Bentivoglio, d'après Antoine Van Dyck (R.-D. 43). Belle pièce. Très-belle épreuve; elle porte, au verso, la signature de *P. Mariette* et la date de 1692.

1826. Théophile Brachet de la Milletière, d'après Ph. de Champaigne (R.-D. 48). Rare et très-belle épreuve, *non décrite*, avant divers travaux, notamment sur le haut de la joue gauche du personnage, du côté de l'ombre; cette place, presque blanche, s'accorde mal avec les autres parties.

Le même portrait. Très-belle épreuve de la planche terminée.

1827. Jérôme Franck, d'après son portrait peint par lui-même (R.-D. 52). Très-belle épreuve du deuxième état, avec la lettre, et les angles du cuivre arrondis.

1828. Henri de Lorraine, comte d'Harcourt, grand

écuyer de France; d'après Ph. de Champaigne (R.-D.
58). Très-belle épreuve. Cabinet Debois.

1829. Henri II, roi de France, d'après Janet (R.-D. 59).
Très-belle épreuve, à toutes marges.

1830. Corneille Janssenius, évêque d'Ypres (R.-D. 61).
Très-rare et superbe épreuve de tout premier état,
non mentionné, avant l'adresse de Baset, et avant que
la planche n'ait été nettoyée. Cabinet Debois.

1831. Louis XI, roi de France (R.-D. 63). Très belle
épreuve, avec marge.

1832. Louis XIII, roi de France, d'après Ph. de Champaigne (R.-D. 64). Très-belle épreuve.

1833. Saint François de Sales (R.-D. 73). Très-belle
épreuve.

1834. Dom Jean-Grégoire Tarrisse, général de la con-
grégation de Saint-Maur (R.-D. 75). Belle pièce.
Très-belle épreuve.

1835. Christophe de Thou (R.-D. 78). Très-belle épreuve
avec marge.

1836. Jacques Tubœuf, d'après Ph. de Champaigne (R.-
D. 80). Très-belle épreuve.

1837. Jean-Baptiste Amador de Vignerod ou de Wigne-
rod, d'après Ph. de Champaigne (R.-D. 85). Belle pièce.
Très-rare et superbe épreuve du premier état, avant la
lettre.

1838. Le même Portrait. Très-belle épreuve du deuxième
état, avec la lettre.

1839. Suite de quatre paysages en hauteur, d'après Jacques Fouquier ou Fouquières : Paysan et paysanne en
marche, le Chariot, le Cavalier, les deux Chaumières
(R.-D. 95 à 98). Très-belles épreuves.

1840. La Vieille Femme assise, d'après *C. Poelenburch*
(R.-D. 101). Très-belle épreuve tirée avant la lettre *A*
et le n° 2 sur le ciel, à gauche, et avant que les mots *et
exc.*, à la suite de *Morin sculp.*, n'aient été effacés.

3. 1841. Vestiges d'aqueduc, d'après Cl. le Lorrain (R.-D.
102). Très-belles épreuves tirées avant la lettre *B*. et
le n° 2 sur le ciel, à droite, et avant que les mots *et
excud*, à la suite de *Morin sculp.*, n'aient été effacés.

1842. Suite de quatre pièces (R.-D. 103 à 106), savoir :
La Chasse aux canards, le Bouvier près d'une mare, et
la Paysanne en marche, d'après *Fouquière ;* les Monuments romains, d'après *Corneille* (Corneille Poelen-
burgh). Superbes épreuves.

1843. Suite de deux paysages en travers, d'après Z. Fouquier ou Fouquières : Les Moissonneurs (R.-D. 107),
et Marche de paysans (R.-D. 108). Très-belles épreuves du premier état, avant l'adresse de la Vʳᵉ *de François Chereau* au milieu de la marge du bas.

MOUCHERON (Isaac), peintre et graveur à l'eau-forte ; né à
Amsterdam en 1670 ; mort dans la même ville en 1744.

1844. Vue d'un jardin. Vers la droite, trois figures près
d'un terme ; du côté opposé, deux chiens. Belle épreuve.

1845. *Enige Landschappen..... in Amsterdam.* Plusieurs paysages peints par Gaspard Poussin, à Rome ;
gravés par Isaac Moucheron, à Amsterdam. Suite de
dix pièces. Belles épreuves. Cabinet Rigal.

MOYAERT ou **MOOJAERT** (Nicolas), peintre et graveur
hollandais ; florissait dans la première moitié du xviiᵉ siècle.

1846. Mercure et Argus. Pièce rare. Belle épreuve.

1847. Bœufs, vaches et moutons dans une campagne.
Très-belle épreuve.

1848. Pâtre gardant des animaux. Très-belle épreuve.

MOYREAU (Jean), graveur à l'eau-forte et au burin ; né à Paris en 1712 ; mort dans la même ville en 1762.

1849. La Jeunesse. Dans la marge du bas, huit vers :
*Le Printemps de nos jours où l'ardente jeunesse,...
ne laisse des plaisirs qu'un triste souvenir.* Riche composition en travers d'après J. Raoux. Belle épreuve.

MOZŸN (Michel); graveur hollandais ; florissait dans le xviie siècle.

1850. Cinq jeunes femmes, un enfant et un chien au bord d'une rivière. Morceau en largeur, d'après C. Poelemburgh. Très-belle épreuve du premier état, avec l'adresse de C. Danckerts.

MULLER (Jean), graveur au burin ; né en Hollande vers 1570 ; l'année de sa mort n'est pas connue.

1851. Jean Neyen, de l'ordre de saint François ; d'après Mirevelt (B. 60). Belle épreuve.

MÜLLER (Jean-Gotthard), graveur à l'eau-forte et au burin ; né à Bernhausen, dans le Wurtemberg, en 1747 ; l'année de sa mort n'est pas connue.

1852. Jean George Wille, graveur du roi, etc. ; d'après J. B. Greuze. Très-belle épreuve à toutes marges.

MÜLLER (Henri-Charles), graveur au burin ; né à Strasbourg en 1784.

1853. L'Enlèvement de Psyché, d'après le tableau de Prud'hon, du cabinet de M. le comte de Sommariva. Épreuve avant la lettre.

1854. Camille Jordan, député du département du Rhône ; d'après Mlle Godefroi. Très-belle épreuve avant la lettre ; seulement les noms d'auteurs et la date de 1821, légèrement tracés à la pointe. Elle est à toute marge, et porte un autographe du graveur : *A monsieur Tardieu, son très-obéissant serviteur et confrère, H. Ch. Müller.*

MUNNICKHUŸSEN (Jean), graveur au burin ; né dans la Frise en 1636 ; l'année de sa mort n'est pas connue.

1855. Ferdinand, évêque de *Paderborn*. Très-belle épreuve, avec marge.

1856. Le portrait de Henri Van der Graft, d'après G. *Van Ingen*. Très-belle épreuve.

1857. Daniel Gravius, pasteur de l'église de Middelbourg. Beau portrait, d'après Z. *Blyhof.* Superbe épreuve.

MUSIS (Augustin de), dit *Augustin-Vénitien*, graveur au burin; né à Venise vers 1490; mort à Rome on ne sait en quelle année.

1858. Le sacrifice d'Abraham (B. 5). Superbe épreuve du premier état, avant l'adresse d'Antoine Salamanca. *Extrêmement rare de cette beauté.*

1859. Le Portement de croix, d'après Raphaël (B. 28). Très-belle épreuve du premier état, avec la date de 1517, qui a été remplacée depuis par celle de 1519. Cabinet Debois.

1860. La Vierge, l'Enfant-Jésus, le petit saint Jean et deux anges (B. 51). Belle épreuve, mais manquant de conservation.

1861. La Sibylle de Cumes (*), d'après Raphaël (B. 123). Superbe épreuve du premier état, avant l'adresse d'Ant. Salamanca et la retouche. Cabinet de Gérard, sculpteur.

Le même sujet. Belle épreuve avec marge, du deuxième état.

* Le rédacteur du catalogue de la vente Gérard (1843) aura sans doute cherché ce morceau parmi les sujets mythologiques, au lieu de le chercher parmi les sujets pieux. C'est ce qui explique pourquoi il annonce *la Sybille de Cumes* comme pièce non décrite par Bartsch. Voici la description que le *rédacteur* du susdit catalogue Gérard a donné de cette estampe même : *Jeune Fille, figure allégorique avec la marque A. V. 1516. Pièce non décrite, dans le goût d'Augustin Vénitien.*

1862. Iphigénie, devenue prêtresse de Diane dans la Tauride (B. 194). *Superbe épreuve du premier état,* avant l'adresse d'Ant. Salamanca. Cabinets Debois et Verstolk de Soelen.

1863. Marche de Silène (B. 240). Belle épreuve du premier état, avant l'adresse d'Ant. Salamanca.

1864. Le Paysan et la Femme aux œufs (B. 453). Cette estampe rare est une des meilleures pièces gravées par *Augustin Vénitien,* d'après *Raphaël.* Belle épreuve.

NADAT, dit *le Maître à la ratière,* dessinateur et graveur au burin; né dans la dernière moitié du XVe siècle.

1865. La Vierge et sainte Anne (B. 1). Superbe épreuve. Extrêment rare de cette beauté.

NANTEUIL (Robert), peintre au pastel et graveur au burin; né à Reims en 1630; mort à Paris en 1678.

1866. Les Quatre évangélistes (R.-D. 7). Rare et très-belle épreuve du deuxième état, avant l'inscription sur la partie pendante du tapis recouvrant la table; elle est à toutes marges.

1867. Pompone de Bellièvre, premier président au Parlement de Paris (R.-D. 56). Très-belle épreuve du premier état, avant l'inscription latine sur la tablette pratiquée au milieu du bas de la bordure.

1868. Le même portrait (R.-D. 36). Belle épreuve du deuxième état, avec l'inscription latine.

1869. Christine, reine de Suède, d'après S. Bourdon (R.-D. 67). Très-belle epreuve, avec marge.

1870. Pierre du Cambout, cardinal de Coislin (R.-D. 69). Superbe épreuve du premier état, avec l'année 1658, qui a été remplacée depuis par celle de 1664. Cabinet Rossi.

1871. Jean-Baptiste Colbert, contrôleur-général des finances; d'après Champaigne (R.-D. 71). Très-rare et superbe épreuve du premier état, avec un seul point après l'année, et avant le nombre 71. Cabinet Debois.

1872. Le même personnage, d'après un autre portrait peint par Champaigne (R.-D. 72). Belle épreuve du deuxième état, avant les changements faits depuis à la planche.

1873. Hippolyte Féret, curé de Saint-Nicolas-du-Chardonnet et grand-vicaire de Paris (R.-D. 95). Belle épreuve du premier état, avant l'inscription sur la face du socle.

1874. Nicolas Fouquet, surintendant des finances (R.-D. 98). Très-rare et fort belle épreuve du premier état, avec le mot *Missire* pour *Messire*; elle a de grandes marges. Cabinet Rossi.

1875. François Guenault, médecin de la reine (R.-D. 105). Très-belle épreuve.

1876. Loüis Hesselin, conseiller d'État, maître de la chambre aux deniers (R.-D. 110). Superbe épreuve du premier état, avant l'inscription sur la face de la console.

1877. Le même. Belle épreuve du deuxième état, avec les noms et qualités du personnage.

1878. Michel Le Tellier, ministre d'État, puis chancelier et garde-des-sceaux de France (R.-D. 130). Très-belle épreuve.

1879. Charles-Maurice Le Tellier, archevêque de Reims (R.-D. 139). Très-rare et belle épreuve, avec un seul point après l'année 1663.

1880. Jules-Paul de Lionne, abbé de Marmoutier et prieur de saint Martin-des-Champs (R.-D. 147). Très-belle épreuve du premier état, avant que l'année 1667 n'ait été enlevée.

1881. Jean Loret, poète (R.-D. 150). Rare et très-belle épreuve du deuxième état, avec le crochet à la suite de l'année 1658, mais avant la virgule après le nom *Loret*, dans le premier vers. Elle porte, au verso, la signature de *Claude-Augustin Mariette*.

1882. Louis XIV, roi de France et de Navarre (R.-D. 155). Belle épreuve du premier état, avec la date de 1664. Cabinet Debois.

1883. Louis XIV, représenté en buste, fort comme nature (R.-D. 160). Très-belle épreuve, tirée avant que l'année 1670 n'ait été effacée et remplacée par celle de 1671. Elle a de grandes marges.

1884. Louise-Marie de Gonzague, reine de Pologne, d'après *Juste* (R.-D. 164). Très-belle épreuve du deuxième état.

1885. François Mallier du Houssay, évêque de Troyes (R.-D. 167). Très-belle épreuve.

1886. Pierre de Maridat de Serrières, conseiller au grand conseil (R.-D. 168). Très-belle épreuve. Elle porte au verso la signature *P. Mariette* et la date de 1676.

1887. Jules Mazarin, cardinal, ministre d'État, d'après *Van-Mol* (R.-D. 175). Belle épreuve du premier état, avant l'incription. Cabinet Debois.

1888. Le même personnage (R.-D. 180). Très-belle épreuve du premier état, avec l'inscription : *Nanteuil ad viuum del. et sculpebat cum priuil. Regis* 1656, au milieu du bas. Elle porte, au verso, la signature de *P. Mariette* et la date de 1656. Cabinet Rossi.

1889. Le même personnage (R.-D. 186). Très-belle épreuve du deuxième état, avec l'année 1660. Elle porte, au verso, la signature *P. Mariette* et la date de 1666.

1890. Le même personnage, d'après Mignard (R.-D. 187). Superbe épreuve du premier état, avec l'inscription : *Hic est monstrorum domitor pacator et orbis* sur la face du socle.

1891. Gilles Ménage, homme de lettres (R.-D. 188). Très-belle épreuve du premier état, avant la planche réduite au buste du personnage.

1892. Edouard Molé (R.-D. 193). Très-belle épreuve.

1893. Ferdinand de Neufville, évêque de Chartres (R.-D. 204). Très-rare et superbe épreuve du premier état, avec un seul point après l'année 1664.

1894. Hardouin de Péréfixe de Beaumont, archevêque de Paris (R.-D. 214). Belle épreuve du premier état, avec l'année 1665. Cabinets Révil et Debois.

1895. Jean-François Sarrasin, homme de lettres (R.-D. 220). Rare et belle épreuve du deuxième état, avec une seule barre verticale vers le milieu de la marge.

1896. Georges de Scudéri, membre de l'Académie française (R.-D. 221). Belle épreuve du premier état, avant la planche coupée en ovale et imprimée dans la suite de Desrochers; elle a de la marge.

1897. François Servien, évêque de Bayeux, d'après *Champaigne* (R.-D. 225). Très-belle épreuve du premier état, avant l'inscription sur la face de la console.

1898. Le même. Belle épreuve du troisième état, avec les noms et qualités du personnage, et avec l'année 1657.

1899. Turenne (Henri de La Tour d'Auvergne, vicomte de), maréchal de France (R.-D. 232). Très-rare et superbe épreuve du premier état, avant aucun signe dans la marge du haut.

NATALIS (Michel), graveur au burin; né à Liège en 1609; mort en 1669.

1900. La Sainte-Famille dans un paysage, d'après S. Bourdon. Rare et belle épreuve avant la lettre.

1901. La même. Belle épreuve avec les noms du peintre et du graveur.

1902. La sainte Vierge et le jeune saint Jean, près de l'Enfant-Jésus endormi, d'après S. Bourdon. Rare et très-belle épreuve du premier état, avant la draperie ajoutée pour couvrir le sein de la sainte Vierge, et avant les armes et la dédicace à *de l'Horme Blanc Belin.*

1903. Ernestine, princeese de Ligne, comtesse de Nassau, d'après Antoine Van Dyck. Très-belle épreuve avant que l'adresse de J. Meyssens n'ait été effacée.

NATOIRE (Charles), peintre et graveur à l'eau-forte; né à Nîmes en 1700; mort à Castel-Gandolfo, près de Rome, en 1777.

1904. L'Adoration des Rois (R.-D. 1). Belle épreuve.

NEEFS (Jacques), graveur au burin; né à Anvers en 1639; l'année de sa mort n'est pas connue.

1905. Jésus amené devant Pilate, d'après *Iac. Iordaens.* Epreuve du premier état, avant que l'adresse de *Martinus vanden Enden* n'ait été effacée et remplacée par celle de *Gillis Hendricx.*

1906. Le Satyre et le paysant, d'après *Iac. Ioraaens.* Très-belle épreuve du premier état, avant que les mots *Cum Privilegio* n'aient été précédés de ceux-ci : *A. Bloteling excudit*[*].

[*] Aux épreuves du deuxième état, l'adresse d'A. Bloteling et le privilége; à celles du troisième état, les mots *A. Bloteling Excudit Cum Privilegio* ont été effacés; et le N° 12 a été gravé à la droite de la marge du bas.

NEUE ou **DE NEVE** (François de), peintre en graveur à l'eau-forte; né à Anvers vers 1625.

1907. Suite de différents paysages ornés de grandes figures : *Diane et Endymion* (B. 1); *l'Amour au bain* (B. 2); *le Chien dressé* (B. 3); *le Berger assis* (B. 4). Quatre pièces. Belles épreuves.

1908. *La Bergère jouant du tambour de basque* (B. 13); *Narcisse* (B. 14). Deux pièces. Très-belles épreuves.

NEYTS (Gilles), peintre et graveur à l'eau-forte; né en Hollande dans le xviie siècle.

1909. Le Cavalier (B. 6). Très-belle épreuve, avec marge.

NICOLLET (Bernard-Antoine), graveur à l'eau-forte; né à Paris en 1754; l'année de sa mort n'est pas connue.

1910. Le Rêve de saint Jérôme, d'après le tableau du Guerchin, qui est au Musée du Louvre. Deux belles épreuves, avec de grandes marges : la première à l'eau-forte; la deuxième terminée, mais avant toutes lettres.

1911. Milon le Crotoniate, d'après *Le Giorgione*. Belle épreuve.

NIQUET (Claude), graveur à l'eau-forte et au burin.

1912. La statue d'Apollon dans un jardin, d'après Bourdon. Très-belle épreuve avant toutes lettres; elle a de très-grandes marges.

NOEL (Joseph), peintre et graveur à l'eau-forte; né en Belgique, dans le pays Wallon; mort vers 1828, à l'âge de trente-huit ans environ.

1913. Trois Chèvres et deux Chevreaux dans une campagne. Très-rare et fort belle épreuve du premier état, avant : *K. DV IARDIN fe*, sur le ciel, vers la droite.

NOORDE (Corneille Van), dessinateur et graveur à l'eau-forte et à la manière du dessin; né à Harlem en 1731; mort dans la même ville en 1795.

1914. Portrait d'un vieillard assis, un chapeau sur la tête. Très-belle épreuve.

NOORDT (Jean Van), peintre et graveur à l'eau-forte, hollandais ; né dans le xviie siècle.

1915. Beau Paysage orné de ruines, d'après P. Lastman. Morceau rare. Très-belle épreuve du premier état, avant que le nom du peintre, celui du graveur et la date n'aient été effacés et remplacés par l'adresse de *Frédéric de Widt*.

NORBLIN (Jean-Pierre), peintre et graveur à l'eau-forte et à l'aqua-tinta ; né à Misy-Faut-Yonne, près Montereau, en 1745 ; mort à Paris en 1830.

1916. L'OEuvre de ce maître, composé de sujets d'histoire et de genre, de portraits et de têtes d'études, de figures et de paysages, au nombre de 84 morceaux, y compris cinq têtes et deux paysages qui ne sont pas dans le commerce. Très-belles épreuves ; les 77 premières sur papier de Chine ; les 7 autres sur papier ordinaire.

Nota. Il ne manque à cet œuvre que neuf pièces, pour être au grand complet, d'après le catalogue qu'en a mis en ordre et dressé M. Frédéric Hillemacher. Paris, Lacrampe et Fertiaux, 1848.

ONOFRI (Crescent), peintre et graveur à l'eau-forte ; né à Rome en 1613 ; mort à Florence en 1688.

1917. Les deux Hommes causant ensemble (B. 3). Très-belle épreuve.

1918. Les Maisons en avant de la Montagne (B. 4). Très-belle épreuve.

1919. Le Pont à deux arches (B. 5). Très-belle épreuve.

1920. Mercure et l'homme qui montre l'aigle de Jupiter. (B. 12). Très-belle épreuve.

ORSCHWILLER (Boug d'), amateur, dessinateur et graveur à l'eau-forte, sur lequel on n'a pas de données.

1921. Vue d'un pays couvert de rochers et de montagnes. Morceau en hauteur. Très-belle épreuve.

OS (Pierre-Gérard Van), peintre et graveur à l'eau-forte ; né à La Haye en 1776 ; mort il y a quelques années.

1922. Bœufs, vaches et veaux dans des prairies ; suite de six pièces. Au premier morceau, à droite, sur un vieux mur, le titre : *P. G. Van Os fec. A° 1798*. Très-bel-

les épreuves avant le trait carré renforcé et la lettre.
Cabinet Duriez de Lille.

1923. La même suite. Belles épreuves avec le trait carré
renforcé et le titre.

OSTADE (Adries van), peintre et graveur à l'eau-forte; né à
Lubeck en 1610; mort à Amsterdam en 1685.

1924. Ostade vu à mi-corps, dirigé vers la gauche; il est
en perruque et en manteau. Morceau en manière noire,
d'après C. Du Sart, par J. Gole. Belle épreuve.

1925. Le titre de l'œuvre gravé du maître, en huit lignes,
quatre en hollandais et quatre en français. Deux
épreuves :

La première, avec *'t Werck compleet, van den vermaarde
Schilder ADRIAAN van OSTADE, alles door
hem selfs geinventeert en géest. OEuvres completes,
D'ADRIAN de OSTADE, peintre celebre Inventées
et Gravées par luy-même. Rare.*

La deuxième, avec *'t Werck complet, van den vermaarde
Schilder ADRIAAN van OSTADE, door hem selfs
geinventeert en geest. OEuvre complet, D'ADRIEN
van OSTADE, peintre célebre Inventé et Gravé par
luy-même.*

1926. Paysan avec une petite toque noire (B. 1). Deux
épreuves :

La première, avant le trait carré et les initiales du maître.
Cabinet Debois.

La deuxième, avec le trait carré et les initiales.

Paysanne qui rit (B. 2). Deux épreuves :

La première, avant le trait carré et les initiales du maître.
Cabinet Debois.

La deuxième, avec le trait carré et les initiales.
Quatre estampes.

Paysan avec un bonnet pointu (B. 3). Quatre épreuves :

1927. La première, avant le travail très-serré à la pointe
sèche, dans les parties ombrées, produisant l'effet de la
manière noire; elle est d'un ton gris et presque uniforme. Rare.

14.

1928. La deuxième, avec l'effet de la manière noire, notamment au bonnet; mais avant les contre-tailles sur le haut des épaules. Rare et belle. Cabinets Robert-Dumesnil et Verstolk de Soelen.

1929. La troisième, avec le scontre-tailles sur les épaules, pour mieux détacher la fraise que le personnage a autour du cou; mais avant les travaux faits depuis à la planche.

La quatrième, avec les travaux additionnels au bonnet, à l'épaule et au visage; la lèvre supérieure est couverte de tailles diagonales.

Paysan qui rit (B. 4). Quatre épreuves :

1930. La première, avec le fond couvert de tailles triples et quadruples. Très-rare et fort belle.

1931. La deuxième, après que le fond a été effacé; mais avant le trait carré renforcé et les initiales du maître. Très-belle.

1932. La troisième, avec le trait carré renforcé et les initiales du maître, mais avant les travaux faits depuis à la planche.

La quatrième, avec les travaux additionnels au burin, notamment à la joue droite et aux cheveux du personnage.

Le Fumeur; planche ovale (B. 5). Deux épreuves :

1933. La première, avant le travail très-serré à la pointe sèche, produisant l'effet de la manière noire. Rare et très-belle.

1934. La deuxième, avec le travail produisant l'effet de la manière noire, notamment sur le pot à feu. Très-belle.

NOTA. Aux épreuves qu'on rencontre ordinairement de cet état, le travail à la pointe sèche, ayant l'aspect de la manière noire, a presque entièrement disparu; elles sont sèches et sans effet.

1935. Le Fumeur riant (B. 6). Belle épreuve.

Paysan sonnant du cor (B. 7). Quatre épreuves :

1936. La première avant le travail très-serré à la pointe sèche, produisant l'effet de la manière noire. Rare et belle.

1937. La deuxième avec l'effet de la manière noire; mais avant la cinquième taille sur le fond, au-dessous du bras droit du personnage. Très-belle.

1938. La troisième avec la cinquième taillé sur le fond, mais avant les derniers travaux.

La quatrième, avec les travaux additionnels; le bas de la poitrine est couvert de tailles horizontales gravées au burin.

Le Vielleur (B. 8). Trois épreuves :

1939. La première avant que le trait carré n'ait été renforcé. Très-rare et superbe. Cabinet Verstolk de Soelen.

1940. La deuxième avec le trait carré renforcé, mais avant les travaux additionnels. Belle.

La troisième avec des tailles ajoutées depuis au burin, sur la vielle et au-dessous du bras du personnage.

L'Homme appuyé sur le bas de sa porte (B. 9). Deux épreuves :

1941. La première avant le léger travail à la pointe sèche sur l'épaisseur du châssis de la porte de la cave. Rare et très-belle.

1942. La deuxième avec le travail de pointe sèche. Très-belle.

Nota. Le travail à la pointe sèche, sus-mentionné, a presque entièrement disparu dans les épreuves qu'on rencontre ordinairemet de cet état.

Le Fumeur à la fenêtre (B. 10). Trois épreuves :

1943. La première avant divers travaux ajoutés depuis au burin, principalement au bonnet et au front du personnage. Belle.

1944. La deuxième du même état que la précédente, mais imprimée en rouge. Rare.

1945. La troisième avec les travaux additionnels; le dessous du bonnet a des tailles diagonales montant de gauche à droite.

1946. La Tendresse champêtre (B. 11). Deux épreuves :

La première avant nombre de travaux à la pointe sèche et au burin, exécutés en différentes fois; le chapeau de l'homme se détache à peine du fond. Rare et belle. Cabinet Six.

La deuxième avec tous les travaux faits depuis à la planche; la poitrine de la femme présente des tailles diagonales, en sens inverse, exécutées au burin.

L'Homme et la Femme causant ensemble (B. 12). Quatre épreuves :

1947. La première avant le travail très-serré à la pointe sèche, produisant l'effet de la manière noire. Rare et très-belle. Cabinets Robert-Dumesnil et Verstolk de Soelen.

1948. La deuxième avec le travail très-serré à la pointe sèche; mais avant que le trait carré, très-légèrement exprimé, n'ait été rentré au burin. Belle.

1949. La troisième avec le trait carré renforcé, mais avant les travaux faits depuis à la planche. Au dos de la femme, près de son bras gauche, il y a une tache noire comme, du reste, dans les états précédents.

La quatrième avec les travaux additionnels; la tache a disparu sous les tailles et contre-tailles gravées au burin.

Les Fumeurs. (B. 13). Trois épreuves :

1950. La première avant le trait carré. Très-rare et fort belle.

1951. La deuxième avec le trait carré; mais avant les contre-tailles sur le coin du manteau de la cheminée. Belle.

La troisième terminée.

La Mère et les deux enfants (B. 14). Trois épreuves :

1952. La première, avant le travail très-serré à la pointe sèche, produisant l'effet de la manière noire ; les ombres sont plus transparentes que dans l'état suivant, notamment devant le tablier de la jeune fille. Rare et belle. Cabinet Six.

1953. La deuxième, avec le travail à la pointe sèche ; mais avant les contre-tailles au-dessus du bras droit de la mère. Belle.

La troisième avec les travaux additionnels.

La Cruche vide (B. 15). Quatre épreuves :

1954. La première, avant le travail très-serré à la pointe sèche, produisant l'effet de la manière noire ; le bonnet de l'homme debout au fond, est d'une teinte presque uniforme ; elle porte, au verso, la signature de *P. Mariette* et la date de 1670. Rare et belle.

1955. La deuxième, avec l'effet de la manière noire, mais avant divers travaux faits depuis en différentes fois ; le bonnet a un coup de lumière du haut en bas.

1956. La troisième, avec le quatrième pied de la table fortement exprimé ; mais avant les derniers travaux, notamment les tailles perpendiculaires sur le fond à gauche.

La quatrième, avec les travaux additionnels.

1957. La Poupée demandée (B. 16). Deux épreuves :
La première, avant les travaux ajoutés entre les tailles diagonales au bord gauche supérieur. Belle.

La deuxième, terminée.

L'École (B. 17). Trois épreuves :

1958. La première, à l'eau-forte pure ; le bras droit du magister se détache peu du fauteuil. Très-belle.

1959. La deuxième, avec le travail à la pointe sèche,

produisant l'effet de la manière noire; mais avant les travaux faits depuis au burin. Très-belle.

La troisième, avec les travaux additionnels; le fond a des ombres très-tranchantes.

Le Coup de couteau (B. 18). Trois épreuves :

1960. La première, avant le travail très-serré à la pointe sèche, produisant l'effet de la manière noire; la jambe de l'homme qui tient à la main son bonnet et le côté droit du tonneau ne se distinguent pas du fond. Très-rare et fort belle.

1961. La deuxième, avec l'effet de la manière noire; mais avant divers travaux faits depuis à la planche, notamment les tailles diagonales sur la partie ombrée du dos de l'homme qui cherche à retenir un des combattants. Belle.

La troisième, avec les travaux additionnels.

Les Harangueurs (B. 19). Quatre épreuves :

1962. La première avant divers travaux, et avant que ceux qui touchent le trait carré inférieur n'aient été ébarbés. Très-rare et superbe.

1963. La deuxième, avec les travaux ébarbés; mais avant la pointe sèche, produisant l'effet de la manière noire, notamment sur la partie ombrée du pot. Belle.

1964. La troisième, avec la manière noire; mais avant le trait échappé sur le nez de l'homme appuyé contre le montant de la croisée. Belle.

1965. La quatrième, avec le trait échappé; mais avant des tailles circulaires sur le bonnet du même personnage, et autres travaux faits depuis à la planche; à cette épreuve, la marge du bas est coupée.

1966. Gueux au dos courbé (B. 20). Deux épreuves avec la tache d'eau-forte, plus ou moins marquée au coin du bas de la droite.

Gueux debout, les mains derrière le dos (B. 21). Quatre
épreuves :

1967. La première, avant le trait carré. Très-rare. Cabinet Verstolk de Soelen.

1968. La deuxième, avec le trait carré; mais avant le
travail à la pointe sèche, produisant l'effet de la manière noire, sur le haut de la veste, le bras droit et les
souliers du personnage. Rare. Cabinet Six.

1969. La troisième, avec la manière noire, mais avant
les travaux repris au burin dans les ombres. Belle.

La quatrième, avec les travaux ajoutés au burin, notamment au cou et derrière le pied droit du personnage.

Gueux enveloppé d'un manteau (B. 22). Deux épreuves :

1970. La première, avant le travail à la pointe sèche,
produisant l'effet de la manière noire, principalement
sur l'épaule droite et à l'ombre portée par les pieds du
personnage. Belle. Cabinet Robert-Dumesnil.

1971. La deuxième, avec le travail à la pointe sèche;
mais avant quelques travaux ajoutés au burin à l'ombre portée par le pied droit. Belle.

La Grange (B. 23). Quatre épreuves :

1972. La première, avant les contre-tailles à la partie
ombrée de la poutre, et avant que l'ombre portée par
le tas de bottes de paille n'ait été fortifiée au burin.
Très-rare et belle, mais remargée au trait carré.

1973. La deuxième, avec le trait carré rentré au burin et
les contre-tailles sur la poutre; mais avant le travail
très-serré à la pointe sèche, produisant l'effet de la
manière noire, dans les parties ombrées au bas de la
droite. Rare et très-belle. Cabinet Brisart, de Gand.

1974. La troisième, avec la manière noire; mais avant
les travaux raccordé au-dessus du dos de la femme.
Belle.

La quatrième, avec les travaux additionnels.

Homme et femme marchant ensemble (B. 24). Quatre épreuves :

1975. La première, avant le trait carré. Très-rare et superbe. Cabinet Verstolk de Soelen.

1976. La deuxième, avec le trait carré, et avec la main droite et le tablier de l'homme mal indiqués : il y a des lacunes dans le contour. Très-rare et fort belle.

1977. La troisième, avec la main droite et le tablier de l'homme mieux exprimés; mais avant les derniers travaux ajoutés dans les ombres.

La quatrième, avec les travaux repris au burin dans les ombres, notamment au-dessous du bras droit de la femme.

Le Fumeur et le buveur (B. 24 a). Quatre épreuves :

1978. La première, à l'eau-forte pure, d'un ton très-clair; le pied droit du fumeur se détache peu du fond. Très-rare et belle.

1979. La deuxième, avec le travail très-serré à la pointe sèche, produisant l'effet de la manière noire; mais avant que le trait carré, légèrement indiqué, n'ait été fortement rentré au burin. Belle.

1980. La troisième, avec le trait carré renforcé, mais avant les travaux additionnels : le mur derrière le buveur est d'une vigueur qui s'accorde mal avec les autres parties.

La quatrième, avec les travaux ajoutés au burin, principalement au plafond et au mur où est la fenêtre.

La Dévideuse à la porte de sa maison (B. 25). Trois épreuves :

1981. La première, avant le travail très-serré à la pointe sèche, produisant l'effet de la manière noire, notamment à l'intérieur de la maison. Très-rare et fort belle. Cabinet Six.

1982. La deuxième, avec la manière noire; mais avant

les travaux raccordés au-dessus du genou gauche de la
femme. Très-belle.

La troisième avec les travaux raccordés par des tailles et
contre-tailles.

Les Pêcheurs (B. 26). Trois épreuves :

1983. La première avant le travail très-serré à la pointe
sèche, produisant l'effet de la manière noire, sur le
premier plan près de la souche. Très-rare et superbe.
Cabinet Six.

1984. La deuxième avec la manière noire ; mais avant
que le trait carré n'ait été renforcé au burin. Belle.

La troisième avec le trait carré renforcé. Plus, la copie,
en contre-partie, par Louis Marvy.

Le Savetier (B. 27). Trois épreuves :

1985. La première avant la continuation de la treille sur
les arbres, devant le pignon de la maison à droite, et
avec les traces du brunissoir dans la marge du bas, près
du trait carré.

1986. La deuxième après la disparition des traces du
brunissoir, mais avant la continuation de la treille.

1987. La troisième terminée, avec la continuation des
feuilles de vigne jusqu'au trait carré du côté gauche.

Les trois Figures grotesques (B. 28). Quatre épreuves :

1988. La première à l'eau-forte pure, avant le trait carré
Très-rare. Cabinet Verstolk de Soelen.

1989. La deuxième avec le trait carré, mais avant le
travail très-serré à la pointe sèche, produisant l'effet
de la manière noire. Rare.

1990. La troisième avec la manière noire, mais avant
divers travaux faits depuis à la planche. Belle.

La quatrième avec les travaux additionnels ; il y a l'indication d'une montagne dans le fond à droite.

Le Marchand de lunettes. (B. 29). Cinq épreuves :

1991. La première à l'eau-forte pure, d'un léger effet ; le trait carré est très-finement indiqué. Très-rare.

1992. La deuxième avec quelques travaux ajoutés pour donner à la planche plus d'effet, et avec le trait carré rentré au burin, mais avant le travail très-serré à la pointe sèche, dans le goût de la manière noire. Rare et très-belle. Cabinet Six.

1993. La troisième avec la manière noire, mais avant divers travaux exécutés depuis en différentes fois, notamment les contre-tailles horizontales sur l'ouverture de la cabane à porcs.

1994. La quatrième avec les contre-tailles horizontales sur l'ouverture de la cabane, mais avant les travaux additionnels.

La cinquième avec les retouches au burin ; l'angle de la balle du mercier, du côté de la femme, se détache durement sur le fond.

La Chanteuse (B .30). Trois épreuves :

1995. La première avant le travail très-serré à la pointe sèche, produisant l'effet de la manière noire ; la porte se détache peu du fond. Très-rare et superbe .Cabinet Saint.

1996. La deuxième avec l'effet de la manière noire, mais avant divers travaux faits depuis en différentes fois. Très-belle.

La troisième avec les travaux additionnels ; le mur à gauche est couvert de contre-tailles au burin, allant jusqu'au trait carré.

1997. La Fileuse (B. 31). Deux épreuves :

La première avec le trait carré très-légèrement exprimé, et avant grand nombre de travaux exécutés en différentes fois ; il n'y a pas de tailles diagonales sous le ventre du cochon couché. Très-rare et belle, mais coupée près du trait carré.

La deuxième avec les travaux additionnels et le trait carré renforcé.

Le Peintre (B. 32). Quatre épreuves :

1998. La première, où le peintre est coiffé d'un bonnet de forme élevée, et avec le mot *Auferet* écrit *Auferret*. Extrêmement rare et superbe. Cabinet Verstolk de Soelen.

1999. La deuxième avec la faute corrigée, le mot *Auferret* étant écrit avec un seul *r*, mais avant que le bonnet du peintre n'ait été diminué de hauteur. Très-rare et fort belle.

2000. La troisième avec le bonnet diminué et teinté du côté de la lumière, mais avant beaucoup de travaux faits depuis en différentes fois, principalement le travail très-serré à la pointe sèche, produisant l'effet de la manière noire. Rare et très-belle.

2001. La quatrième avec les travaux additionnels ; le bas du montant qui soutient l'escalier est couvert de tailles perpendiculaires.

Le Père de famille (B. 33). Trois épreuves :

2002. La première avant que le trait carré n'ait été renforcé. Très-rare et fort belle.

2003. La deuxième avec le trait carré renforcé, mais avant que l'ombre d'un des pieds de la chaise n'ait été rentrée au burin.

2004. La troisième avec le travail additionnel ; il y a de petites tailles perpendiculaires sur le pied de la chaise qui est au dessous du linge.

Le Bénédicité (B. 34). Trois épreuves :

2005. La première avant les changements ; le paysan est tête nue. Très-rare et superbe, mais remargée au trait carré.

2006. La deuxième, où le paysan est coiffé d'une calotte, mais avant que le mur, derrière sa tête, n'ait été rac-

cordé, et avant les troisièmes tailles sur la partie re-
flétée du fond, entre la seconde échelle et le manteau
de la cheminée. Belle.

3. 2f. 2007. La troisième avec les travaux additionnels; le
mur derrière la tête du paysan est raccordé.

Guich. 116. 2008. L'Epouilleuse (B. 35). *Pièce rare.* Très-belle
épreuve. Cabinet Debois.

L'émouleur (B. 36). Trois épreuves:

Clement. 36. 2009. La première, avec le trait carré légèrement exprimé et avant le travail très-serré à la pointe sèche,
produisant l'effet de la manière noire; les ombres sont
transparentes. Très-belle.

19. 2010. La deuxième, avec la manière noire dans les parties ombrées, notamment au-dessous du bras gauche
du rémouleur, mais avant que le trait carré n'ait été
renforcé au burin. D'une grande vigueur de ton.

La troisième, avec le trait carré renforcé.

L'Homme conversant avec la Femme (B. 37). Quatre
épreuves:

Guich. 50 2011. La première, à l'eau-forte pure, avant que partie
du contour du chapeau, du manteau et de la jambe
droite de l'homme n'ait été indiquée. Très-rare et fort
belle.

Clement. 18 2012. La deuxième, avec le contour entier du chapeau,
du manteau et de la jambe droite de l'homme, mais
avant que le trait carré, très-légèrement tracé, n'ait
été renforcé. Très-belle.

Lairelet. 16.50 2013. La troisième, avec le trait carré renforcé et le
puits à bascule mieux exprimé, mais avant les contre-
tailles sur la cuisse de l'homme, au-dessous de son
manteau. *Rare.*

La quatrième, avec les travaux additionnels.

Les Musiciens ambulants (B. 38). Cinq épreuves:

2014. La première, avant que le trait carré, très-légèrement indiqué, n'ait été renforcé. Très-rare et superbe.
Cabinet Six.

2015. La deuxième, avec le trait carré renforcé, mais
avant les deux éraillures, l'une devant le jeune garçon
battant du tambourin, l'autre sur le banc. Rare et superbe. Cabinet Verstolk de Soelen.

2016. La troisième, avec les deux éraillures, mais avant
le travail de pointe sèche, produisant l'effet de la manière noire, sur le genou droit du joueur de hautbois.
Belle.

2017. La quatrième, avec le travail de pointe sèche,
mais avant que le coin du haut de la droite n'ait été
terminé au burin. Très-belle.

La cinquième, avec le coin terminé; les tailles diagonales vont jusqu'au trait carré.

Nota. Aux deux dernières épreuves les deux éraillures ont disparu.

Le Trictrac (B. 39). Quatre épreuves :

2018. La première, avant le travail très-serré à la pointe
sèche, produisant l'effet de la manière noire, et avant
le fond éclairé derrière le spectateur debout ; le dossier du fauteuil ne se détache pas du mur. Très-rare et
superbe. Cabinet Six.

2019. La deuxième, avec la manière noire, mais avant
que le fond n'ait été couvert de nouveaux travaux ; le
dossier du fauteuil se détache en vigueur sur le mur.

La troisième, avec les travaux additionnels dans le fond et
avec le reflet de lumière sur le pot placé sur un rayon,
mais avant la taille perpendiculaire sur la tablette
d'ardoise pendue au mur. Très-belle.

La quatrième, avec la taille perpendiculaire sur la tablette, à gauche et à droite; le reflet de lumière sur le
pot est à peine sensible.

Les deux Commères (B. 40). Deux épreuves :

2020. La première, avant le trait échappé sur le bras

gauche de la vieille qui est à droite. Très-belle. Cabinet Six.

2021. La deuxième, avec le trait échappé. Belle.

Le Charcutier (B. 41). Quatre épreuves :

2022. La première, à l'eau-forte pure, d'un ton clair ; une partie du ciel est blanche et la bordure légèrement indiquée. Très-rare.

2023. La deuxième, avec divers travaux ajoutés pour lui donner plus d'effet et avec la bordure renforcée au burin, mais avant que le large reflet de lumière sur le paysan debout, à gauche, n'ait été diminué. Très-rare et superbe. Cabinet Verstolk de Soelen.

2024. La troisième, avec le reflet de lumière diminué sur le paysan debout, mais avant les travaux faits depuis, notamment la taille horizontale sur le poteau qui soutient la treille. Très-belle.

La quatrième, avec les travaux additionnels.

Le Paysan payant son écot (B. 42). Quatre épreuves :

2025. La première, avant des tailles diagonales ajoutées depuis sur plusieurs parties du fond, notamment entre l'homme assis près du feu et le manteau de la cheminée. Très-rare et fort belle.

2026. La deuxième, avec les tailles diagonales au-dessus de l'homme assis près du feu, mais avant le travail très-serré à la pointe sèche, produisant l'effet de la manière noire ; les parties ombrées, surtout celles de devant, à gauche, sont transparentes. Rare et belle.

2027. La troisième, avec la manière noire, mais avant les tailles perpendiculaires au-dessous du banc, derrière la femme. Belle.

La quatrième, avec les travaux additionnels, mais avant la pagination, dans la marge du bas, qui a été effacée dans les épreuves du dernier état.

Le Charlatan (B. 43). Quatre épreuves :

2028. La première, à l'eau-forte, avant la bordure et les changements ; on voit dans le fond, à gauche, un homme et un jeune garçon en marche, et au-delà une chaumière. Très-rare et fort belle.

2029. La deuxième, avec le trait autour de la composition, et avec un groupe de quatre enfants substitué à l'homme et au jeune garçon en marche ; mais avant divers travaux faits depuis en différentes fois, premièrement le travail très-serré à la pointe sèche, produisant l'effet de la manière noire. Rare et très-belle.

2030. La troisième, avec une grande partie seulement du travail très-serré à la pointe sèche ; le pot, entre les jambes du charlatan et le tonneau, se distingue à peine. Très-rare et fort belle.

La quatrième, avec les travaux additionnels ; les arbres du fond, très-légers dans les précédentes, sont dans celle-ci retravaillés à l'eau-forte trop cruement.

Le Joueur de violon bossu (B. 44). Deux épreuves :

2031. La première, avant divers travaux faits depuis en différentes fois, notamment le travail très-serré à la pointe sèche, produisant l'effet de la manière noire. Très-belle.

2032. La deuxième, avec les travaux additionnels ; il y a des tailles ajoutées au burin sur le seau suspendu au dessus du puits.

Le Violon et le petit Vielleur (B. 45). Quatre épreuves :

2033. La première, avant grand nombre de travaux, principalement les contre-tailles diagonales sur l'homme assis devant la porte de la maison, et sur le terrain entre cet homme et le tonneau. Très-rare et fort belle ; elle porte, au verso, la signature de *P. Mariette* et la date de 1668.

2034. La deuxième, avec les contre-tailles diagonales ; mais avant le travail très-serré à la pointe sèche, pro-

duisant l'effet de la manière noire, dans les parties
ombrées. Rare.

2035. La troisième, avec la manière noire; mais avant
les travaux faits depuis à la planche. Très-belle.

2036. La quatrième, avec les travaux additionnels;
l'ombre de la tour est formée de tailles serrées gravées
au burin.

La Famille (B. 46). Quatre épreuves :

2037. La première, à l'eau-forte pure; les trois degrés
de l'escalier, au milieu du fond, sont presque entièrement blancs, et le trait carré est très-légèrement indiqué. Très-rare et fort belle. Cabinet Debois.

2038. La deuxième, poussée à l'effet, avec le trait carré,
renforcé au burin; mais avant le travail très-serré à la
pointe sèche, ayant l'aspect de la manière noire; il n'y
a pas de tailles perpendiculaires sur le devant à gauche. Rare et très-belle; elle a une petite tache gri-
sâtre.

2039. La troisième, avec la manière noire; mais avant
que les parties ombrées n'aient rentrées au burin.

2040. La quatrième, avec les travaux additionnels; la
partie du mur, entre le lit et la fenêtre, est couvertes
de tailles horizontales gravées au burin.

La Fête sous la treille (B. 47). Quatre épreuves :

2041. La première, avant grand nombre de travaux,
notamment les contre-tailles sur le pignon de la troisième maison, derrière la femme qui danse, et avant
que le trait carré n'ait été renforcé au burin. Très-rare
et fort belle.

2042. La deuxième, avec le trait carré renforcé et poussée à l'effet; mais avant la légère teinte à la pointe
sèche, dans les parties ombrées, et avant que les travaux devant le bras du petit enfant debout, entre la
femme assise et le panier renversé, n'aient été raccordés. Rare et très-belle. Cabinet Wolterbeck.

2043. La troisième, avec la teinte de pointe sèche et le raccord devant le bras de l'enfant ; mais avant que les travaux à droite, sur le terrain et sur le cochon, n'aient été rentrés au burin. Belle.

2044. La quatrième, avec les travaux additionnels ; les tailles et les contre-tailles vont jusqu'au trait carré de droite.

La Fête sous le grand arbre (B. 48). Trois épreuves :

2045. La première, avant que les traits diagonaux, au-dessus de l'arbre qui est devant le clocher, n'aient été effacés. *Extrêmement rare et superbe.* Cabinet Verstolk de Soelen.

2046. La deuxième, après les traits diagonaux effacés ; mais avant que deux éraillures perpendiculaires sur le ciel, entre le gros arbre et la chaumière n'aient disparu. Belle.

2047. La troisième, après la disparition des éraillures.

La Danse au cabaret (B. 49). Trois épreuves :

2048. La première, avant le travail très-serré à la pointe sèche, produisant l'effet de la manière noire, et avant que les bords de la planche n'aient été nettoyés. Très-rare et superbe. Cabinet Verstolk de Soelen.

2049. La deuxième, avec la manière noire ; mais avant que l'angle du haut, à droite, n'ait été terminé. Belle.

2050. La troisième, avec l'angle terminé, et avec partie du trait carré de droite et de celui du haut rentrée au burin.

Le Goûté (B. 50). Six épreuves.

2051. La première avant grand nombre de travaux, principalement la double contre-taille sur la porte de la cave, l'une horizontale, l'autre diagonale, et avant les deux vers de Tibulle : .... *Securæ reddamus tempora mensæ ; Venit post multos una serena dies.* Extrê-

mement rare et superbe; elle est de la plus grande
fraîcheur.

2052. La deuxième avec les travaux horizontaux et diagonaux sur la porte de la cave, et le trait carré rentré
au burin; mais avant la contre-taille perpendiculaire
sur le coussin du siége à dossier rond, derrière l'homme
debout, le verre à la main; le bonnet de la petite fille
est du même ton que son visage. Très-rare et fort belle;
la marge du bas est coupée.

2053. La troisième avec la contre-taille perpendiculaire
sur le coussin; mais avant le travail très-serré à la
pointe sèche, produisant l'effet de la manière noire.
Rare et belle. Cabinet Six.

2054. La quatrième avec l'effet de la manière noire, mais
avant les travaux faits depuis en différentes fois; notamment la contre-taille diagonale sur le montant du
châssis de la porte d'entrée de la maison. Belle; elle a
quelques petites taches d'huile.

2055. La cinquième avec la contre-taille diagonale sur
le montant du châssis de la porte; mais avant que la
planche n'ait été retravaillée, dans toutes ses parties;
le paquet d'herbes suspendu au plancher est à peine
visible. Rare.

2056. La sixième avec les travaux additionnels; la cor-
beille, au-dessus de l'échelle, se détache en clair sur le
fond.

2057. Le Paysan lâchant de l'eau au pied d'un gros arbre; au bas du terrain, à gauche : *A.. O. S.* Pièce en
hauteur, mentionnée dans le catalogue Rigal.

2058. Intérieur de chambre, où un fumeur et une fumeuse sont assis près d'un tonneau renversé, etc. Morceau cité par Bartsch, à la suite de l'œuvre d'Ostade.
Belle épreuve.

OVERBEEK (Leindert), dessinateur et graveur à l'eau-forte;
né à Lubeck, dans le siècle dernier.

2059. Suite de six beaux paysages en hauteur, ornés la

plupart de figures et d'animaux. Très-belles épreuves ;
quatre sont avant le nom du maître et le numéro.

PAS, PASS ou **PASSE** (MAGDELAINE DE), graveur au burin ;
elle est née à Utrecht en 1583 ; l'année de sa mort n'est pas
connue.

2060. Latone métamorphosant en grenouilles des paysans, qui lui avaient refusé de l'eau pour étancher sa
soif ; d'après *A. Elsheimer*. Très-belle épreuve.

PASQUALINI (JEAN-BAPTISTE), graveur au burin ; né à Cento,
près de Bologne, vers 1600 ; l'année de sa mort n'est pas
connue.

2061. Saint Jérôme croyant entendre la trompette de
l'ange qui l'appelle au jugement universel, d'après le
Guerchin. Très-belle épreuve.

PASSARI (BERNARDIN), dessinateur et graveur à l'eau-forte ;
florissait à Rome dans la deuxième moitié du XVIᵉ siècle.

2062. La sainte Famille (B. 70). Belle pièce en hauteur.
Superbe épreuve.

PATER (JEAN-BAPTISTE), peintre et graveur à l'eau-forte ; né à
Valenciennes en 1695 ; mort en 1736.

2063. Réunion de plusieurs personnages, hommes et
femmes ; les uns assis à terre, les autres debout. Morceau en largeur, exécuté avec beaucoup d'esprit et de
légèreté, sans nom d'auteur. Très-rare. Belle épreuve
sur laquelle, au bas de la gauche, une main presque
contemporaine a écrit à la plume : *Gravé et inv. par
Pater*.

PEDRETTI (.....), graveur à l'eau-forte et au burin ; né en Italie, résidant à Paris.

2064. *Mansart (Jules-Hardouin), architecte*, 1708.
Claude Perrault, médecin et architecte, 1688. Deux
portraits gravés sur la même planche, d'après Philippe de Champagne. Belle épreuve sur papier de
Chine.

PEETERS (BONAVENTURE), peintre et graveur à l'eau-forte ; né
à Anvers en 1614 ; mort dans la même ville en 1652.

2065. Petite marine : à droite, un fort ; vers la gauche,

234

une barque à voile, au bas de ce côté, les lettres *B, P.*
et au-dessous, dans la marge, l'adresse de Jean Meyssens. Morceau rare. Très-belle épreuve.

PENCZ (GEORGES),peintre et graveur au burin ; né à Nuremberg
vers 1500 ; mort à Breslau en 1550.

2066. Job persécuté par sa femme et par ses amis (B. 7).
Belle épreuve.

2067. Jésus-Christ entouré des petits enfants (B. 56).
Très-belle épreuve.

2068. Procris tuée par Céphale (B. 73). Très-belle
épreuve.

2069. Artémise faisant mettre dans sa boisson les cendres de son mari (B. 83). Très-belle épreuve.

2070. Virginius poignardant sa fille (B. 84). Très-belle
épreuve.

2071. Le même sujet. Epreuve un peu moins belle que
la précédente.

2072. La prise de Carthage (B. 86). Rare et superbe
épreuve du premier état, avant l'adresse d'*Ant. Salamanca.*

2073. La rivière passée à gué (B. 94). Très-belle
épreuve.

1074. Le Juge (B. 95). Belle épreuve.

2075. Les sept arts libéraux : la Grammaire (B. 110);
la Dialectique (B. 111); la Rhétorique (B. 112); l'Arithmétique (B. 113); la Musique (B. 114); la Géométrie (B. 115); l'Astrologie (B. 116). Superbes épreuves.

2076. Les six Triomphes décrits par Pétrarque (B. 117
à 122). Très-belles épreuves.

PERELLE (ADAM), dessinateur et graveur à l'eau-forte; né à
Paris vers le milieu du XVIIᵉ siècle.

2077. *Recueille des plus belles veües des Maisons Royale
de France, Designé et gravé par Perelle. Se vendent*

à Paris chez de Poilly, rue St-Jaques à la belle image.
129 pièces, y compris le titre, en un volume oblong
cartonné.

PERRIER (François), peintre et graveur à l'eau-forte; né à Mâ-
con vers 1590; mort à Paris en 1650.

2078. Saint Roch guérissant les pestiférés (R.-D. 10).
Très-rare et superbe épreuve antérieure au premier
état décrit; elle est avant toute adresse, et avant le
mot : *Christianissimi*, à la suite du mot *Regis*.

2079. Le même sujet. Belle épreuve du deuxième état
décrit, avec l'adresse de P. Mariette substituée à celle
de J. Le Blond.

2080. Portrait de Simon Vouët, premier peintre de
Louis XIII (R.-D. 12). Très-belle épreuve, avec marge;
elle porte, au verso, la signature de *Claude-Augustin
Mariette* et la date de 1694.

PERSYN (Regnier de), graveur au burin; né en Hollande dans
le XVIIᵉ siècle.

2081. Portrait de Balthasar, comte de Castiglione, d'a-
près Raphaël d'Urbin. Très-belle épreuve.

PESNE (Jean), peintre et graveur à l'eau-forte et au burin;
né à Rouen en 1623; mort à Paris en 1700.

2082. Portrait de Louis Le Conte, sculpteur (R.-D. 4).
Rare. Très-belle épreuve, avec de grandes marges.

2083. Portrait de Nicolas Poussin (R.-D. 6). Superbe
épreuve du premier état, avant l'adresse d'Audran, et
avant que la planche n'ait été entièrement terminée;
elle porte, au verso, la signature de *P. Mariette* et la
date de 1683.

2084. Le même portrait. Belle épreuve du troisième
état (*deuxième décrit*), avec l'adresse d'Audran.

2085. Le Ravissement de saint Paul, d'après N. Poussin
(R.-D. 12). Très-rare et fort belle épreuve du premier
état, avant la retouche et avant la répétition du nom
de *Le Blond*, sur le ciel.

2086. Le même sujet. Belle épreuve du dernier état.

2087. La Charité romaine, d'après N. Poussin (R.-D. 13). Belle épreuve.

2088. L'Adoration des Bergers, d'après N. Poussin (R.-D. 15). Très-belle épreuve avec l'adresse de Hallier, qui nous paraît avoir été le premier des trois éditeurs qui ont publié cette planche.

2089. La grande sainte Famille servie par les anges, d'après N. Poussin (R.-D. 16). Rarissime et très-belle épreuve, sinon unique, avant toutes lettres et avant que les travaux qui ombrent le visage de la femme qui marche, à gauche sur le second plan, n'aient été ébarbés; ce qui fait ressembler cette femme à une négresse. Cabinets Gérard et Debois.

2090. La mort de Saphire (R.-D. 19). Rare et très-belle épreuve du premier état, avant l'adresse de P. Drevet, et avant les changements faits aux inscriptions, de chaque côté du titre. Cabinet Debois.

2091. Le Testament d'Eudamidas, d'après N. Poussin (R.-D. 29). Rare épreuve du premier état, avant des troisièmes tailles sur le haut de la hampe de la lance.

Nota. Cette épreuve est la plus belle que l'on connaisse. Cabinet Debois.

2092. Le même sujet. Superbe épreuve de deuxième état, avec le haut de la hampe terminé, mais avant la retouche.

2093. Le même sujet. Epreuves du troisième état.

2094. Portrait de François Langlois dit Ciartres ou de Chartres, d'après Ant. Van Dyck (R.-D. 97). Très-belle épreuve du premier état, avant les noms et qualités du personnage; elle a de la marge; au bas de cette marge on a écrit à la plume : *François Langlois, libraire et marchand d'estampes. (Grand-père de Jean Mariette.) Il excelloit à joüer de la musette.*

PICART (Etienne), dit *le Romain*, dessinateur et graveur à l'eau-forte; né à Paris en 1631; mort à Amsterdam en 1721.

2095. Image de l'homme sensuel, enchanté par la volupté, etc, d'après le *tableau* du Corrège, qui est au Musée du Louvre. Belle épreuve.

PICART (Bernard), fils du précédent, dessinateur et graveur à l'eau-forte et au burin; né à Paris en 1673; mort à Amsterdam en 1733.

2096. Le Massacre des Innocents. Pièce capitale du Maître. Belle épreuve du premier état, avant la couronne sur la tête d'Hérode qu'on remarque à droite; elle a de la marge.

Le même sujet. Epreuve du deuxième état, avec la tête d'Hérode couronnée.

2097. La Descente de croix, d'après Rembrandt. Morceau cintré du haut. Rare et très-belle épreuve, avant la lettre.

2098. La Conclusion de la paix, d'après P. P. Rubens. Très-rare et superbe épreuve avant la lettre; seulement le nom du graveur, très-légèrement tracé à la pointe.

Nota. Cette pièce fait partie de la galerie du Luxembourg.

2099. Marie Stuart, reine d'Ecosse, décapitée le 8 février 1587, dans le château de Fotheringhey. Pièce rare. Belle épreuve.

2100. Charles Ier, roi d'Angleterre, décapité à Whitehall le 30 janvier 1649. Pièce rare. Belle épreuve.

2101. Le Temps qui enlève la Vérité, d'après N. Poussin. Rare et très-belle épreuve du premier état, avant les mots *B. Picart sculp. direxit.*, au bas de la marge du cuivre, à droite. Le même sujet. Belle épreuve du deuxième état, avec les mots dont nous venons de parler à l'article précédent.

2102. La Vie des champs. Sujet tiré des Géorgiques de Virgile. Très-belle épreuve.

PICCIONI (Mathieu), peintre et graveur à l'eau-forte; né à Ancône dans la première moitié du xviie siècle.

2103. Deux hommes occupés à mettre le petit Moïse dans un berceau, pour l'exposer sur les eaux du Nil (B. 1). Rare et belle épreuve, *non décrite*, avant les mots *Gio. Jacomo Rossi formis Romæ alla Pace*. Le même sujet (B. 1). Epreuve avec l'adresse de l'éditeur G. J. Rossi.

PILES (Roger de), homme de lettres, peintre et graveur à l'eau-forte; né à Clamecy en 1635; mort à Paris en 1709.

2104. Portrait de Charles-Alphonse Dufresnoy, peintre (R.-D. 1). Ce morceau, de grande rareté, est le seul que l'on connaisse de ce maître. Superbe épreuve avec marge. Cabinet Robert-Dumesnil.

PIERRE (Jean-Baptiste-Marie), peintre et graveur à l'eau-forte; né à Paris en 1720; mort dans la même ville en 1789.

2105. Deux différentes compositions du sujet de la sainte Famille. Morceaux en hauteur, presque carrés. Superbes épreuves; elles sont avec toutes leurs marges.

2106. Deux sujets de la vie de saint François, représentés dans des ovales en hauteur. Très-belles épreuves du premier état, avant que les marges du cuivre n'aient été nettoyées. Elles ont de la marge.

PILLEMENT (Victor), dessinateur et graveur à l'eau-forte et au burin; né à Vienne, en Autriche, en 1767; mort à Paris en 1814.

2107. Deux beaux Paysages, d'après *Breughel de Velours*. Belles épreuves.

2108. La sainte Famille accompagnée de sainte Anne et du jeune saint Jean, qui reçoit la bénédiction du Sauveur, d'après *Raphaël d'Urbin*. Très-belle épreuve du premier état, avant la draperie sur l'Enfant-Jésus. Cabinet Debois.

PITAU (Nicolas), graveur au burin; né à Anvers vers 1633; mort à Paris en 1676.

2109. Henri-Louis Habert, seigneur de Montmor; d'après *Phil. de Champaigne*. Très-belle épreuve.

2110. Portrait de Benjamin Priolo, historien. Rare et très-belle épreuve, avant les quatre vers latins et l'année 1663.

Le même. Épreuve avec les vers et la date.

PLIMMER (J.....), dessinateur et graveur à l'eau-forte; né en Angleterre dans le dernier siècle.

2111. Paysage de forme carrée, où l'on voit un sujet allégorique, représenté par quatre femmes dansant en présence du Temps (d'après Claude le Lorrain). Très-belle épreuve avec marge.

2112. Autre Paysage, en largeur, représentant un ouragan; à gauche, un arbre brisé par le vent; du côté opposé, les ruines d'un temple (d'après Claude le Lorrain). Très-belle épreuve avec marge.

PLONSKI (Maurice), dessinateur et graveur polonais, sur lequel on n'a pas de données.

2113. Homme vu en pied et de face, les bras croisés. Morceau en hauteur daté de 1802. Rare. Belle épreuve.

2114. Le marchand de paniers. Ce morceau, en hauteur, est le plus considérable de ce maître. Très-belle épreuve, avec marge.

PLOOS VAN AMSTEL (Corneille), dessinateur et graveur dans le genre du crayon et du lavis; né à Amsterdam en 1732; l'année de sa mort n'est pas connue.

2115. *Fac simile*, d'après J. Van Goyen, représentant un marché à l'entrée d'un bourg. Belle épreuve.

POILLY (François de), graveur au burin; né à Abbeville en 1622; mort à Paris en 1693.

2116. Samson terrassant un lion. Très-rare et fort belle épreuve avant la lettre et avant divers travaux.

Le même sujet. Belle épreuve avec la lettre.

2117. Sainte Famille, où l'Enfant-Jésus est couché et endormi sur un coussin, à gauche de la composition, d'après S. Bourdon. Très-belle épreuve tirée avant l'inscription : *Venite, Miremur sopitum, qui tamen pro salute etc*, au milieu de la marge du bas.

2118. La Vierge, l'Enfant-Jésus et le petit saint Jean, d'après P. Mignard. Très-belle épreuve; elle porte au recto et au verso la signature de *P. Mariette* et la date de 1666. Cabinet Debois.

2119. La Sainte Famille, où sainte Élisabeth présente saint Jean à l'Enfant-Jésus debout sur les genoux de sa mère. Morceau en hauteur, d'après N. Poussin. Belle épreuve sans titre; seulement, les noms d'auteurs vers le bas de la droite. Elle a de la marge.

2120. La sainte Vierge à genoux levant un voile pour laisser voir à saint Jean l'Enfant-Jésus qui dort. Morceau connu sous le titre de *la Vierge au linge*, d'après le tableau de Raphaël, qui est au Musée du Louvre. Très-belle épreuve du premier état, avant la contre-taille sur le voile que la Vierge lève.

2121. L'Enfant-Jésus, debout sur son berceau et appuyé contre la Vierge assise, caresse le petit saint Jean à genoux sur sainte Anne accroupie à terre. Sujet dit *la Vierge au berceau*, d'après le tableau de Raphaël, qui est au Musée du Louvre. Très-belle épreuve. Cabinet Borduge.

2122. Portrait de M. de la Taumassière. Très-rare et superbe épreuve avant toutes lettres; elle a de grandes marges.

POILLY (Nicolas de), frère du précédent, graveur au burin; né à Abbeville en 1626; mort à Paris en 1698.

2123. Portrait de Réné Potier, seigneur et duc de Tresme, pair de France, etc., d'après C. *Febure*. Très-belle épreuve.

2124. Portrait d'homme, sans nom de personnage, dans un ovale en hauteur; il est vu de trois quarts, dirigé vers la droite et éclairé par la gauche. Très-belle épreuve avec marge; elle porte au verso la signature de *P. Mariette* et la date 1668.

PONTIUS ou **DUPONT** (Paul), graveur au burin; né à Anvers en 1596; l'année de sa mort n'est pas connue.

2125. Suzanne surprise par les vieillards. Beau et rare morceau en hauteur, d'après Pierre-Paul Rubens (Basan, 34 de l'Anc. Test.). Superbe épreuve; elle porte au verso la signature de *P. Mariette* et la date de 1670.

2126. La Flagellation, d'après P. P. Rubens (Basan, 78 du Nouv. Test.). Belle épreuve, avec l'adresse de

C. Vanderstock, au milieu du bas de la marge inférieure.

2127. Jésus-Christ mort sur les genoux de la Vierge; à côté de lui, saint François les mains jointes. Très-belle pièce en hauteur, d'après P. P. Rubens (Basan, 101 du Nouv. Test.). Très-belle épreuve.

2128. Saint Roch intercédant pour les pestiférés, d'après P. P. Rubens (Basan, 44 des sujets de saints). Chef-d'œuvre du graveur. Superbe épreuve.

2129. Thomiris faisant plonger la tête de Cyrus dans un bassin rempli de sang humain. Rare et beau morceau en travers, d'après P. P. Rubens (Basan, 22 des sujets d'histoire). Superbe épreuve, du plus grand effet.

2130. Philippe IV, roi d'Espagne, dans une bordure cintrée, d'après P. P. Rubens (Basan, 16 des Portraits). Superbe épreuve du premier état, avant que la moustache du personnage n'ait été retroussée; et avant l'adresse de Gillis Hendricx, au-dessus des mots *Cum Priuilegio*.

2131. Elisabeth de Bourbon, femme du précédent, d'après le même peintre (Basan, 17 des Portraits). Superbe épreuve du premier état, avant les lettres *G. H.*, initiales de Gillis Hendricx.

2132. La sainte Vierge et l'Enfant-Jésus. Morceau en hauteur, d'après Antoine Van Dyck. Superbe épreuve.

2133. La sainte Vierge et Herman, dit Joseph, chanoine de l'ordre des Prémontrés. Sujet mystique, en hauteur, d'après Antoine Van Dyck.

NOTA. À cette épreuve l'adresse d'A. Bon Enfant a été grattée

2134. Gustave Adolphe, roi de Suède; d'après Antoine Van Dyck. Belle épreuve du premier état, avec l'adresse de *Mart. Vanden Enden*.

2135. Marie, comtesse d'Aremberg, princesse de Brabançou; d'après Antoine Van Dyck. Superbe épreuve du premier état, avec l'adresse de *Joannes Meyssens;* elle a de la marge.

2136. Raphael Sanzio d'Urbin. Portrait gravé sous la conduite de Van Dyck. Très-belle épreuve avec l'adresse de *Jo. Meyssens.*

2137. César-Alexandre Scaglia, abbé de Stafarde; d'après Ant. Van Dyck. Très-belle épreuve du premier état, avec l'adresse de *Mart. Vanden Enden;* elle est aussi avant l'année 1641, qui est celle de la mort du personnage.

2138. François Thomas, prince de Savoie, d'après Ant. Van Dyck. Très-belle épreuve du premier état, avant que l'adresse de Gillis Hendricx n'ait été effacée.

2139. La sainte Famille; dans la marge, le titre : *Fascicvlvs Myrrhæ Dilectvs mevs.* Morceau en hauteur, d'après Jean van Hoeck. Belle épreuve avec l'adresse de P. Balliu.

2140. La Fuite en Egypte, d'après *I. Iordaens.* Superbe épreuve du premier état, avant que les mots *Cum Priuilegio,* au milieu de la marge du bas, n'aient été précédés de ceux-ci : A. Bloteling Excudit *.

* Aux épreuves du deuxième état, l'adresse d'A. Bloteling et le privilége; à celles du troisième état, les mots *A. Bloteling excudit cum priuilegio* ont été effacés, et le n° 6 a été gravé à la droite du bas de la marge inférieure.

2141. Le Roi-boit, d'après *Iac. Iordaens.* Superbe épreuve du premier état, avant le n° 5, à la droite de la marge du bas.

2142. Jean de Heem, d'Utrecht; d'après Jean Livins. Très-belle épreuve du premier état, avec l'adresse de *Martinus vanden Enden.*

PORPORATI (CHARLES), graveur à l'eau-forte, au burin et en manière noire; né à Turin en 1740; mort dans la même ville en 1816.

2143. Femme nue, vue de dos, prête à se mettre au lit; dans la marge, le titre : *Le Coucher d'après le tableau original..... peint par Jacques Vanloo*, en* 1650, *et gravé par Porporati......* Belle épreuve avant la lettre.

* L'auteur du catalogue de la vente Debois annonçait la pièce intitulée *le Coucher* comme étant gravée d'après Carle Vanloo. Il suffisait pourtant de jeter les yeux sur une épreuve avec la lettre, pour ne pas commettre cette erreur

grave, que d'autres rédacteurs de catalogues ne manqueront pas de répéter, attribuant ainsi à Carle Vanloo ce qui avait été peint seulement cinquante-cinq ans avant sa naissance, par son aïeul Jacques Vanloo.

2144. OEnone et Paris, d'après Adrien Vander Werff. Morceau en manière noire. Superbe épreuve avant la lettre; seulement le nom du graveur, tracé à la pointe. Rare.

POTTER (PAUL), peintre et graveur à l'eau-forte; né à Enkhuisen en 1625; mort à Amsterdam en 1654.

2145. Différents bœufs et vaches. Suite de huit estampes, savoir : le Taureau (B. 1); la Vache debout près de celle qui est couchée (B. 2); la Vache couchée près de la barrière de quatre planches (B. 3); la Vache qui pâture (B. 4); la Vache avec la corne crochue en devant (B. 5); la Vache qui pisse (B. 6); les deux Bœufs qui se battent (B. 7); et les deux Vaches vues par derrière (B. 8). Belles épreuves; au premier morceau, l'adresse de Clément de Jonghe.

2146. Le Vacher (B. 14). Rare et très-belle épreuve terminée; mais avant l'adresse de F. de Wit, qui plus tard a été remplacée par celle de P. Schenk.

NOTA. Aux épreuves du dernier état, qu'on rencontre ordinairement, l'adresse de P. Schenk a été enlevée et la planche retouchée.

2147. Le Berger (B. 15). Très-belle épreuve avant que l'adresse de Clément de Jonghe n'ait été effacée.

2148. Le même (B. 15). Belle épreuve après les mots *Clément de Ionghe excudit* effacés, mais avant que le nom du graveur n'ait été enlevé.

POUWELSZOON (CLAES ou NICOLAS), graveur à l'eau-forte et au burin; né en Hollande, où il florissait dans la première moitié du XVIIe siècle.

2149. La Fuite en Egypte. Ce morceau, d'un grand effet, est le seul que l'on connaisse de ce maître. Très-belle épreuve.

PRUD'HON (PIERRE-PAUL), peintre, graveur à l'eau-forte lithographe; né à Cluny en 1760; mort à Paris en 1823.

2150. Phrosine et Mélidor. Superbe épreuve avant la tablette occupant la largeur de la composition, contre le trait carré inférieur ; elle est à toutes marges Extrêmement rare.

2151. Le même sujet. Très-belle épreuve avec la tablette, mais avant la lettre.

QUELLINUS (Erasme), peintre et graveur à l'eau-forte ; né à Anvers en 1607; mort dans la même ville en 1678.

2152. Danse d'un petit Satyre et de trois Enfants; à gauche, un autre petit satyre assis et un enfant debout jouent, le premier du tambour de basque, le second de la flûte. La scène se passe dans un bois. Superbe épreuve.

2153. Le triomphe du jeune Bacchus. Il est représenté couché dans un char traîné par une chèvre qu'un chien effraie; autour de lui, six enfants, dont un est tombé à terre; au bas, une marge blanche. Ce beau morceau en largeur, sans nom ni titre, est très-rare. Superbe épreuve. Cabinet P. Vischer, de Bâle.

RAIMBACH (Abraham), graveur à l'eau-forte et au burin; né en Angleterre dans la deuxième moitié du siècle dernier; mort en 1843.

2154. *Parish Beadle* (le Bedeau de la paroisse), d'après David Wilkie. Très-belle épreuve avant la lettre, sur papier de Chine; seulement les noms d'auteurs et ceux des éditeurs, légèrement tracés à la pointe.

RAIMONDI (Marc-Antoine), dessinateur et graveur au burin; né à Bologne vers 1488; l'année de sa mort n'est pas connue.

2155. La sainte Famille, d'après Raphaël. Pièce dite *la Vierge à la longue cuisse* (B. 57). Superbe épreuve du premier état, avant l'adresse *d'Ant. Salamanca*. Cabinet Debois.

2156. Saint Christophe (B. 146). Très-belle épreuve.

2157. Alexandre faisant serrer les livres d'Homère, d'après Raphaël (B. 207). Très-belle épreuve. Cabinet Debois.

2158. La Bacchanale (B. 248). Morceau extrêmement rare. Superbe épreuve; c'est la plus belle que l'on connaisse de cette planche. Cabinet Verstolk de Soëlen.

2159. Hercule étouffant le géant Antée (B. 289). Très-belle épreuve. Cabinets Debois et B. Delessert.

2160. Le Faune et le Tigre (B. 307.) Très-belle épreuve.

2161. L'Amour et les trois Enfants (B. 320) Superbe épreuve.

2162. Sainte Madeleine transportée au ciel par les anges, d'après l'estampe en bois d'Albert Durer (n° 121). Pièce rare, non décrite par A. Bartsch. Très-belle épreuve.

2163. L'Abreuvoir des bœufs (B. Vol. xv, p. 51, n° 8). Morceau très-bien gravé, dans le goût des planches de Marc-Antoine. Superbe épreuve du premier état, avant l'adresse d'*Ant. Salamanca* et avant la retouche.

2164. Quatre pièces faisant partie d'une suite de douze estampes. Opis, Thétis, Mercure et Vulcain (B. Vol. xv, p. 80).

RECHBERGER (Frédéric), amateur distingué, graveur à l'eau-forte et à l'aqua-tinta; né en Allemagne dans la deuxième moitié du siècle dernier.

2165. Intérieur de forêt; vers la droite, un gros arbre; du côté opposé, une pièce d'eau. Très-belle épreuve.

2166. Autre intérieur de forêt, faisant pendant au morceau précédent. On remarque au milieu du premier plan un tronc d'arbre renversé dans une mare, et, vers la gauche, un homme assis près d'un groupe de gros arbres. Très-belle épreuve.

RECLAM (Frédéric), peintre et graveur à l'eau-forte; né à Magdebourg en 1734; mort à Berlin en 1774.

2167. Le Matin, d'après Moucheron (Frédéric); et le soir, d'après Ch. Dubois. Deux pièces. Belles épreuves.

REMBRANDT VAN RHYN (Paul), peintre et graveur; né à Leyde, dans un moulin, situé rue du Weddesteeg, le 15 juillet 1606; mort à Amsterdam le 7 octobre 1669.

Nous empruntons ces renseignements précieux, soigneusement vérifiés sur les lieux mêmes, à l'ouvrage que M. Charles Blanc publie sous ce titre : L'ŒUVRE DE REMBRANDT, *reproduit par la photographie, décrit et commenté par M. Charles Blanc, ancien directeur des Beaux-Arts....* Cet ouvrage, qui est un nouveau catalogue des eaux-fortes de Rembrandt, recueille beaucoup d'erreurs relatives à ce grand-maître et à son œuvre.

2168. Portrait de Rembrandt aux cheveux crépus; sans année (1*) B. 1. Belle épreuve.

* Les numéros qui sont placés entre deux parenthèses se rapportent à ceux du catalogue de l'œuvre de Rembrandt, par le chevalier de Claussin.

2169. Portrait de Rembrandt aux cheveux hérissés (8). B. 8. Belle épreuve tirée avant les cheveux raccourcis par derrière.

2170. Portrait de Rembrandt au bonnet rond et fourré (16). B. 16. Très-belle épreuve. Cabinet Wolterbeck.

2171. Portrait de Rembrandt avec une écharpe au cou (17). B. 17. Belle épreuve avec le nom de Rembrandt et l'année 1633, mais avant les travaux faits depuis à la planche, principalement au visage et au bonnet du personnage.

2172. Rembrandt et sa femme (B. 16). Très-belle épreuve du premier état, avant que les travaux dans l'ombre de dessous le chapeau, à droite, n'aient été repris au burin.

2173. Les mêmes. Belle épreuve du deuxième état, *non mentionnée*, avec les travaux repris au burin.

2174. Portrait de Rembrandt, en ovale (23). B. 23. Très-belle épreuve de la planche coupée en ovale. Cabinet Wolterbeck.

2175. Portrait de Rembrandt vu de face et riant (29). B. 316. Rare. Belle épreuve du deuxième état.

2176. Adam et Ève (34). B. 28. Superbe épreuve du premier état, avec un reflet de lumière sur la cuisse d'Ève.

2177. Abraham qui reçoit les trois anges (35). B. 29. Superbe épreuve tirée de la planche non ébarbée.

2178. Le Sacrifice d'Abraham (36). B. 35. Très-belle épreuve tirée de la planche non ébarbée.

2179. Agar renvoyée par Abraham (37). B. 32. Rare et très-belle épreuve avec les bords de la planche un peu raboteux.

2180. Abraham avec son fils Isaac (39). B. 34. Superbe épreuve; elle porte, au verso, la signature de *P. Ma-*

riette et la date de 1681. Très-rare à rencontrer de cette beauté.

Copie en contre-partie de l'estampe qui précède.

2181. Joseph racontant ses songes à sa famille (41). B. 37. Très-rare et superbe épreuve du premier état, avant que le visage et le turban de Siméon, l'un des frères de Joseph, n'aient été ombrés ; le rideau du lit, le battant de la porte et l'habillement de Jacob sont aussi beaucoup moins travaillés. Elle a de très-grandes marges.

2182. Le même sujet. Superbe épreuve du deuxième état ; elle est poussée à l'effet, mais elle est tirée avant quelques travaux faits depuis à la pointe sèche sur le revers du rideau, près de la tête de Siméon.

2183. Jacob pleurant la mort de son fils Joseph (42). B. 38. Superbe épreuve. Très-rare à rencontrer de cette beauté.

2184. Joseph et la femme de Putiphar (43). B. 39. Superbe épreuve du premier état, avant que le dossier du lit n'ait changé de forme par les travaux faits depuis vers la droite du fond ; elle porte, au verso, les initiales de *J. Barnard*, célèbre amateur anglais, dont parle souvent de Claussin dans son catalogue de Rembrandt.

2185. Le même sujet. Epreuve du deuxième état, avec le dossier du lit finissant presqu'en pointe du côté droit, tandis que dans l'état qui précède il se termine en s'arrondissant. *Ces remarques n'ont été mentionnées dans aucun catalogue.*

2186. Autre épreuve du deuxième état ; elle est tirée sur papier de Chine.

2187. David priant Dieu (45). B. 41. Superbe épreuve du premier état, *non mentionné*, avant qu'une petite place blanche, au haut de la gauche, n'ait été couverte de travaux à la pointe sèche. Cabinet de Graves.

Le même sujet. Epreuve du deuxième état.

2188. L'Ange qui disparaît devant la famille de Tobie (47). B. 43. Epreuve tirée avant les travaux sur le terrain, dans l'angle du bas de la gauche.

16.

2189. L'Annonciatiou aux bergers (48). **B.** 44. Superbe épreuve du plus grand effet. Extrêmement rare à rencontrer de cette beauté. Cabinets de Fries, Astley et Verstolk de Soelen.

2190. L'Adoration des Bergers (5o). B. 46. Très–belle épreuve.

2191. La Circoncision (5 1). B. 47. Très-rare épreuve du premier état, *non décrit*, avant que les angles du cuivre n'aient été arrondis.

2192. Le même sujet. Deux belles épreuves du deuxième état, *aussi non mentionné*, avec les angles du cuivre arrondis, mais avant que deux places restées blanches, l'une au milieu du haut, l'autre au coin gauche supérieur, n'aient été raccordées avec le fond par des tailles. Une de ces deux épreuves est, ainsi que celles du premier état décrite ci-dessus, reprise à la plume par le graveur, dans les parties que nous venons de signaler.

2193. Le même sujet. Epreuve du troisième état, avec les places blanches raccordées.

2194. La Présentation au Temple (53). B. 49. Très-belle épreuve du deuxième état, avec une calotte sur la tête. de saint-Siméon ; mais avant que le rayon qui descend de la gauche à la droite, n'ait été marqué par un contour dur et tranchant.

2195. Le même sujet. Epreuve tirée avec le contour du rayon dur et tranchant, mais avant les travaux faits depuis à la planche.

2196. Le même sujet. Epreuve du dernier état.

2197. Fuite en Egypte (56). B. 52. Très-belle épreuve du premier état, avec le fond de la planche teinté, autrement dit *avec le fond sale*. Cabinet Verstolk de Soelen.

2198. Le même sujet. Autre épreuve du premier état ; elle est un peu moins belle que la précédente.

2199. Fuite en Egypte (57). B. 53. Belle épreuve.

2200. Fuite en Egypte (6o). B. 56. Rare. Belle épreuve du deuxième état.

2201. Retour d'Egypte (64). B. 6o. Rare et superbe épreuve des premières tirées de la planche non ébarbée : l'effet produit par les travaux à la pointe sèche y est vif et brillant.

2202. La Vierge et l'Enfant-Jésus sur des nuages (65). B. 6i. Superbe épreuve du premier état, *non mentionné*, avant que le travail à la pointe sèche n'ait été ébarbé, et avant des raies diagonales de gauche à droite sur le ciel.

2203. Le même sujet. Belle épreuve du deuxième état, avec les raies diagonales * sur le ciel.

* Aux épreuves qu'on rencontre ordinairement, ces raies, du reste très-légères, ont disparu par le fait seul du tirage.

2204. La Sainte Famille (67). B. 63. Deux épreuves : la première, avec des places blanches sur le bord du haut ; la deuxième, avec ces places raccordées à la pointe sèche.

2205. Jésus-Christ au milieu des Docteurs (68). B. 64. Belle épreuve.

2206. Jésus-Christ prêchant, ou la petite tombe (71). B. 67. Très-belle épreuve du premier état, avant que les travaux à la pointe sèche n'aient été ébarbés : l'homme coiffé d'un turban, debout sur le devant à gauche, a le bras droit et partie de son manteau fort poussés au noir.

OBSERVATION. L'épreuve de la bibliothèque impériale à Paris, annoncée comme étant du premier état et unique, par A. Bartsch et par de Claussin, se trouvant falsifiée par le moyen du grattoir et de teintes au lavis d'encre de Chine, replace naturellement celle décrite ci-dessus à son véritable rang. Cabinet Wolterbeck.

2207. Le même sujet. Belle épreuve du deuxième état, avec les travaux à la pointe sèche ébarbés, mais avant que la planche n'ait été retouchée par Pierre Norblin.

2208. Le Denier de César (72). B. 68. Très-belle épreuve
du deuxième état.

Le même sujet. Épreuve du troisième état.

2209. Jésus-Christ chassant les vendeurs hors du temple (73). B. 69. Epreuve du premier état : l'homme
tombé sur le dos, au-dessous d'un bœuf, a le haut du
visage plus clair et la bouche plus petite et moins
travaillée.

2210. La Samaritaine (74). B. 70. Très-belle épreuve,
sur papier du Japon.

2211. Autre Samaritaine (75). B. 71. Superbe épreuve
du premier état, avant le travail très-serré à la pointe
sèche, produisant l'effet de la manière noire, notamment sur la partie ombrée du puits, au-dessus du pied
gauche de Jésus-Christ; elle est à toutes marges.

2212. Le même sujet. Très-belle épreuve du deuxième
état.

2213. Autre épreuve du même état; elle est ordinaire.

2214. Résurrection de Lazare (76). B. 72. Très-belle
épreuve.

2215. Jésus-Christ dans le Jardin des Oliviers (79). B. 75.
Superbe épreuve tirée de la planche non ébarbée.

2216. L'Ecce homo (82). B. 77. Epreuve du troisième
état, avec des contre-tailles sur le visage du Juif qui
est au-dessus de celui qui tient le roseau. Cette estampe
manque de conservation; elle est doublée pour cause
de déchirures.

2217. Jésus-Christ en croix entre les deux larrons (84).
B. 79. Pièce ovale en hauteur. Très-belle épreuve de la
planche non ébarbée. La marge du papier est carrée.

2218. La Descente de croix (83). B. 81. Rare et très-
belle épreuve avant toute adresse. Cabinets Scitivaux
et Debois.

2219. Jésus-Christ en croix (85). B. 80. Très-belle
épreuve. Cabinets Astley et Debois.

2220. Descente de croix au flambeau (87). B. 83. Très-rare et superbe épreuve, avec les barbes du travail à la pointe sèche; elle est du plus bel effet. Cabinet Verstolk de Soelen.

2221. Jésus-Christ au tombeau (90). B. 86. Belle épreuve du deuxième état, Cabinet Debois.

2222. Les Disciples d'Emmaüs (91). B. 87. Très-belle épreuve tirée avec les barbes du travail à la pointe sèche.

2223. Les petits Disciples d'Emmaüs (92). B. 88. Superbe épreuve du premier état, *non décrit*, avant quelques travaux, notamment des tailles horizontales, ajoutées au-dessous de celles qui existaient déjà sur le pied de la table. Très-rare de cette beauté.

2224. Le Retour de l'enfant prodigue (95). B. 91. Très-belle épreuve.

2225. Pierre et Jean à la porte du temple (97). B. 95. Très-belle épreuve du deuxième état, avant que la planche n'ait été terminée.

2226. Le même sujet. Très-rare et belle épreuve du deuxième état, tirée sur papier du Japon.

2227. Le même sujet. Belle épreuve du troisième état.

2228. Saint Pierre (99). B. 96. Rare.

Nota. Cette estampe est toujours faible d'épreuve, l'eau-forte n'ayant presque pas mordu.

2229. Le Martyr de saint Etienne (100). B. 97. Superbe épreuve du premier état, *non mentionnée*, avant que les travaux dans les ombres n'aient été retravaillés au burin, principalement sur la figure du soldat.

2230. Le même sujet. Belle épreuve du deuxième état.

2231. Baptême de l'eunuque (101). B. 98. Très-belle épreuve.

2232. La mort de la Vierge (102). B. 99. Très-belle épreuve tirée avant les derniers travaux à la pointe sèche, notamment sur la figure habillée à la juive qui lit dans un grand livre, et sur le fauteuil qu'on voit dans le coin à droite.

2233. Le même sujet. Belle épreuve de la planche terminée.

2234. Saint Jérôme (104). B. 101. Très-belle épreuve du premier état, avant que le cintre n'ait été entièrement formé. Cabinet Verstolk de Soelen.

2235. Saint Jérôme (105). B. 102. Très-belle épreuve.

2236. Saint Jérôme (106). B. 103. Très-belle épreuve du deuxième état, avec le nom de Rembrandt.

2237. La Fortune contraire (113). B. 111. Très-belle épreuve, sans impression au verso. Cabinet Debois.

2238. Chasse aux lions (117). B. 115. Très-rare et fort belle épreuve du premier état, avant que la planche n'ait été nettoyée; elle a des raies dans tous les sens et des taches d'eau-forte.

2239. La même. Très-belle épreuve du deuxième état, après que la planche a été nettoyée, mais où les taches d'eau-forte sont encore apparentes.

2240. Chasse aux lions (118). B. 116. Très-belle épreuve.

2241. Sujet de bataille (119). B. 117. Très-rare et belle épreuve, où le fond et le devant du terrain sont couverts d'une teinte grise, dans le goût du lavis, occasionnée par la pierre ponce. Cabinets Robert-Dumesnil et Verstolk de Soelen.

Le même sujet. Très-belle épreuve de la planche nettoyée. Cabinet Verstolk de Soelen.

2242. Trois figures orientales (120). B. 118. Belle épreuve.

2243. Les Musiciens ambulants (121). B. 119. Très-belle épreuve tirée avant les travaux à la pointe sèche faits depuis à la planche, notamment sur la poitrine du petit enfant.

2244. Le Vendeur de mort-aux-rats (123). B. 121. Très-belle épreuve. Elle porte au recto la signature *P. Mariette* et la date de 1667.

2245. Le Petit Orfèvre (125). B. 123. Très-belle épreuve sur papier du Japon, avec marge. Collection Donadieu.

2246. Le Dessinateur (131). B. 130. Deux épreuves : la première, à l'eau-forte pure; la seconde, poussée à l'effet par le moyen de la pointe sèche.

2247. Le Paysan avec sa femme et son enfant (132). B. 131. Très-belle épreuve du premier état, *non décrit*, avant quelques travaux faits depuis à la planche, principalement au paquet que l'homme porte sur le dos.

Le même sujet. Épreuve de la planche terminée.

2248. Le Joueur de cartes (136). B. 136. Belle épreuve du premier état, *non décrit*, à l'eau-forte pure; les travaux du fond n'arrivent pas près du bord gauche supérieur de la planche.

Le même. Belle épreuve du deuxième état, avec les travaux en haut de la gauche du fond et avec l'ombre portée par le personnage, mieux exprimée, mais avant que la planche n'ait été retravaillée à l'eau-forte.

2249. Philosophe en méditation (144). B. 147. Très-rare.

NOTA. Cette estampe est toujours faible d'épreuve, l'eau-forte n'ayant pas assez mordu.

2250. Homme méditant (145). B. 148. Très-belle épreuve du deuxième état, avant le reflet de lumière sur le personnage, sur la table et sur le mur; la flamme de la lampe est petite et bien exprimée.

2251. Le même. Épreuve du troisième état, avec le reflet de lumière, mais avant que la flamme de la lampe n'ait été élargie comme dans le premier état.

2252. Gueux debout (160). B. 163. Très-belle épreuve.

2253. Gueux et gueuse (161). B. 164. Belle épreuve.

2254. Deux Mendiants, homme et femme, à côté d'une butte (162). B. 165. Belle épreuve.

2255. La Femme à la calebasse (165). B. 168. Superbe épreuve. Cabinet Robert-Dumesnil.

2256. Gueux assis au bas d'un mur (170). B. 173. Belle épreuve.

2257. Gueux assis sur une motte de terre (171). B. 174. Très-belle épreuve du premier état, avant le nom de Rembrandt en toutes lettres sur la terrasse, à gauche.

2258. Mendiants à la porte d'une maison (173). B. 176. Très-belle épreuve avant des travaux ajoutés depuis à la pointe sèche sur l'épaisseur du mur de la porte, de manière à rendre pointu, d'un peu arrondi qu'il était, le nez du vieillard qui fait l'aumône.

2259. Deux Gueux en pendants (174 et 175). B. 177 et 178. Très-belles épreuves.

2260. L'Espiègle (185). B. 188. Belle épreuve.

2261. Femme au bain (196). B. 199. Morceau rare. Très-belle épreuve sur papier du Japon.

2262. Femme nue, les pieds dans l'eau (197). B. 200. Très-belles épreuves sur papier du Japon. Cabinet Poggi.

2263. Antiope et Jupiter en satyre (200). B. 203. Superbe épreuve du premier état sur papier du Japon, avant l'inscription et avant la planche ébarbée; les bords du cuivre sont très-raboteux. Cabinet Verstolk de Soelen.

2264. Négresse couchée (202). B. 205. Belle épreuve.

2365. Paysage aux trois arbres (209). B. 212. Epreuve d'une beauté extraordinaire. Cabinets de Claussin et Révil.

2266. Le Paysage aux trois chaumières (214). B. 217. Superbe épreuve; les travaux de la pointe sèche n'étant pas ébarbés y produisent un effet vif et brillant Cabinet Wolterbeck.

2267. Paysage à la tour carrée (215). B. 218. Superbe épreuve du deuxième état, fortement chargée de manière noire; elle produit le plus bel effet. Cabinets Robert-Dumesnil et Révil.

2268. Le Paysage au dessinateur (216). B. 219. Belle épreuve.

2269. Le Paysage à la tour (220). B. 223. Morceau rare. Superbe épreuve du deuxième état : la tour est sans dôme et paraît être en ruines.

2270. Le Canal à la petite barque (236). B. 240. Morceau extrêmement rare. Superbe épreuve du premier état, avant que la planche n'ait été terminée et réduite de quatre millimètres et demi sur la largeur; elle est tirée sur papier du Japon.

2271. Vieillard portant la main à son bonnet (256). B. 259. Belle épreuve tirée avant que la planche n'ait été terminée par G. F. Schmidt.

2272. Vieillard à grande barbe (257). B. 260. Rare épreuve du premier état, avant que la planche n'ait été rétrécie.

2273. Le même sujet. Epreuve du deuxième état, après la planche rétrécie.

2274. Homme avec chaîne et croix (258). B. 261. Très-belle épreuve du deuxième état avec le col de la chemise; mais avant le prolongement des travaux du fond, jusqu'au bord supérieur de la planche.

2275. Vieillard à grande barbe et bonnet fourré (259). B. 262. Belle épreuve.

2276. Homme à barbe courte et bonnet fourré (260). B. 263. Superbe épreuve tirée avant que la planche n'ait été diminuée de quatre millimètres et demi sur la largeur. Cabinet Robert-Dumesnil.

2277. Portrait de Jean Antonides Vander Linden (261). B. 264. Superbe épreuve avant les changements dans les balustres, et avant que le travail à la pointe sèche qui empiète sur la marge, n'ait été effacé.

2278. Le même. Belle épreuve avec la marge nettoyée, mais avant quelques travaux faits depuis à l'ouverture de la porte, et à la touffe de feuilles qui touche le bord de la gauche.

2279. Le même. Rare épreuve sur papier du Japon, avec les travaux que nous venons d'indiquer dans l'état précédent ; mais avant que les deux balustres n'aient été profilés par un trait noir bien visible, qui détermine leur forme.

2280. Vieillard à barbe carrée (262). B. 265. Rare et très-belle épreuve du premier état, avant que la bouche du personnage n'ait été mieux exprimée.

2281. Janus Silvius (263). B. 266. Très-belle épreuve.

2282. Portrait de Faustus (267). B. 270. Epreuve rognée de cinq millimètres sur la hauteur et de trois millimètres sur la largeur.

2283. Clément de Jonghe (269). B. 272. Superbe épreuve du premier état ; elle a de la marge. Cabinet Révil.

2284. Abraham France (270). B. 273. Rare et superbe épreuve sur papier du Japon, avant les tailles horizontales sur les arbres, et avant divers changements faits depuis à la planche ; elle porte, au verso, la signature de *P. Mariette* et la date de 1673.

2285. Le même. Epreuve du dernier état avec les tailles horizontales sur les arbres.

2286. Jean Lutma (273). B. 276. Superbe épreuve du deuxième état, avec la croisée, et les noms de Lutma et de Rembrandt ; elle porte, au verso, la signature de *P. Mariette* et la date de 1670.

2287. Ephraïm Bonus (275). B. 278. Superbe épreuve du deuxième état, avec la bague éclaircie ; c'est la plus belle connue. Cabinets Wolterbeck, de la Motte Fouquet, et Godefroy de Caen.

2288. Le petit Coppenol (279). B. 282. Rare et très-belle épreuve du deuxième état, avec les équerres et le compas; l'œil de bœuf y est très-distinct. Elle porte, au verso, la signature de *Claude-Augustin Mariette* et la date de 1695.

2289. Vieillard à grande barbe (287) B. 290. Très-belle épreuve.

2290. Vieillard à grande barbe (288) B. 291. Très-belle épreuve.

2291. Tête d'homme vue de face (300) B. 304. Belle épreuve de la planche entièrement terminée.

2292. Vieillard chauve à barbe courte (302). B. 306. Belle épreuve, avec marge.

2293. Vieillard à grande barbe blanche (305) B. 309. Superbe épreuve. Très-rare de cette beauté.

2294. Homme avec chapeau à grand bord (307) B. 311. Très-belle épreuve. Cabinet Debois.

2295. Vieillard à barbe carrée (309) B. 313. Superbe épreuve. Cabinet Wolterbeck.

2296. Vieillard à moustaches et grand bonnet (314) B. 321. Très-belle épreuve du premier état : la planche est moins travaillée, les bords en sont irréguliers et raboteux, et elle est plus grande de deux millimètres sur la hauteur et de cinq millimètres sur la largeur. Extrêmement rare.

2297. Le même. Belle épreuve du deuxième état, après que la planche a été réduite à la grandeur ordinaire.

2298. Vieillard à barbe carrée fort large (318) B. 325. Très-belle épreuve.

2299. La Liseuse (335) B. 345. Rare et très-belle épreuve tirée avant que le nez n'ait été grossi et allongé.

2300. Tête de la mère de Rembrandt, regardant en bas (341) B. 351. Morceau rare. Belle épreuve. Cabinet Verstolk de Soëlen.

2301. Buste de femme âgée (348) B. 358. Belle épreuve.

2302. Griffonnement, où se voit la tête de Rembrandt très-finie (353) B. 363. Belle épreuve.

REMBRANDT (Anonymes de l'école de).

2303. La coupeuse d'ongles (suppl. 3) B. 127 du Cat. de l'œuvre de Rembrandt. Très-belle épreuve.

2304. Boos et Ruth (suppl. 7). B. suppl. 2. Nativité de Jésus-Christ (suppl. 9) B. suppl. 4. Pièces rares. Belles épreuves.

2305. Saint Pierre délivré de prison par l'ange (suppl. 18) B. suppl. 13. Morceau très-rare. Belle épreuve.

RENESSE (A. C.), peintre et graveur à l'eau-forte ; né en Hollande dans la première moitié du XVII° siècle.

2306. Kermesse avec charlatans. Ce très-beau et rare morceau a été attribué, à tort, à S. de Vlieger (voyez le suppl. au Cat. de Rembrandt, par de Claussin, p. 114, n° 24). Superbe épreuve tirée sur papier bleu.

RENI (Guido), dit *le Guide*, peintre et graveur à l'eau-forte ; né à Bologne en 1575 ; mort dans la même ville en 1642.

2307. La Vierge, l'Enfant-Jésus et saint Jean-Baptiste (B. 6). Pièce rare. Belle épreuve.

2308. La sainte Famille (B. 10). Belle épreuve.

2309. L'Enfant-Jésus et saint Jean-Baptiste (B. 12). Belle épreuve.

2310. L'Amour de l'étude (B. 16). Très-belle épreuve.

2311. Gloire d'Anges, d'après Luca Cambiasi (B. 45). Cette planche est une des plus belles et des plus terminées de l'œuvre de ce grand maître. Très-belle épreuve, avec marge.

RESTOUT (Jean-Bernard) le fils, peintre et graveur à l'eau-forté, Français ; né dans la première moitié du siècle dernier.

2312. Saint Bruno en prière, dans la solitude ; dans la marge, la dédicace au révérend père D. André le Masson. Pièce rare. Superbe épreuve, à toutes marges.

RIRAULT (J. F.), graveur au burin; né à Paris en 1767; mort en 1820.

2313. Le Couronnement d'épines, d'après le tableau du Titien, qui est au Musée du Louvre. Belle épreuve avant la lettre; seulement les noms d'auteurs, tracés légèrement à la pointe; elle a toutes ses marges.

RIBERA (Joseph), dit *l'Espagnolet*, peintre et graveur à l'eau-forte; né à Xativa (le San-Felipe d'aujourd'hui), près de Valence, en 1588; mort à Naples en 1656.

2314. Saint Jérôme (B. 4). Très-belle épreuve du premier état, avant que les travaux n'aient été repris dans les ombres, et avant les initiales de François Vanden Wyngaerde, dans la marge du bas.

2315. Le même sujet (B. 4). Épreuve du troisième état : les lettres F. V. W. effacées et la planche retouchée.

2316. Saint Jérôme (B. 5). Très-belle épreuve tirée avant que les coulures d'eau-forte n'aient été effacées; elle a de la marge. Cabinets Robert-Dumesnil et Debois.

2317. Le Martyre de saint Barthélemy (B. 6). Pièce capitale du maître. Très-belle épreuve du premier état, avant que les travaux n'aient été repris au burin dans les ombres, notamment entre les jambes du saint. Cabinet Debois.

2318. Saint Pierre (B. 7). Très-belle épreuve du premier état, avant les lettres *F. V. Wyn.*, dans la marge du bas, et avant les angles du cuivre arrondis.

2319. Le même saint (B. 7). Très-belle épreuve du deuxième état, avec l'adresse de Franç. Vanden Wyngaerde. Cabinet J. J. de Boissieu.

NOTA. Les remarques que nous venons de signaler, aux morceaux de Ribera qui précèdent, n'ont été jusqu'à ce jour mentionnées dans aucun catalogue.

2320. Le Poète (B. 10). Belle épreuve.

2321. Silène (B. 13). Rare et superbe épreuve du premier état, avant la dédicace à Joseph Balsamo.

2322. Le même sujet (B. 13). Très-belle épreuve du

deuxième état, avec la dédicace, mais avant l'adresse
de Jean-Jacques Rossi.

2323. Le même sujet (B. 13). Epreuve du troisième état,
non décrit, avec les mots : *Alla Pace Gio : Iacomo
Rossi formis Roma* 1649, sur le terrain à gauche.

RICCI (Marc), peintre et graveur à l'eau-forte; né à Belluno
en 1679 ; mort à Venise en 1729.

2324. Paysage où l'on voit au milieu du premier plan
un homme grimpant sur un arbre, et à droite un cavalier (B. 7). Très-belle épreuve du premier état, *non
décrit*, avant le n° 7, sur le ciel à gauche.

RICCIANI (Antoine), dessinateur et graveur et burin; né à
Rome en 1780.

2325. Galatée sur les eaux, d'après la fresque de Raphaël. Très-belle épreuve avant la lettre; seulement le
nóm du graveur.

RICHOMME (Joseph-Théodore), graveur au burin; né à Paris
en 1785; mort depuis peu d'années.

2326. *Danaé exposée avec son enfant à la fureur des
flots*, d'après le tableau de Duqueylar. Très-belle
épreuve avant toutes lettres ; elle a de grandes marges.

RIFFAUT (A....), graveur à l'eau-forte et au burin, résidant à
Paris.

2327. L'Enlèvement de Psyché par les Zéphyrs, d'après
Voullemot; une Bacchante, d'après C. Doussault.
Deux pièces. Belles épreuves à toutes marges, avant la
lettre, sur papier de Chine ; seulement les noms d'auteurs tracés légèrement à la pointe.

2328. Acis et Galatée, d'après A. Glaize. Belle épreuve
à toutes marges sur papier de Chine.

ROBERT DE SERI (Paul-Ponce-Antoine), peintre et graveur
à l'eau-forte et en manière noire; né à Paris vers 1680; mort
dans la même ville entre les années 1737 et 1740.

2329. La Nativité (R.-D. 14). Morceau de la plus grande
rareté. Très-belle épreuve.

RODE (Chrétien-Bernard), peintre et graveur à l'eau-forte; né
à Berlin en 1725; mort dans la même ville en 1797.

2330. Portrait de J. Henri Rode, dans un médaillon
Très-belle épreuve.

RÒDERMONT (. . . . .), peintre et graveur à l'eau-forte; né
en Hollande dans la première moitié du xviie siècle.

2331. Portrait de Jean Second, célèbre poète latin.
Morceau très-rare. Superbe épreuve.

ROGER (Barthélemy), graveur à l'eau-forte, au pointillé et au
burin; né à Lodève en 1770.

2332. Daphnis et Chloé, d'après Prud'hon. Belle épreuve.

2333. Jeune homme à genoux aux pieds d'une femme
nue, d'après Prud'hon. Première et superbe épreuve
du premier état, avant que la composition n'ait été
diminuée sur la hauteur, etc.

2334. Aminthe. Superbe épreuve du premier état sur
papier de Chine, avant le mot *Aminta*, au milieu de
la marge supérieure, près du trait carré. Extrêmement
rare, sinon unique.

ROGHMAN (Roelant), peintre et graveur à l'eau-forte; né à
Amsterdam en 1597; mort en 1687.

2335. Vue près de Campen (B. 12). Belle épreuve.

2336. Vue de Sandvoort (B. 20.) Belle épreuve.

ROMANET (Antoine), graveur à l'eau-forte et au burin; né à
Paris en 1748; l'année de sa mort n'est pas connue.

2337. Portrait du Titien, d'après ce peintre. Plus, Gaston de Foix, par Besson; Pic de la Mirandole, par Lo-
rieux. Ces deux derniers portraits sont gravés sur la
même planche, d'après le Giorgion. Deux estampes.

ROOS (Jean-Henri), peintre et graveur à l'eau-forte; né à Ot-
terdof en 1631; mort à Francfort-sur-le-Mein en 1685.

2338. Le Berger et son troupeau en repos (B. 38). Ce
morceau, le plus considérable du maître, est très-rare.
Superbe épreuve.

ROOS ou **ROSE** (Joseph), peintre et graveur à l'eau-forte; né à Vienne en 1728 ou 1732; mort dans la même ville en 1805.

2339. Chèvre debout, et une autre chèvre et deux moutons couchés, sur le devant d'une campagne; dans le fond, des ruines. Morceau en hauteur, datée de 1789. Très-belle épreuve, avec marge.

ROSA (François), peintre et graveur à l'eau-forte; né en Italie dans le XVIIe siècle.

2340. Des Anges enlevant au ciel la sainte Vierge (B. 2). Superbe épreuve du premier état, avant l'adresse de *Bertrand* et l'année 1663.

2341. Le même sujet. Très-belle épreuve du deuxième état, avec l'adresse et l'année; elle a de grandes marges.

ROSSI (Jérôme), *le Vieux*, peintre et graveur à l'eau-forte, Italien; florissait vers 1670.

2342. La sainte Vierge au milieu de saint Jérôme et de saint François, d'après Louis Carrache (B. 2). Très-belle épreuve.

ROTA (Martin), dessinateur et graveur au burin; né à Sebenico, en Dalmatie, dans la première moitié du XVIe siècle.

2343. Le martyre de saint Pierre de l'ordre des frères prêcheurs, d'après le *Titien* (B. 20). Belle épreuve du premier état, avant que l'adresse *Lucæ Gverinoni Formis* n'ait été effacée et remplacée par celle-ci : *Stefano Scolari Formis.*

2344. Sainte Magdelaine vue de profil et priant les mains élevées (B. 24). Superbe épreuve; elle porte, au verso, la signature de *P. Mariette* et la date de 1668.

2345. Dieu le père soutenant le corps de Jésus-Christ (B. 26). Morceau gravé d'après l'estampe en bois de l'œuvre d'Albert Durer, n° 98. Très-belle épreuve.

2346. La déesse tutélaire de la Toscane (B. 105). Très-belle épreuve.

ROTARI (Pierre, comte de), peintre et graveur à l'eau-forte; né à Vérone en 1707; mort à St-Pétersbourg en 1764.

2347. Saint Louis, évêque de Toulouse, donnant à man-

ger aux pauvres. Morceau en hauteur, cintré. Rare et
très-belle épreuve avant divers travaux.

2348. Le même sujet. Très-belle épreuve de la planche
terminée. *avec le n° 2347.*

ROULLET (JEAN-LOUIS), graveur au burin ; né à Arles, en Provence, en 1645 ; mort à Paris en 1699.

2349. *Henry, Marquis de Beringhen, premier escuyer
du Roy,* d'après Pierre Mignard. Très-belle épreuve.

2350. François de Poilly, d'Abbeville, graveur du roi,
d'après son portrait dessiné par lui-même. Superbe
épreuve, avec de grandes marges.

ROUSSELET (GILLES), dessinateur et graveur au burin ; né à
Paris en 1614 ; mort dans la même ville en 1686.

2351. David tenant la tête de Goliath ; d'après le tableau
du Guide, qui est au Musée du Louvre. Superbe
épreuve.

RUBENS (PIERRE-PAUL), peintre et graveur à l'eau-forte ; né
à Cologne en 1577 ; mort à Anvers en 1640.

2352. Sainte Catherine (Basan, 15 des sujets de saintes).
Morceau rare. Très-belle épreuve.

2353. Vieille femme, un panier au bras droit, tenant
une chandelle à laquelle un jeune garçon veut allumer
la sienne (Basan, 46 des S. d'histoire, allégories, etc.).
Belle épreuve.

2354. Vieille femme portant du feu dans un pot, auquel
un enfant cherche à allumer un morceau de bois.
Pièce gravée à l'eau-forte, d'après P. P. Rubens.
Rare. Très-belle épreuve.

2355. Suite de douze bustes ou têtes de philosophes,
d'empereurs, etc., dessinés d'après l'antique par ce peintre (Rubens), et gravés ainsi qu'il suit : *J. César,* par B.
à Bolswert ; *Hippocrate, Néron, Scipion l'Africain,
Socrates, Sophocle,* par P. Pontius ; *M. Brutus, Dé-
mocrites, Platon, Sénèque,* par L. Vorsterman, le
vieux ; *Cicéron, et Démosthènes,* par J. Witdouc ou
Witdoeck (Basan, médailles, etc., 6). Superbes épreu-

ves du premier état, avant que les planches n'aient été
retouchées. *Très-rares de cette beauté.*

RUCHOLLE (Pierre), graveur au burin; né à Turin (selon Basan), dans la première moitié du xviie siècle.

2356. Charles-Emmanuel, duc de Savoye, d'après Antoine Van Dyck. Très-belle épreuve du premier état, avant que l'adresse de Jean Meyssens n'ait été effacée et remplacée par celle de Jacob de Man.

RUGENDAS (Georges-Philippe), peintre et graveur à l'eauforte; né à Augsbourg en 1666; mort dans la même ville en 1742.

2357. *Capricci di Giorgio Filippo Rugendas* 1689; suite de six pièces avec les n^{os} de 1 à 6 et l'adresse de *Jeremias Wolff.* Très-belles épreuves avant le n° 57 (n° des articles de fonds de l'éditeur) sur le premier morceau.

2358. Une pièce de la suite précédente, représentant deux hommes et un cheval. Rare et très-belle épreuve avant le n° 2, à la droite du bas.

RUISDAEL ou **RUYSDAEL** (Jacques), peintre et graveur à l'eau-forte; né à Harlem en 1635; mort dans la même ville en 1681.

2359. Le petit Pont (B. 1).

2360. Les deux Paysans et leur chien (B. 2).

2361. La Chaumière au sommet de la colline (B. 3). Rare et belle épreuve, avant que l'angle supérieur du cuivre, à gauche, n'ait été plus arrondi; elle est tirée sur papier *à la Folie.*

2362. Le même paysage (B. 3). Épreuve de l'état ordinaire.

RYLAND (Guillaume), graveur à l'eau-forte, au burin, au pointillé et à la manière du crayon; né à Londres en 1729 ou 1732; mort en 1783.

2363. Les Grâces au bain, d'après F. Boucher. Morceau exécuté à l'eau-forte. Belle épreuve.

RYSBRACK (Pierre), peintre et graveur à l'eau-forte; né à Anvers en 1657; l'année de sa mort n'est pas connue.

2364. La Femme au dos nu (B. 6). Belle épreuve avec marge.

SACCHI (Charles), peintre et graveur à l'eau-forte; né à Pavie en 1617; mort dans la même ville en 1706.

2365. L'Adoration des bergers, d'après le Tintoret (B. 1). Très-belle épreuve.

SADELER (Gilles), dessinateur et graveur au burin; né à Anvers en 1570; mort à Prague en 1629.

2366. La Circoncision, d'après Jean Speccard. Superbe épreuve avec l'adresse de Pierre de Jode.

2367. Portrait de l'empereur Mathias. Très-belle épreuve, signée *P. Mariette*, 1666; elle porte au bas du papier, sur lequel elle est montée à la manière de Glomy, un autographe, en deux lignes, du célèbre Lavater, ayant trait au personnage représenté.

SAENREDAM (Jean), dessinateur et graveur au burin; né à Assendelft en 1565; mort à Leyde en 1607.

2368. Philosophe à la fenêtre de son cabinet, donnant des conseils à des jeunes gens (B. 8). Superbe épreuve du premier état, avant l'adresse de I. C. Visscher, sur le terrain, près d'un pot renversé; elle porte, au verso, la signature de *P. Mariette* et la date de 1670.

2369. Suite de quatre sujets de l'histoire des prophètes Abias et Elie, d'après Abraham Bloemaert (B. 20 à 23). Bonnes épreuves.

2370. Suzanne surprise au bain par deux vieillards, d'après Corneille Cornelis de Harlem (B. 36). Rare et superbe épreuve du premier état, *non décrit*, avec l'année 1602, qui a été effacée depuis et remplacée par ces mots : *Rob. de Baudous Amstelodami.*

2371. Les Filles d'Israël chantant les louanges de David, qui revient victorieux du géant Goliath, d'après Lucas de Leyde (B. 109). Très-belle épreuve du premier état, avant l'adresse de *N. de Clerck.*

2372. Diane découvrant la grossesse de Calisto, d'après Paul Morelse (B. 115). Très-belle épreuve du premier état, *non décrit*, ayant le nom du peintre : *Paulo Morelse inue.* Extrêmement rare.

SAFT-LEVEN, ZAFT-LEVEN ou **ZACHT-LEVEN** (HERMAN), peintre et graveur à l'eau-forte; né à Rotterdam en 1609; mort en 1685.

2373. Portrait d'Hermann Saft-Leven (B. 1). Superbe épreuve. Cabinet Debois.

2374. La Maison au bas du rocher (B. 21). Morceau très-rare. Très-belle épreuve. Cabinet Debois.

2375. L'Automne (B. 24). Superbe épreuve du premier état, *non décrit par Bartsch*, avant beaucoup de travaux; il n'y a pas de contre-tailles aux figures et aux montagnes, ainsi que sur le terrain au-dessus du tonneau qui est debout; sur le devant, vers la gauche, les eaux laissent apparente une langue de terre ayant 22 millimètres et demi de long, qu'on ne voit plus dans les épreuves du second état. Extrêmement rare.

2376. Le Bois (B. 27). Superbe morceau. Très-belle épreuve. Cabinet Debois.

SAFT-LEVEN, ZAFT-LEVEN ou **ZACHT-LEVEN** (CORNEILLE), frère du précédent, peintre et graveur à l'eau-forte; né à Rotterdam en 1612; le lieu et l'année de sa mort ne sont pas connus.

2377. Les cinq Sens, représentés par des figures grotesques. Belles épreuves avec les mots : *Frederick de Widt excudebat*, vers le milieu du haut du premier morceau; elles ont de grandes marges.

2378. Paysans et paysannes dans différentes attitudes. Suite de douze pièces, numérotées de 1 à 12. Très-rares et fort belles épreuves, avant que le bas de la planche du premier morceau n'ait été coupé, près des pieds du personnage; elles sont parfaitement égales. Cabinet Debois.

---

* On a, de cette suite, des épreuves de quatre états différents, savoir : celles du premier état, qui sont extrêmement rares, n'ont que cette seule adresse : *J. P. Beerendrecht ex.* au-dessous du nom du maître, sur une banderolle que

le personnage du premier morceau vient de ses deux mains. Les épreuves du deuxième état, qui sont celles faisant partie du présent catalogue, sont avec des tailles allongées sur la dernière moitié du nom de J. P. Beerendrecht et sur le mot *ex.*, et elles portent au milieu du bas de la planche les lettres *H H* liées ensemble et formant le monogramme de Henri Hondius ; ces lettres sont suivies du mot *exc.* et de l'année 1645. Aux épreuves du troisième état, on voit l'adresse de *F. de Wit*, qui adhère à la marque de H. Hondius, en la précédant. Enfin, aux épreuves du quatrième état, le bas de la marge, portant l'adresse de F. de Wit, l'année 1645 et le n° 1, est coupée, et le dernier éditeur, *M. Pool*, a fait graver son adresse à la suite du nom de Beerendrecht ; il nous reste à faire observer que le bord inférieur du cuivre, qui n'a plus de trait carré, arrive presque jusqu'au pied droit du personnage, tandis que dans les trois états précédents, il en est distant de 4 millimètres ; le n° 1 a été rétabli au bas de la droite.

SAINT-AUBIN (AUGUSTIN DE), dessinateur et graveur à l'eau-forte et au burin ; né à Paris en 1736 ; mort en 1807.

2379. Vénus Anadyomène, d'après *le Titien*. Deux épreuves : l'une avant la coquille et la bordure, l'autre avec.

2380. Vertumne et Pomone, d'après F. Boucher. Très-rare et bele épreuve avant toutes lettres ; elle a de la marge.

2381. Vénus sur les eaux, d'après le même. Très-rare et belle épreuve avant toutes lettres, elle a de la marge.

2382. Portrait de Le Kain, d'après S. B. Le Noir. Belle épreuve avant la lettre.

SAINT-MAURICE (P..... DE), officier aux gardes-française, amateur et graveur à l'eau-forte et au burin ; florissait vers 1731.

2383. Paysans prenant leur repas ; dans la marge, le titre : *La Famille contente*. Morceau en largeur, d'après Bourdon (Sébastien). Belle épreuve.

Autre sujet, d'après le même peintre, faisant pendant au précédent. Il représente un militaire assis, tenant de la main droite un pot et de l'autre un verre ; derrière lui, un aveugle debout joue du violon ; une femme, deux hommes et un enfant complètent la composition. Dans la marge, deux vers d'Horace :

Qui post vina gravem militiam, aut pauperiem crepat.
Quis non te potiùs, Bacche pater, teque, decens Venus.

Belle épreuve.

SAINT-NON (Richard, abbé de), amateur, homme de lettres et savant distingué, dessinateur et graveur à l'eau-forte et à l'aqua tinta ; né à Paris en 1730 ; mort en 1791.

2384. Jeune femme assise dans un fauteuil près d'une autre femme couchée dans un lit. Joli morceau en hauteur. Très-belle épreuve.

SANDRART (Joachim). auteur, peintre et graveur à l'eau-forte et au burin ; né à Francfort-sur-le-Mein en 1606 ; mort à Nuremberg en 1688.

2385. Vieille faisant pisser l'Amour. Morceau très-rare. Belle épreuve du premier état, avant l'adresse de *Blotelingh*.

SANDRART (Jacques), neveu du précédent, graveur au burin ; né à Francfort-sur-le-Mein en 1630 ; mort à Nuremberg en 1708.

2386. Portrait de Jean-Jacob Pomer, d'après *J. V. Mair*. Très-belle épreuve.

SANTIS (Horace de), graveur au burin ; né en Italie, où il florissait entre les années 1568 et 1577.

2387. La sainte Vierge, l'Enfant-Jésus, saint Joseph et le petit saint Jean ; à gauche, sur une tablette : *Hora. de santi Aglano. fac.* 1572 ; dans la marge : *Genvisti. qvi. te fecit. et in. eternvm. permanes. Virgo*. Pièce non décrite.

SAVART (Pierre), graveur à l'eau-forte et au burin ; né à Paris vers 1750 ; l'année de sa mort n'est pas connue.

2388. Jean d'Alembert ; dans la marge du bas : *Peint par M*^{lle} *Lusurier. Graué par P. Savart.* 1780. Très-belle épreuve avant toutes lettres ; elle a de la marge. Cabinet Debois.

Pierre Bayle. *P. Savart, sculp.* 1774. Rare et très-belle épreuve avant divers travaux ; une partie de la fumée produite par un flambeau renversé, est entièrement blanche. Elle a de la marge. Cabinet Debois.

Le même. Très-belle épreuve terminée, mais avant toutes lettres.

Pierre de Bernis, archevêque d'Alby. *A. Callet, pinx.*

P. Savart sculp. 1778. Très-belle épreuve avant toutes lettres ; elle a de la marge. Cabinet Debois.

Nicolas Boileau Despréaux. *Hya. Rigaud pinx. P. Savart sculp.* 1769. Rare et très-belle épreuve, avec le mot *Fond-Taraby* pour Fontarabie, mot faisant partie de l'adresse du graveur ; elle a de la marge.

Autre portrait du même ; sur la face de la console : *Nicolas Boileau Despréaux de l'Académie Françoise, né à Paris le 1er novembre 1636, mort le 13 mars 1711 ;* dans la marge, à gauche : *Peint par H. Rigaud.*, et à droite : *Gravé par P. Savart.* Rare. Très-belle épreuve.

Jean de la Bruyère. *De St-Jean pinx. Savart sculp.* 1778. Très-belle épreuve avant toutes lettres ; elle a de la marge. Cabinet Debois.

Georges Louis Le Clerc, comte de Buffon. *Drouais pinx.* 1761. *P. Savart sculp.* 1775. Très-belle épreuve avant toutes lettres ; elle a de la marge. Cabinet Debois.

Nicolas de Catinat. Dans un cartouche, au-dessous du portrait, la bataille de Marsaille. *P. Savart sculp.* 1775. Très-belle épreuve avant toutes lettres. Cabinet Debois.

Christian VII, roi de Danemark et de Norwége. *P. Savart sculp.* Très-belle épreuve. Cabinet Debois.

Jean-Baptiste Colbert. *Champaigne. pinx. P. Savart sculp.* 1778. Très-belle épreuve avec la première adresse du graveur : *A Paris chez l'Auteur Barriere de Fontarabie.* Cabinet Debois.

Jean de la Fontaine. *Hya. Rigaud pinx. P. Savart sculp.* 1769. Portrait rare. Très-belle épreuve avec marge. Cabinet Debois.

Godéfroi-Guillaume Leibnitz, né le 3 juillet 1646, mort le 14 novembre 1716. *P. Savart* 1768. Très-belle épreuve, avec marge.

Nicolas de Livry, abbé de Sainte-Colombe. Epreuve avant toutes lettres et avant beaucoup de travaux ; l'épaisseur de la pierre sur laquelle sont gravés les armes, à la droite d'un bas relief, n'est couverte que de simples tailles diagonales. De la dernière rareté, sinon unique.

Le même. Superbe épreuve de la planche poussée à son effet; mais avant les changements; on lit dans la marge du bas, près du trait carré, à droite : *L. Toc- qué pinx.*, très-légèrement tracés à la pointe sèche, et à droite : *P. Savart, sculp.* 1772, gravés au burin. Elle a de la marge. Extrêmement rare. Cabinet Debois.

Le même. Très-belle épreuve avec le nom du peintre et la date de 1752 gravés au burin, et avec l'année 1773 substituée à celle de 1772, qu'on voyait à la suite du nom du graveur dans l'état précédent ; mais avant les changements. Elle a aussi de la marge. Très-rare. Cabinet Debois.

Le même. Belle épreuve avec les changements faits à la planche : le bas-relief et les armes, au-dessous de l'ovale dans lequel se trouve le portrait du personnage, sont effacés et remplacés par cette inscription, en quatre lignes : *R^{me}. DD. Nicolao de Livry episcopo callini vensi abbati S^{tæ} Colombæ, Dicat Petrus Savart*. Cabinet Debois.

Charles Secondat de Montesquieu. *P. Savart sculp.* 1779. Très-belle épreuve avant la lettre. Cabinet Debois.

François Rabelais. *Sarrabat del. P. Savart sculp.* 1777. Très-belle épreuve avant toutes lettres ; elle a de la marge.

Armand-Jean du Plessis, cardinal de Richelieu. *Châm- paigne pinx. P. Savart sculp.* 1774. Très-belle avant toutes lettres. Cabinet Debois.

Torquato Tasso. *P. Savart sculp.* Très-belle épreuve avant cette adresse : *à Vienne chez Artaria*, au mi- lieu de la marge du bas; elle a de la marge. Cabinet Debois.

Diane et Endymion. *Mantegna Pinx. P. Savart sculp.* 1778. Rare et très-belle épreuve avant toutes lettres. Cabinet Debois.

En tout vingt-deux estampes.

2389. Jacques-Bénigne Bossuet. *Hya. Rigaud, Pinx. P. Savart sculp.* 1773. Épreuve avec la première adresse du graveur : *A Paris chez l'auteur Barriere de Fontarabie.*

Antoinette de la Garde Deshoulières. *Mlle Elisab. Sophie Cheron, pinx. P. Savart sculp.* 1778.

De la Mothe Fénelon. *J. Vivien, pinx. P. Savart sculp.* 1771. Épreuve avec la première adresse du graveur : *A Paris chez l'auteur Barriere de Fontarabie.*

Trois estampes.

SCARSELLO (JÉRÔME), peintre et graveur à l'eau-forte, Bolonais ; florissait dans la deuxième moitié du XVIIᵉ siècle.

2390. Saturne (B. 2). Belle épreuve.

2391. La Fortune (B. 6). Pièce capitale du maître. Très-belle épreuve du premier état, avec les armes et la dédicace dans la marge inférieure. Rare.

Le même sujet. Épreuve du deuxième état ; après que la marge du bas a été coupée.

SCHALCKEN (GODEFROY), peintre et graveur à l'eau-forte ; né à Dordrecht en 1643 ; mort à La Haye en 1706.

2392. Le portrait de Gérard Dow, dans un ovale en hauteur. Très-belle épreuve du premier état, avant que l'ovale n'ait été coupé de chaque côté.

SCHENAU ou SCHOENAU (JEAN-ELÉAZAR), peintre et graveur à l'eau-forte ; né à Zittau, dans la Lusace, en 1741 ; l'année de sa mort n'est pas connue.

2393. Jeune femme assise sur une chaise ; près d'elle, deux enfants debout. Morceau en hauteur, sans nom ni marque. Très-belle épreuve, regardée comme unique.

SCHIDONE (BARTHÉLEMY), peintre et graveur à l'eau-forte ; né à Modène en 1560 ; mort à Parme en 1616.

2394. Sainte Famille (B. 1). Seule pièce gravée par ce maître. Deux épreuves : l'une avant l'adresse : *Gio-Jacomo Rossi formis Roma alla Pace*, à la suite du mot *fecit* ; l'autre *non décrite*, avec cette adresse.

SCHMIDT (Georges-Frédéric), dessinateur et graveur à l'eau-
forte et au burin; né à Berlin en 1712; mort dans la même
ville en 1775.

2395. Le portrait de Charles-Gabriel Tubières de Cay-
lus, évêque d'Auxerre, d'après Fontaine (40). Rare.
Très-belle épreuve avec de grandes marges.

2396. Le portrait de Louis de la Tour d'Auvergne,
comte d'Evreux, d'après Hyacinthe Rigaud (42). Superbe et rarissime épreuve, sinon unique, avant toutes lettres et avant divers travaux; elle a de grandes
marges.

2397. Le même portrait. Très-belle épreuve terminée,
avec la lettre.

2398. Jean-Baptiste Rousseau, assis, une plume à la
main; d'après J. Aved (44). Très-belle épreuve, avec
de grandes marges.

2399. Le portrait de Jean Bernoulli, professeur de mathématiques à Bâle; d'après J. Huber (54). Très-belle
épreuve, avec de grandes marges.

2400. Le portrait de Jean baron le Chambrier, d'après
Lundberg (58). Très-belle épreuve. Cabinet Joursanvault.

2401. Le portrait de Pierre Mignard, premier peintre
du roi, etc., d'après Hyacinthe Rigaud (59). Chef-
d'œuvre du graveur. Rarissime et superbe épreuve
avant la lettre; seulement les noms d'auteurs, très-légèrement tracés à la pointe. Elle a de grandes marges.

2402. Le même. Très-belle épreuve avec la lettre; mais
avant une petite croix formée de deux coups de burin, au milieu de la marge du bas, près de la bordure.

2403. Le même. Belle épreuve avec la petite croix. Elle
a de grandes marges.

2404. Antoine Pesne, premier peintre du roi de Prusse,
d'après son portrait peint par lui-même (69). Superbe
épreuve, avec de grandes marges.

2405. Le portrait de Julien Offray de la Mettrie (76). Très-belle épreuve.

2406. Le portrait de Michel-de Woronzow, d'après L. Tocqué (77). Très-belle épreuve, avec de grandes marges.

2407. Le portrait de Nicolas Esterhasi, d'après L. Tocqué (78). Superbe et rarissime épreuve, sinon unique, avant toutes lettres et avant quelques travaux; elle a de grandes marges.

2408. Le même portrait. Rare et très-belle épreuve terminée, avec la lettre; mais avant le burin gravé, à droite, sur l'épaisseur de la console.

2409. Le même portrait. Épreuve tirée après que le burin a été gravé.

2410. Le même portrait. Rare et belle épreuve sur papier de Chine, du même état que la précédente.

2411. Frédéric Henry Louis, prince de Prusse, frère du roi, d'après Amédée Vanloo (88). Très-belle épreuve.

2412. Maurice Quentin de la Tour, représenté à mi-corps, un chapeau sur la tête, dans un ovale; d'après son portrait peint par lui-même (89). Très-belle épreuve, avec de très-grandes marges.

2413. Le Théâtre italien (97). Très-belle épreuve, avec marge.

2414. Nicaise, d'après N. Lancret (99). Epreuve extrêmement rare du premier état, avant que le nom du graveur n'ait été effacé et remplacé par celui de De Larmassin. Elle a de grandes marges. Cabinet Verstolk de Soelen.

2415. Le même sujet. Très-belle épreuve du deuxième état; elle est tirée avec le changement du nom du graveur, mais avant que l'adresse de De Larmessin n'ait été effacée et remplacée par celle de Buldet et Cⁱᵉ. Elle a de très-grandes marges.

2416. A femme avare, galant escroc, d'après N. Lancret.*(102). Très-belle épreuve tirée avant que l'adresse de De Larmessin n'ait été effacée et remplacée par celle de Buldet et Cie. Elle a de très-grandes marges.

* Ce morceau a été gravé par G. F. Schmidt, sous le nom de De Larmessin.

2417. Le Faucon, d'après N. Lancret (103). Belle épreuve du deuxième état *, avec le nom de De Larmessin substitué à celui du graveur. Elle a de très-grandes marges.

* Il n'a été tiré que douze épreuves du premier état, avec le nom de G. F. Schmidt.

2418. Vignette pour les Mémoires de Brandebourg, où est représenté le portrait de Frédéric III, roi de Prusse, vu de profil, dirigé à gauche, dans un ovale soutenu par Minerve (109^{dd}). Très-belle épreuve, avec marge.

Deux autres vignettes pour le même ouvrage: l'une représente la cérémonie de l'institution de l'ordre des chevaliers de l'Aigle noir, par ce roi (109^{ee}); l'autre représente les armes de la maison de Brandebourg, sur un pavillon couvert de la couronne royale (109^{hh}). Rares et très-belles épreuves avant le nom du graveur; elles ont de la marge. Trois estampes.

2419. Portrait d'un Oriental (110) 10. Pièce rare. Belle épreuve.

2420. Vieillard à barbe, vu en buste, coiffé d'un bonnet fourré orné d'une plume (111) 57. Très-belle épreuve.

2421. Vieillard à mine riante (112) 11. Belle épreuve.

2422. Buste d'un vieux guerrier en cuirasse (116) 54. Très-belle épreuve, avec de grandes marges.

3423. Buste de jeune homme, aux trois moustaches (117) 13. Très-belle épreuve.

2424. Buste d'homme âgé, tête nue, vu de face (118). Pièce non décrite par de Claussin. Très-belle épreuve du premier état, avant beaucoup de travaux, notamment sur le manteau du personnage; au bas de la gauche, les tailles horizontales sur le fond ne sont pas croisées par des contre-tailles diagonales.

2425. Vieillard habillé à l'orientale (120) 18. Très-belle épreuve. Cabinet Robert-Dumesnil.

2426. Vieillard à moustaches, vu de profil (121) 27. Très-belle épreuve.

2427. Tête d'enfant, d'après Boucher (122) 67. Très-belle épreuve.

2428. La Dame à l'éventail (123) 28. Rare et superbe épreuve, avant que le travail à la pointe sèche n'ait été ébarbé; elle a de grandes marges.

2429. La même. Epreuve avec la pointe sèche ébarbée.

2430. Autre épreuve du même état que la précédente; elle est très-belle, mais coupée près du trait carré.

2431. Portrait d'un jeune seigneur (124) 19. Très-belle épreuve.

2432. Le même. Rare épreuve teintée à l'impression, dans les parties ombrées; elle a de la marge.

2433. Buste de jeune homme, en ovale (125) 20. Très-belle épreuve.

2434. Jeune fille dans un ovale (126) 29. Très-belle épreuve avec marge.

Autre très-belle épreuve, imprimée avec une encre bistrée. Rare.

2435. Portrait d'un homme âgé, tête nue et de face (127) 21. Très-belle épreuve.

2436. La Juive fiancée (128) 23. Très-rare et superbe épreuve, avant l'inscription dans la marge.

2437. Le même sujet. Très-belle épreuve avec l'inscription.

2438. Le Père de la juive fiancée (129) 22. Très-belle épreuve, avec marge.

2439. Vieillard à grande barbe, portant la main à son bonnet (130) 24. Pièce extrêmement rare. Très-belle épreuve.

2440. La Tête du chanteur Salambini, dans une bordure ovale (132) 42. Très-belle épreuve.

2441. Le Portrait de Schmidt (134) 31. Très-belle épreuve. Cabinet Robert Dumesnil.

2442. Le Buste de madame Schmidt (136) 35. Très-belle épreuve, avec marge. Cabinet Robert Dumesnil.

2443. Le prince de Gueldre menaçant son père emprisonné. (137) 15. Très-belle épreuve du premier état avant que les travaux n'aient été repris au burin dans les parties ombrées, notamment les tailles presque horizontales sur le manteau, au-dessus du bras du personnage.

2444. Le même. Très-belle épreuve du deuxième état, c'est-à-dire après que la planche a été terminée.

2445. Le même sujet, gravé une seconde fois, et dans le sens opposé, par Daniel Berger fils; on y voit à gauche, derrière le prince de Gueldre, deux nègres qui se trouvent dans le tableau de Rembrandt, et que Schmidt a omis dans sa gravure. Très-belle épreuve, mais sans marge.

2446. Le Portrait de Liéberkühn, habile médecin à Berlin (138) 37. Très-belle épreuve avec marge; elle porte le timbre sec du graveur, à la droite du bas.

2447. Vieillard à grande barbe, nu-tête (139) 14. Très-belle épreuve. Cabinet Robert Dumesnil.

2448. Le Portrait de mademoiselle Clairon, dans une bordure ovale (140) 43. Belle épreuve avec marge.

2449. Autre Portrait de Schmidt, dit à l'araignée (141) 32. Très-belle épreuve du premier état, avant beaucoup de travaux, notamment la contre-taille sur l'épaisseur du mur de la fenêtre, près du baromètre; elle a de grandes marges.

2450. Le Portrait de madame Schmidt (142) 33. Ce portrait fait pendant au précédent. Très-belle épreuve avec de grandes marges.

2451. Le Buste de J. J. de Schouwalow, en ovale (143) 40. Très-belle épreuve.

2452. Le Portrait du juif Hirsch Michel (144) 36. Très-belle épreuve avec de grandes marges. Cabinet Robert Dumesnil.

2453. La Mère de Rembrandt (145) 3. Très-belle épreuve du premier état, avant divers travaux, notamment au capuchon qui couvre la tête du personnage. Cabinet Robert Dumesnil.

2454. La Princesse d'Orange (147) 16. Ce morceau est un des plus beaux de l'œuvre. Très-belle épreuve.

2455. Le Portrait du joaillier Dinglinger, de Dresde, en ovale (148) 38. Très-belle épreuve.

2456. Portrait du docteur Moehsen (149) 39. Très-rare et superbe épreuve avant la lettre et avant l'inscription dans la bordure.

2457. Le même portrait. Belle épreuve avec la lettre et l'inscription.

2458. Portrait de Rembrandt, dans sa jeunesse (150) de Cl. 1. Très-belle épreuve. Cabinet Robert Dumesnil.

2459. Portrait de Rembrandt, âgé (151) 2. Très-belle épreuve.

2460. Guillaume II, prince d'Orange (152) 17. Très-belle épreuve.

2561. Deux Scènes de polichinelles (157) 64. Très-belle épreuve.

2462. Notre Seigneur présenté au peuple (159) 5. Belle épreuve.

2463. Les bons Amis, d'après Adr. Van Ostade (160) 53. Très-belle épreuve.

2464. La sainte Vierge en dévotion, dans un ovale (163) 45. Très-belle épreuve.

2465. Cinq têtes d'enfants (164) 59. Très-belle épreuve, avec marge. Cabinet Robert Dumesnil.

2466. La résurrection de la fille de Jaïre (165) 8. Belle

épreuve; elle est coupée au trait carré à gauche, et remargée de ce côté.

2467. Le Philosophe dans sa grotte (166) 7. Très-belle
épreuve tirée avant que l'ombre portée par la bou-.
teille, derrière le personnage, n'ait été mieux exprimée. Cabinet Robert Dumesnil.

2468. La Présentation au temple, d'après Dietricy (167)
47. Très-belle épreuve.

2469. La grandeur d'âme d'Alexandre envers son médecin Philippe (168) 49. Très-rare et belle épreuve
avant la lettre.

2470. Le même sujet. Belle épreuve avec la lettre, et
avec la dédicace à Catherine II, impératrice de toutes
les Russies.

2471. Le même sujet. Contre-épreuve tirée sur une
épreuve avec la lettre.

2472. Timoclée justifiée par Alexandre (169) 50. Très-
rare et belle épreuve avant la lettre.

2473. Le même sujet. Belle épreuve avec la lettre, et
avec la dédicace à Catherine II, impératrice de toutes
les Russies.

2474. Le même sujet. Epreuve tirée avec une inscription
en langue anglaise, substituée à la dédicace à Catherine II.

2475. Le même sujet. Contre-épreuve tirée sur une
épreuve avec la lettre.

2476. Saint Pierre repentant (170) 6. Très-belle épreuve
du premier état, *non décrit*, avant divers travaux ; le
derrière du bras droit du personnage se détache parfaitement du fond, tandis que dans les épreuves de l'é-
tat ordinaire, le derrière de ce bras ne se distingue pas
de l'ombre portée sur la base de la colonne. Elle a de la
marge.

2477. Groupe de trois Enfants (171) 58. Très-belle
épreuve, avec marge. Cabinet Robert Dumesnil.

2478. La Présentation de la sainte Vierge au temple (172) 51. Epreuve extrêmement rare à l'eau-forte pure; la partie éclairée du bonnet du grand prêtre est entièrement blanche. Elle a de grandes marges.

2479. Le même sujet. Rarissime épreuve, sinon unique; elle est un peu plus travaillée que la précédente : la partie éclairée du bonnet est couverte de légères tailles horizontales. Elle a de la marge.

2480. Le même sujet. Très-rare et superbe épreuve entièrement terminée; mais avant le titre, les armes et la dédicace. Elle a de grandes marges.

2481. Le même sujet. Belle épreuve avec le titre, les armes et la dédicace.

2482. Loth et ses filles (173) 9. Très-rare et superbe épreuve avant la lettre; elle a de grandes marges.

2483. Le même sujet. Très-belle épreuve avec la lettre.

2484. Agar présentée à Abraham (175) 48. Superbe épreuve avant la lettre. Extrêmement rare.

2485. Le même sujet. Très-belle épreuve avec la lettre; elle a de grandes marges.

2486. La Vierge, l'Enfant-Jésus et le petit saint Jean (176) 46. Très-belle épreuve, avec de grandes marges.

2487. Le vieux Tobie raillé par sa femme (177) 30. Très-belle épreuve.

2488. Un Paysage, représentant la vue de l'entrée du village de Panko, près de Berlin (178) 62. Morceau rare. Très-belle épreuve, avec marge.

SCHMUTZER ou **SCHMUZER** (Jacques), dessinateur et graveur à l'eau-forte et au burin; né à Vienne, en Autriche, en 1733; l'année de sa mort n'est pas connue.

2489. La Famille de Rubens, d'après le tableau de ce peintre. Morceau en hauteur, gravé pour le Musée français. Très-belle épreuve avant toutes lettres; elle a de très-grandes marges.

2490. Christian-Guillaume-Ernest Dietricy, d'après lui-même. Belle épreuve, avec de grandes marges.

SCHOENBERGER (Louis ou Laurent), peintre et graveur à l'eau-forte, né en Allemagne dans la deuxième moitié du siècle dernier.

2491. Paysage boisé, où l'on voit, vers la droite, cinq figures au bord d'une pièce d'eau. Très-belle épreuve à l'eau-forte pure; le ciel est entièrement blanc.

SCHOEVAERDTS (M.....), peintre et graveur à l'eau-forte; né à Dublin en 1667; l'année de sa mort n'est pas connue.

2492. Assemblée de buveurs et de fumeurs, et paysans et paysannes regardant un homme qui, les mains liées derrière le dos, cherche à mordre une pomme suspendue à une corde. Morceau rare. Très-belle épreuve.

SCHONGAUER (Martin), peintre et graveur au burin; né vers 1430; mort à Colmar en 1486.

2493. L'Homme de douleurs (B. 69). Belle épreuve. Cabinet B. Delessert.

SCHUPPEN (Pierre van), dessinateur et graveur au burin; né à Anvers en 1623; mort à Paris en 1702.

2494. Charles d'Anglure de Bourlemont, archevêque de Toulouse; d'après *L. L. Dict. Ferdinand*. Superbe épreuve, avec marge.

2495. Gabriel-Nicolas de La Reynie, lieutenant-général de police de la ville de Paris, sous Louis XIV. Beau portrait d'après P. Mignard. Très-rare et superbe épreuve avant toutes lettres; elle a de grandes marges. Cabinet Révil.

2496. Pierre Pithou, et François Pithou. Deux pièces. Belles épreuves, mais mal conservées.

SCHUT (Corneille), peintre et graveur à l'eau-forte; né à Anvers en 1590; mort dans la même ville en 1660.

2497. Le Triomphe de la paix. Très-rare et fort belle épreuve d'eau-forte pure.

Le même sujet. Belle épreuve de la planche terminée, avec le titre (en latin) et l'adresse de *C. Galle*.

SCHUTZ (Chrétien-Georges), peintre et graveur à l'eau-forte; né à Flœrsheim, près de Darmstadt, en 1718 ; mort à Francfort-sur-le-Mein en 1791.

2498. Vue d'un village des bords du Rhin; sur un chemin, à droite, quatre figures. Très-belle épreuve.

2499. Paysage, d'après Huysmans de Malines. Morceau rare. Belle épreuve.

SICHEM (Christophe van), graveur sur bois; né en Hollande dans le XVIe siècle.

2500. Portrait d'homme coiffé d'une toque à plumes, et tenant un gant de la main gauche; d'après Henri Goltzius (B. vol. 3, p. 126). Très-belle épreuve, avec marge.

SILVESTRE (Israel), dessinateur et graveur à l'eau-forte ; né à Nancy en 1621; mort à Paris en 1691.

2501. *Veüe et perspectiue du chasteau de fontaine Belleau.* Très-belle épreuve, avec de grandes marges.

SIMONNEAU (Charles) l'aîné, dessinateur et graveur à l'eau-forte et au burin; né à Orléans en 1639; mort à Paris en 1728.

1502. Elisabeth Charlotte Palatine du Rhin, duchesse d'Orléans, d'après Hyacinthe Rigaud. Belle épreuve, mais manquant de conservation.

SMEES (J.....), peintre et graveur à l'eau-forte; né en Hollande dans le XVIIe siècle.

2503. Bucheron debout près d'un ermite assis, dans un pays couvert de rochers (B. 3). Très-belle épreuve.

SOLIS (Virgile), peintre et graveur au burin; né à Nuremberg en 1514; mort dans la même ville en 1562.

2504. Quatre soldats à table, prenant querelle (B. 256); trois hommes jouant de divers instruments de musique (B. 259). Deux pièces. Très belles épreuves.

SOMER (Paul van), peintre et graveur à l'eau-forte et au burin; né à Anvers en 1649; mort vers l'an 1716.

2505. Portrait de Samuel Bernard, peintre du roi, etc; d'après *C. le Feure*. Morceau rare. Très-belle épreuve.

SOMPEL (Pierre van), dessinateur et graveur à l'eau-forte et au burin; né à Anvers en 1600; l'année de sa mort n'est pas connue.

2506. Ixion trompé par Junon, d'après P. P. Rubens (Basan, 18 des sujets de la Fable). Très-belle épreuve du premier état, avec cette adresse : *P. Soutman Excud.*, au-dessous du nom du graveur.

Nota. Les épreuves du dernier état portent l'adresse de G. Valk.

2507. Marguerite de Lorraine, épouse de Gaston de France, duc d'Orléans, d'après Ant. Van Dyck. Très-belle épreuve.

SOUTMAN (Pierre), peintre et graveur à l'eau-forte et au burin; né à Harlem vers 1580.

2508. La Pêche miraculeuse, d'après P. P. Rubens (Basan 47 du Nouv. Test.). Très-belle épreuve du premier état, avant *Clement de Jonghe Ex.*, au-dessous du nom du graveur.

2509. Le même sujet. Très-belle épreuve du deuxième état, *non décrit*, avec l'adresse de Clément de Jonghe.

2510. Le Sacre d'un évêque, d'après P. P. Rubens (Basan, 47 des sujets de saints). Très-rare et fort-belle épreuve du premier état, *non décrit*, avant les mots *P. Soutman fecit et excud.* Cabinet Debois.

2511. Le même sujet. Belle épreuve du deuxième état, avec le nom et l'adresse du graveur.

2512. L'enlèvement de Proserpine, d'après P. P. Rubens (Basan, n° 37 des sujets de la Fable). Superbe épreuve du premier état, *non décrit*, avant le nom du graveur.

2513. Le même sujet. Très-belle épreuve du deuxième état, avec les mots *P. Soutman fecit et excud.;* mais avant l'adresse de *F. de Widt* et la retouche.

2514. Silène ivre, soutenu par une satyresse et par une négresse. Morceau en largeur, d'après P. P. Rubens (Basan, 64 des sujets de la Fable). Belle épreuve.

2515. Le grand Sultan, ou son Visir à cheval, accompagné de ses principaux officiers, à la tête de son armée. Morceau en hauteur, d'après P. P. Rubens (Basan, 34 des sujets d'histoire, etc.). Très-belle épreuve du premier état, *non décrit*, avant le nom du graveur, et avec les mots *Adam Elshamer Inuent*. Extrêmement rare.

2516. Le même. Superbe épreuve du deuxième état, *non décrit*, avec le nom du graveur; mais avant que celui d'Adam *Elshamer* n'ait été effacé et remplacé par ces mots : *P. P. Rub. pinxit*. Elle a de la marge. Très-rare. Cabinet F. Lousbergs, de Gand.

2517. Le même. Belle épreuve du troisième état (le seul décrit), avec le nom de Rubens substitué à celui d'Elsheimer.

2518. Jésus saisi par les Juifs, au jardin des Oliviers; d'après Ant. Van Dyck. Très-belle épreuve.

2519. Le martyre de saint Laurent, d'après Adam Elsheimer. Belle épreuve, mais tachée.

SPIERRE (François), dessinateur et graveur au burin; né à Nancy en 1643; mort à Marseille en 1681.

2520. Deux Femmes présentent à la Vierge assise sur des nuages, un livre sur lequel est écrit : *Annales Mariani*; derrière elles, deux enfants qui portent, l'un une tiare et l'autre deux clés. Pièce en hauteur, d'après Pierre Berettini, dit P. de Cortone. Très-belle épreuve.

2521. Une Assomption : Dieu et les anges reçoivent dans le ciel la Vierge; au bas, le globe du monde, sur lequel est un dragon. Beau morceau, en hauteur, d'après le même peintre. Superbe épreuve, avec marge.

STALBANT (Adrien), peintre et graveur à l'eau-forte; né à Anvers en 1580, où il est mort dans un âge fort avancé.

2522. Riche paysage : vers la droite, sur un terrain élevé, un moulin à vent au bas duquel on décharge une charette; du côté opposé, dans le fond, une vaste abbaye au bord d'une large rivière qui se perd à l'horizon. Dans la marge, à gauche : *Adrianus Van Stal-*

bant fecit in aqua forta. Morceau très-rare. Belle épreuve.

STELLA (Claudine Bouzonnet), a gravé à l'eau-forte et au burin ; née à Lyon en 1636 ; morte à Paris en 1697.

2523. Les Pastorales. Suite de dix-sept pièces, y compris le titre, d'après son oncle Jacques Stella. Le titre et les n°s 5 et 8 *manquent*. Quatorze estampes. Très-belles épreuves.

STELLA (Antoinette Bouzonnet), sœur de la précédente, a gravé à l'eau-forte et au burin.

1524. Des bergers découvrant sur les bords du Tibre Remus et Romulus qu'une louve allaite. Beau morceau en largeur, d'après son frère Antoine Bouzannet Stella. On lit, à droite, sur un berceau : *Antonia B. Stella sculp*. 1676 ; sur la pierre, au-dessous de l'urne qui sert d'appui à la figure du fleuve : *A Stella pinxit* ; et à la gauche de la marge du bas : *C. Stella ex. C. P. Regis aux gallerie du Louure* 1677 *. Très-rare et fort belle épreuve du premier état, avant le nom du peintre.

* Le rédacteur du catalogue Debois a décrit cette pièce comme étant gravée par Antoine Bouzonnet Stella, sans doute parce qu'il a traduit *Antonia* par Antoine. Il se trouve avoir ainsi confondu le graveur, qui est une femme, avec le peintre, qui est un homme ; c'est-à-dire qu'il a pris la sœur pour le frère.

STOCADE (Nicolas de Helt), peintre et graveur à l'eau-forte, sur lequel on ne sait rien, sinon qu'il était le beau-frère de Jean Asselyn.

2525. Portrait d'homme dans un ovale ; il est vu de trois quarts, tourné à gauche et éclairé par la droite. Morceau rare. Très-belle épreuve. Cabinet Debois.

STOOP (Dirk ou Thierry), peintre et graveur à l'eau-forte ; né en Hollande dans le xvii° siècle.

2526. Différents chevaux. Suite de douze pièces (B. 1 à 12). Très-belles épreuves avant les numéros ; au premier morceau, l'adresse de *Clément de Ionghe*. Cabinet Debois.

STORER (Jean-Christophe), peintre et graveur à l'eau-forte ; né à Constance, dáns la Souabe, en 1611 ; mort à Milan en 1671.

2527. Bacchanale où est représenté Bacchus assis sur un léopard. Morceau rare. Très-belle épreuve.

SUBLEYRAS (Pierre), peintre et graveur à l'eau-forte; né à
Uzès en 1699; mort à Rome en 1749.

2528. Le serpent d'airain (R.-D. 2). Rare et belle
épreuve du premier état, *non décrit*, avant quelques
travaux et avant les deux lignes d'inscription : *Tabula
à Petro Subleyras Parisiis....... Anno 1727*.

2529. Le même sujet. Belle épreuve du deuxième état
(celui décrit), c'est-à-dire avec les deux lignes de titre.
Cabinet Robert Dumesnil.

2530. La Magdelaine aux pieds de Jésus (R.-D. 3). Belle
épreuve *non décrite*, avec une tache d'eau-forte vers la
droite de la marge supérieure du cuivre, et avant le
trait échappé dans le bas de la planche, entre les mots
Oratori extraordinario.

2531. Le même sujet. Belle épreuve après que la tache
d'eau-forte a été effacée et avec le trait échappé, mais
avant les deux lignes d'écriture qui ont été ajoutées depuis au bas de la marge à gauche : *Observer que Subleyras n'a fait tirer à Rome que quelques épreuves
de cette planche qui furent mal imprimées. En 1787,
on en a fait tirer seulement cent épreuves pour multi-
plier l'admirable composition du sublime tableau de
même grandeur qui appartient actuellement au roi.*

2532. Le même sujet. Belle épreuve *non décrite*, avec
les deux dernières lignes d'écriture.

2533. Le même sujet. Epreuve du même état que la précédente; elle est imprimée avec de l'encre brune.

SUYDERHOEF (Jonas), dessinateur et graveur à l'eau-forte et
au burin; né à Leyde en 1613; l'année de sa mort n'est pas
connue.

2534. Bacchanale, d'après P. P. Rubens; dans la marge,
le titre : *Visus hebet, fumant..... Pes animusus suum*
(Basan, 54 des sujets de la Fable). Rare et très-belle
épreuve du premier état, avant que l'adresse de *P. Soutman* n'ait été effacée et remplacée par celle de *F. de
Widt.*

2535. Bacchus ivre, soutenu par un satyre et par un

Maure; d'après Pierre-Paul Rubens (Basan, 58 des sujets de la Fable). Très-belle épreuve du premier état,
avant l'adresse de *F. de Widt.*

2536. Sujet allégorique représentant la nuit; dans la
marge, le titre : *Nox*, et huit vers latins : *Languida,
dormitans hæc femina, noctis imagi est.... Displiceat
vitæ Nox scelerata tuæ.* Morceau en hauteur, d'après
J. Sandrart. Très-belle épreuve.

2537. Les bourgmestres d'Amsterdam, d'après T. Keyzer.
Superbe épreuve du premier état, avant les noms d'auteurs dans le bas de la marge inférieure; celui du peintre à gauche, et celui du graveur à droite. Elle a de la
marge. Extrêmement rare. Cabinets William Esdaile
et Verstolk de Soelen.

2538. Trois vieilles femmes dans un chambre, s'occupant
à boire. Cette composition renfermée dans un ovale en
en hauteur, d'après A. Van Ostade, est connue sous
le nom de : *Les trois Commères.* Belle épreuve avec les
angles de la planche blancs; au bas de la droite :
Dancker Danckerts excud. Elle a de la marge.

2539. Le même sujet. Epreuve avec les angles de la
planche couverts de tailles horizontales; l'adresse de
Nicolaus Visscher excu. est substituée à celle de
Dancker Danckerts.

2540. Les Joueurs de trictrac. Composition de sept figures, d'après Ad. Van Ostade. Très-belle épreuve.

2541. Fumeurs assis devant un cabaret. Morceau en
hauteur composé de sept figures, d'après A. Van Ostade.
Très belle épreuve avec de grandes marges.

2542. Le Bal, d'après A. Van Ostade. Belle épreuve du
premier état, avant que l'adresse de *P. Goos* n'ait été
effacée et remplacée par celle de *Justus Danckerts.*
Cabinet Debois.

2543. La Querelle des paysans, ou le Coup de couteau.
Pièce en hauteur, d'après A. Van Ostade. Superbe
épreuve du premier état, avant l'adresse de *Clément de*

Ionghe, et avant grand nombre de changements dans les travaux, notamment sur les jambes de trois personnages. A cette épreuve, les jambes sont couvertes de tailles et de contre-tailles, dans le même caractère d'exécution que le reste du travail, tandis que dans les épreuves des états postérieurs, ces travaux ont été effacés et remplacés par de simples tailles au burin, à l'exception du côté des ombres. Extrêmement rare. Cabinet Verstolk de Soelen.

NOTA. Aux épreuves du deuxième état se trouvent les modifications dont nous venons de parler; mais on n'y voit pas encore l'adresse de Clement de Jonghe. C'est une épreuve de cet état que le rédacteur du catalogue de la vente du cabinet de M. Th.... (Thorel), 1853, a annoncé par erreur comme étant *la seule connue* avant les contre-tailles sur les bas d'un des joueurs, tandis que cette prétendue remarque d'antériorité se trouve encore sur les épreuves des deux derniers états que nous allons indiquer :

Aux épreuves du troisième état, on lit l'adresse de Clemendt de Jonghe; mais on n'y voit naturellement pas les contre-tailles en question, puisqu'elles ont été effacées dès le premier état, qui, nous le répétons, se distingue par la présence des contre-tailles et non par leur absence. L'erreur de l'expert de la vente Thorel est d'autant plus difficile à comprendre qu'il avait sous les yeux une épreuve de ce troisième état, qui faisait partie de la vente.

Aux épreuves du quatrième état, l'adresse de *F. de Wit* est substituée à celle de Clemendt de Jonghe; elles sont pour tout le reste semblables à celles des deux états qui précèdent.

2544. La Querelle des joueurs, pièce dite aussi *le Coup de couteau*, d'après G. Terburg. Belle épreuve tirée avant que l'adresse de *Clément de Jonghe*, au milieu du bas de la marge inférieure, n'ait été effacée et remplacée par celle de *F. de Widt*. Collection Donadieu.

2545. Charles duc de Bourgogne, dit le Téméraire. Très-belle épreuve.

2546. Ferdinand III, empereur d'Allemagne. Très-belle épreuve.

2547. Philippe Ier, dit le Bel, archiduc d'Autriche, etc. Très-belle épreuve du premier état, *non décrit* : elle est tirée avant divers travaux, principalement au bas de la gauche, où l'on voit ordinairement une deuxième contre-taille en sens inverse de la première. Cabinet Debois.

2548. Philippe II, roi d'Espagne. Très-belle épreuve.

288

2549. Philippe III, roi d'Espagne. Très-belle épreuve.

2550. René Descartes, d'après F. Hals. Très-belle épreuve
du premier état*, avec cette adresse : *P. Goos excudit*

> * Aux épreuves du deuxième état, l'adresse de C. Allard a été substituée à
> celle de P. Goos ; à celles du troisième état, les mots *Carolus Allard excudit
> cum Privilegio* ont été enlevés.

2551. Georges-Christophe Liber, baron de Haslang.
Très-belle épreuve, avec marge. Cabinet Debois.

2552. Portrait de François Post, peintre, d'après F. Hals ;
il est vu à mi-corps et assis, la tête couverte d'un chapeau de forme élevée. Morceau en hauteur, presque
carré, sans aucunes lettres. Rare. Superbe épreuve ; elle
porte, au verso, la signature de *J. G. Wille* et la date
de 1750. Cabinet Révil.

2553. André Rivet, d'après P. Dubordieu. Rare et superbe épreuve du premier état, avant l'adresse de Corneille Banheinningh, dans le bas de la marge inférieure ; elle a de grandes marges.

2554. N. Smaltius, chirurgien et opérateur, de la ville
de Harlem.-Très-belle épreuve.

2555. Frédéric Spanheim, docteur et professeur de théologie à Leyde ; d'après P. Dubordieu. Très-belle épreuve ;
elle porte, au verso, la signature de *P. Mariette* et la
date de 1669.

2556. Eléazar Swalmius, pasteur de l'église réformée, à
Amsterdam ; d'après Rembrandt. Très-belle épreuve
avec l'adresse de *P. Goos ;* elle a de la marge.

2557. Wickenburgh, ecclésiastique ; d'après F. Hals. Rare
et très-belle épreuve du premier état, avant les noms
du peintre, du graveur et de l'éditeur ; elle a, au verso,
une écorchure.

SWANEUELT ou SUANEVELT (Herman van), peintre et
graveur à l'eau-forte ; né à Voerden en 1620 ; mort à Rome en
1690.

2558. *Variæ campestrum fantasiæ.* Suite de vingt-quatre paysages dans des formes ovales (B. 1 à 24). Très-belles épreuves.

2559. Satyre jouant du chalumeau; planche ovale (B. 25). Morceau très-rare. Superbe épreuve.

Différents animaux. Suite de sept estampes : les Chameaux (B. 26); les Bœufs (B. 27); les Anes (B. 28); les Béliers (B. 29); les Chèvres (B. 30); les Chèvres d'Angora (B. 31); les Cochons (B. 32). Très-belles épreuves du premier état, avant la lettre.

La même suite (B. 26 à 32). Belles épreuves du deuxième état, exception faite du n° 27 (qui est ici avant la lettre), avec le nom du graveur et l'adresse d'Audran.

2560. Paysages ornés de satyres. Suite de quatre estampes (B. 49 à 52). Belles épreuves du premier état, avant l'adresse de H. Bonnart.

2561. *Diuerses veuës dedans et dehors de Rome, desinée par Herman van Swaneuelt. Dédiée aux vertueux. Auec Priuil. du Roy.* 1653. Titre gravé au premier morceau d'une suite de treize estampes (B. 53 à 65). Très-belles épreuves du premier état, avec les mots : *et ex.* ou *et excudit.*

2562. La vue de Rome (B. 76). Belle épreuve du premier état, *non décrit,* avant que le contour des fonds, gravés par Israël Silvestre, n'ait été mieux exprimé.

2563. La même vue. Belle épreuve du deuxième état, avec les fonds terminés.

2564. La Dame au parasol (B. 85). Belle épreuve du premier état, avec les mots *et excudit,* à la suite du mot *fecit.*

2565. Le Salut (B. 86). Belle épreuve du premier état, avec les mots *et excudit.*

2566. L'Hôpital (B. 87). Belle épreuve du premier état, avec les mots *et excudit.*

2567. Les Voyageurs (B. 88). Belle épreuve du premier état, avec les mots *et excudit.*

19

2568. Le Bois bordé par un ruisseau (B. 89). Très-belle épreuve du premier état, avec les mots *et excudit*.

1569. Les Blanchisseuses (B. 90). Belle épreuve du premier état, avec les mots *et excudit*.

2570. La Grotte de la nymphe Égérie (B. 91). Très-belle épreuve du premier état, avec les mots *et excudit*.

2571. La Porte de ville (B. 92). Très-belle épreuve du premier état, avec les mots *et excudit*.

La même Porte de ville (B. 92). Belle épreuve du second état, avec l'adresse de *H. Bonnart* substituée à celle du graveur.

2572. Le Pain distribué aux pauvres (B. 93). Très-belle épreuve du premier état, avec les mots *et excudit*.

2573. Le Château au haut du rocher (B. 94). Belle épreuve du premier état, avec les mots *et excudit*.

2574. Mercure imposant silence à Battus (B. 95). Belle épreuve du deuxième état, avec l'adresse de *Pierre Mariette* substituée à celle de *J. Valdor*.

2575. Battus transformé en pierre (B. 96). Très-belle épreuve du premier état, avec l'adresse de *J. Valdor*.

2576. Vénus présentant à Diane l'Amour et le jeune Adonis (B. 103). Très-belle épreuve du premier état, avec les mots *et excudit*.

2577. Vénus exerçant Adonis à la petite chasse (B. 104). Très-belle épreuve du premier état, avec les mots *et excudit*. Cabinet Rigal.

2578. La Magdeleine en pénitence (B. 107). Très-belle épreuve du premier état, avec les mots *et excudit*.

2579. Saint Antoine l'hermite (B. 108). Très-belle épreuve du premier état, avec les mots *et excudit*.

2580. Balaam (B. 111). Très-belle épreuve du premier état constaté par Bartsch, c'est-à-dire avec l'adresse de *K. Audran*.

2581. La Montagne (B. 113). Très-belle épreuve du premier état, avec les mots *et excudit*.

2582. La grande Cascade (B. 114). Très-belle épreuve du premier état, avec les mots *et excudit*; elle a de grandes marges.

2583. Le Bouquet d'arbres (B. 115). Belle épreuve du premier état, avec les mots *et excudit*.

SWEERTS (Le chevalier Michel), peintre et graveur à l'eau-forte; né dans la deuxième moitié du XVIIe siècle.

2584. Portrait d'homme (B. 5). Très-belle épreuve.

TANJE (Pierre), graveur à l'eau-forte et au burin; mort à Amsterdam en 1760.

2585. Job assis sur un fumier, visité par ses amis. Morceau en hauteur, d'après Corneille Troost. Très-belle épreuve.

TARAVAL (L. Gustave), dessinateur et graveur à l'eau-forte, Français; florissait dans la deuxième moitié du siècle dernier.

2586. *Le Pape portant le Saint-Sacrement le jour de la Fête-Dieu à Rome*, 1788, d'après Le Sueur. Deux belles épreuves avec différences : la première à l'eau-forte pure, très-rare; la seconde terminée, avec la lettre.

TARDIEU (Nicolas-Henri), dessinateur et graveur à l'eau-forte et au burin; né à Paris en 1674; mort dans la même ville en 1749.

2587. Le Plaisir pastoral, d'après A. Watteau; au milieu du bas de la marge inférieure : *tiré du cabinet de Mr P. Mariette, à Paris. Avec privilége du Roy.* Très-belle épreuve, avec de grandes marges.

2588. M. de Jullienne et Ant. Watteau, représentés dans un paysage en hauteur, d'après ce peintre. Très-belle épreuve.

TARDIEU (Pierre-Alexandre), graveur au burin; né à Paris en 1756; mort en 1844.

2589. Saint Michel terrassant le démon, d'après le tableau de Raphaël. Belle épreuve avant la lettre; seulement les noms d'auteurs, très-légèrement tracés à la pointe.

2590. Le comte d'Arundel, d'après Ant. Van Dyck. Très-rare et fort belle épreuve du premier état, avant la lettre, la bordure et les armes ; seulement les noms d'auteurs gravés au burin, et celui du personnage tracé en écriture anglaise. Elle a de grandes marges. Cabinet Debois.

TENIERS (Les David), père et fils, peintres et graveurs à l'eau-forte ; nés à Anvers, l'un en 1582, l'autre en 1610 ; morts, le premier dans la même ville en 1649, le second à Bruxelles en 1690. V. *le Catalogue Rigal, page* 361, *dont nous suivrons les numéros.*

2591. Paysan à table, tenant son verre d'une main, et passant l'autre autour du cou d'une femme assise à côté de lui. (13). Très-belle épreuve.

2592. Une vieille, deux paysans et une paysanne, un enfant sur ses genoux, se chauffent à un feu allumé près d'une grande chaumière, à la droite d'une campagne vue au clair de lune (24). Belle épreuve.

2593. Paysan en chapeau à larges bords, appuyé sur un bâton (25). Belle épreuve.

2594. Vieux villageois prêt à jouer de la musette (28). Belle épreuve.

2595. Deux paysans dirigés vers la gauche ; l'un debout, l'autre en marche (29). Belle épreuve.

2596. Paysan vu à mi-corps, en bonnet de fourrure et le verre à la main, près d'une table sur laquelle est une cruche (32). Très-belle épreuve.

2597. Scènes pastorales, suite de quatre estampes (33 à 36). Belles épreuves.

2597. Paysans qui tirent au blanc ; à gauche, deux chaumières. Composition de huit figures (37). Très-belle épreuve du premier état, avant l'adresse de F. V. Wyngaerde.

2599. Les joueurs de boules, près d'un cabaret de campagne. Composition de dix figures (38). Belle épreuve du deuxième état, avec *F..V..W..ex..;* elle est signée *C. Augustin Mariette.*

2600. La Danse au son de la musette. Composition de neuf figures (39). Belle épreuve du premier état, avant l'adresse de F. Van den Wyngaerde; elle porte la même signature que la précédente.

2601. Réunion de Buveurs et de Fumeurs devant la porte d'un cabaret. Composition de six figures (40). Belle épreuve du deuxième état, avec *franc V. Wyn. ex.*; elle porte aussi la signature de *C. Augustin Mariette.*

TERWESTEN (Augustin), peintre et graveur à l'eau-forte; né à La Haye en 1649; mort à Berlin en 1711.

2602. Sujet pastoral : vers le milieu, une femme à genoux trait une vache; à droite, un homme porte un seau. Ce beau et rare morceau en largeur, sans nom ni marque, nous paraît être gravé d'après Benedette Castiglione. Très-belle épreuve.

TESTA (Pierre), peintre et graveur à l'eau-forte; né à Lucques en 1617; mort à Rome en 1650.

2603. Le Sacrifice d'Abraham (B. 2). Très-belle épreuve.

2604. L'Histoire de l'Enfant prodigue. Suite de quatre pièces (B. 5 à 8). Belles épreuves du premier état, avant l'adresse de H. Mauperché.

2605. Les sept Sages de la Grèce discourant ensemble à table (B. 18). Belle épreuve du premier état, avant l'adresse d'*Arnould Van Westerhout*, qui a été effacée dans le dernier état et remplacée par celle de *Vincent Billij*.

TESTA (Jean-César), neveu du précédent, dessinateur et graveur à l'eau-forte; né à Rome en 1636; l'année de sa mort n'est pas connue.

2606. La Communion de saint Jérôme, d'après Dominique Zampieri, dit *le Dominiquin*. Belle épreuve du premier état, avant que l'adresse de François Collignon n'ait été effacée et remplacée par celle de Vincent Billij.

THÉODORE, élève de Francisque Millet, peintre et graveur à l'eau-forte; né à Paris, selon toute apparence, dans la deuxième moitié du XVIIe siècle.

2607. La Femme assise près d'un vase (R.-D. 7). Très-

belle épreuve du premier état, avant que l'adresse de
Simon n'ait été effacée.

2608. Le Pêcheur dans la nacelle (R.-D. 8). Très-belle
épreuve du premier état, avant que l'adresse de Simon
n'ait été effacée.

2609. La Fuite en Égypte (R.-D. 10). Très-belle épreuve
du premier état, avant que l'adresse de Simon n'ait été
effacée.

2610. Les Filles de Cécrops (R.-D. 12). Très-belle
épreuve du premier état, avant que l'adresse de Simon
n'ait été effacée.

2611. L'Orage (R.-D. 14). Très-belle épreuve du premier état, avant que l'adresse de Simon n'ait été effacée.

2612. La Fontaine (R.-D. 15). Très-belle épreuve du
premier état, avant que l'adresse de Simon n'ait été
effacée.

2613. La petite Famille (R.-D. 18). Très-belle épreuve
du premier état, avant que les fabriques du fond n'aient
été ombrées.

2614. Les deux Hommes marchant de compagnie (R.-
D. 20). Très-belle épreuve du premier état, avant l'a-
dresse de Crépy.

2615. Le Pêcheur à la ligne (R.-D. 22). Très-belle
épreuve du premier état, avant l'adresse de Crépy.

THOMAS (J.....), dessinateur et graveur contemporain.

2616. Intérieur d'église; sur le devant, deux femmes à
genoux, font leur prière; plus loin, un homme assis.
Morceau en travers, d'après C. Daly. Belle épreuve sur
papier de Chine, à toutes marges.

Vue de la Cathédrale de Paris, d'où sort une procession
ayant le suisse en tête. Deux belles épreuves sur papier
de Chine : la première à l'eau-forte pure; la seconde
terminée, mais avant toutes lettres.

THOMASSIN (Henri-Simon), graveur à l'eau-forte et au burin; né à Paris en 1688; mort dans la même ville en 1741.

2617. F. Sébastien Truchet, d'après *Elizabeth Cheron le Hay*. Très-rare et fort belle épreuve, avant la lettre et avant divers travaux.

2618. Le même. Très-belle épreuve avec la lettre; elle a de grandes marges.

TIEPOLO (Jean-Baptiste), peintre et graveur à l'eau-forte; né à Venise en 1697; mort à Madrid en 1770.

2619. Divers Caprices en onze pièces, y compris le titre: *Varj Capriccj Inventati, ed Incisi dal celebre Gio. Battista Tiepolo et etc.* Epreuves avec toutes leurs marges.

TIEPOLO (Jean-Dominique), fils du précédent, peintre et graveur à l'eau-forte; né à Venise en 1727; l'année de sa mort n'est pas connue.

2620. Jérôme Emiliani faisant des distribution aux pauvres, pendant la famine, en 1518. Belle épreuve.

TITIEN VECELLI, peintre; né à Cadore, dans le Frioul, en 1477; mort à Venise en 1576.

2621. Portrait d'une dame (B. 4). Rare. Très-belle épreuve.

TORTEBAT (François), peintre et graveur à l'eau-forte; né à Paris en 1600, selon les uns, et seulement en 1626 selon d'autres; mort dans la même ville en 1690.

2622. Curius-Dentatus (R.-D. 11). Belle épreuve.

La Paix (R.-D. 12). Belle épreuve.

TOSCHI (Paul), dessinateur et graveur à l'eau-forte et au burin; né à Parme en 1788.

2623. Le Portrait de Léopold II, duc de Toscane. Très-belle épreuve avant toutes lettres; elle a de grandes marges.

TRENTE (Antoine de), dont le nom de famille était *Fantuzzi*, peintre et graveur à l'eau-forte et en clair-obscur; né probablement à Trente vers le commencement du XVIe siècle.

2624. Saint Jean-Baptiste dans le Désert, d'après le Parmesan (B. XII, Section 4, n° 17). Très-belle épreuve.

TRIMOLET (Louis), peintre et graveur à l'eau-forte; né à Paris en 1815; mort dans la même ville en 1843.

2625. Le Pauvre. Il est représenté assis à terre, le dos contre un mur. Morceau en hauteur. Deux épreuves : la première avant toutes lettres; la seconde sur papier de Chine, avec le nom du graveur et deux lignes de titre.

TRIVA ou de **TRIVIS** (Antoine), peintre et graveur à l'eau-forte; né à Reggio en 1627; mort à Munich en 1699.

2626. Repos en Egypte (B. 2). Pièce rare. Très-belle épreuve.

TROOSTWYCK (Wouter Jean van), peintre et graveur à l'eau-forte; né à Amsterdam en 1782; mort dans la même ville en 1810.

2627. A gauche, au bord d'une mare, un bœuf se frotte à un tronc d'arbre dépouillé de ses branches et de son écorce; du côté opposé, une vache couchée vue de dos. Belle épreuve.

2628. Sur le devant à gauche, une vache couchée vue de dos; au milieu du second plan, une autre vache debout tournée vers la droite. Belle épreuve.

2629. Deux vaches couchées au pied d'un saule, et une troisième debout regardant à gauche. Belle épreuve.

2630. Deux vaches au pâturage : l'une dirigée à gauche, broute l'herbe; l'autre, vers la droite, est couchée au pied d'un arbre. Belle épreuve.

2631. Jeune taureau dirigé à droite et paissant; à son joug une chaîne. Belle épreuve.

TROUVAIN (Antoine), graveur au burin; né à Mont-Didier en 1666; mort à Paris en 1710.

2632. *Denise fille de Jean Camusat et femme de Pierre Le Petit* (imprimeur-libraire), *morte le XXII novembre 1675, âgée de 46 ans.* Portrait dans une bordure ovale en hauteur. Rare et très-belle épreuve avant la lettre; seulement le nom du graveur et l'année 1697. Elle a de la marge.

2633. Le même portrait. Très-belle épreuve avec l'inscription sur l'ovale, et les six vers français dans la tablette pratiquée au-dessous de la bordure ; elle est à toutes marges.

TROYEN ou **VAN TROYEN** (Jean), graveur à l'eau-forte et au burin ; né dans les Pays-Bas, vers 1610.

2634. Portrait de femme, d'après Jacques Palme, le jeune. Belle épreuve.

UDEN ou **VDEN** (Lucas van), peintre et graveur à l'eau-forte ; né à Anvers en 1595 ; mort dans la même ville en 1662.

2635. La colline escarpée à droite (B. 12). Très-belle épreuve, avec marge.

2636. Vue d'un Bois (B. 18). Très-rare et fort belle épreuve du premier état, *non décrit*, avant le chiffre romain VI.

2637. Le grand chemin, dans un pays en partie couvert de bois (B. 42). Très-belle épreuve. Cabinet Debois.

2638. Vue d'un couvent de capucins (B. 56). Très-belle épreuve.

2639. Les deux villageoises dans une campagne où sont cinq vaches (B. 58). Superbe épreuve.

2640. Village au bord d'un ruisseau (B. 59). Très-rare et belle épreuve du premier état, avant le nom de Rubens et avant grand nombre de travaux au burin.

2641. Le même paysage (B. 59). Très-belle épreuve du deuxième état.

UMBACH (Jonas), peintre et graveur à l'eau-forte ; né à Augsbourg en 1624 ; mort dans la même ville en 1700.

2642. David tenant la tête de Goliath. Très-belle épreuve du premier état, avant l'adresse de Jérémie Wolff.

2643. Suzanne au bain. Elle est assise, vue de profil, s'essuyant le pied droit. Très-belle épreuve du premier état.

2644. L'aumône de saint Martin. Très-belle épreuve du premier état.

2645. Saint Jérôme dans le désert, assis à gauche et lisant dans un livre. Très-belle épreuve du premier état.

2646. Saint François à genoux, recevant les stigmates. Très-belle épreuve du premier état.

2647. Le même saint, représenté assis et recevant les stigmates. Très-belle épreuve du premier état.

2648. Bacchanale : Bacchus debout, tenant de la main droite une coupe; à ses pieds, quatre enfants. Très-belle épreuve du premier état.

2649. Deux vues des Cascatelles de Tivoli. Morceaux en hauteur. Très-belles épreuves.

2650. Quatre paysages en travers : le premier offre la vue du temple de la Sibylle Tiburtine à Tivoli; les trois autres représentent des ruines dans la campagne de Rome. Très-belles épreuves du premier état (exception faite de la vue du temple de la Sibylle, qui est avec l'adresse de *Jér. Wolff*).

2651. Suite de six paysages en travers; quatre sont ornés de ruines; au milieu du premier morceau : *Ionas Vmbac in Avgspvrg* 1678. Très-belles épreuves.

UYTENBROUCK ou VYTENBROÉCK (Moyse van), surnommé *le Petit-Moyse*, peintre et graveur à l'eau-forte et au burin; né à La Haye; florissait dans la première moitié du xviie siècle.

2652. Agar dans le désert, son fils appuyé sur elle (B. 5). Très-belle épreuve du premier état, avec cette indication d'éditeur : *I. V. exc.*, sur le ciel, au dessous du nom du maître.

La même. Belle épreuve du deuxième état, avec l'adresse de *C. I. Visscher ex.*, substituée à celle de *I V exc.*

2653. Femme sortant du bain (B. 39). Beau morceau, d'un effet singulièrement piquant. Superbe épreuve du premier état, avant le nom du maître.

2654. Le Temple (B. 58). Belle épreuve. Cabinet Rigal.

VALESIO (Jean-Louis), peintre et graveur au burin ; né à Bologne en 1561 ; mort à Rome en 1640.

2655. Vénus châtiant l'Amour avec un bouquet de roses (B. 5). Très-belle épreuve.

VANGELISTI (Vincent), graveur au burin et dans la manière du lavis et du crayon ; né à Florence en 1738 ; mort à Paris, on ne sait en quelle année.

2656. *Charles Gravier, comte de Vergennes, conseiller d'État ordinaire, ministre et secrétaire d'État et du Conseil royal des finances.* Beau portrait, d'après Callet. Rare et très-belle épreuve avant les noms d'auteurs et l'adresse, et avec *Xavier* pour *Gravier*.

2657. Le même. Épreuve avec les noms du peintre et du graveur, et avec l'adresse ; la faute au titre est corrigée.

VASSEUR (Jean-Charles le), graveur à l'eau-forte et au burin ; né à Abbeville en 1734 ; l'année de sa mort n'est pas connue.

2658. La mort d'Adonis, d'après F. Boucher. Très-belle épreuve avec l'adresse du graveur.

VELDE (Jean Van de), peintre et graveur à l'eau-forte et au burin ; né à Leyde, vers la fin du seizième siècle.

2659. L'histoire du prophète Jonas. Suite de quatre morceaux en hauteur, d'après W. Buytenweg. Rares et belles épreuves du premier état, avant la répétition du numéro au bas de la marge inférieure de chaque pièce ; les deux derniers sujets portent l'adresse du graveur.

Le quatrième morceau de la suite précédente. Belle épreuve du deuxième état, après que l'adresse a été effacée et avec le n° 4 ; elle a de grandes marges.

2660. Tobie instruit par l'ange Raphaël pendant son voyage, d'après M. Wytenbroeck. Belle épreuve du premier état, avant le n° 3 à la droite du bas de la marge inférieure.

2661. La faiseuse de beignets. Belle épreuve, mais manquant de conservation.

2662. Deux enfants dansent pendant la nuit, en présence de nombreux spectateurs. Morceau piquant d'effet, d'après P. de Molyn. Très-belle épreuve.

2663. L'Etoile des rois; procession faite pendant la nuit. Morceau d'un grand effet, d'après P. de Molyn. Très-rare et superbe épreuve du premier état, avant l'adresse de *I C* (Jean-Nicolas) *Visscher*.

2664. Le même sujet. Belle épreuve du deuxième état, avec l'adresse.

2665. Vieillard exprimant sa passion à une fille qui est près de lui; dans la marge : *Decrepitus juvenem lepidamque... turpi victus amore, Senex.* Morceau en hauteur, d'après un dessin de Henri Gotizius, dans la manière de Lucas de Leyde (B. Vol. III, p. 113). Belle épreuve.

2666. Fête de village; dans la marge, six vers latins :
Nemo adeo est durus,. . . .
. . . . . Bacchum quam strenue honorant.
Superbe épreuve tirée avant que l'adresse de *I. C. Visscher* n'ait été effacée et remplacée par celle de *F. de Wit.*

2667. Les quatre heures du jour. Rares et très-belles épreuves du premier état, avant les numéros; elles sont à toutes marges.

2668. Les mois de l'année. Suite de treize pièces; le titre représente l'été sous les traits d'une jeune fille et l'hiver sous ceux d'une vieille femme. Belles épreuves.

2669. Jean Isaac Pontanus, historien, philologue et médecin, d'après *Isac Isaxs.* Très-rare. Superbe épreuve.

2670. Jean Torrentius, peintre. Portrait rare. Très-belle épreuve.

VELDE (ADRIEN VAN DE), peintre et graveur à l'eau-forte; né à Amsterdam, en 1639; mort dans la même ville, en 1672.

2671. Les Chèvres (B. 10). Ancienne et très-belle épreuve.

VEEN (Martin Van), dit *Martin Heemskerck*, peintre et graveur à l'eau-forte; né à Heemskerck, en 1498; mort à Harlem,
en 1574.

2672. Holopherne et Achior. Rare et très-belle épreuve
du premier état, avant la lettre et le n° 1 ; seulement,
le monogramme formé d'un *M* et d'un *H* sur une
pierre à la droite du bas.

2673. Le même sujet. Belle épreuve du deuxième état,
avec cette inscription: *Indignatus Holofernes dixit ad
Achior, cap.* 6, vers la gauche du bas, entre les picds
d'Holopherne, et tout à fait à l'angle inférieur de ce
même côté, le n° 1.

VERBOECKHOVEN (Eugène-J....), peintre et graveur à l'eau-
forte; né à Warnéton (Belgique), le 8 juin 1798. Résidant à
Bruxelles.

2674 L'Ane et le Cheval; la Grenouille et le Bœuf. Deux
pièces. Belles épreuves avant la lettre, sur papier de
Chine; elles ont de grandes marges.

2675. Le Gué, d'après le tableau du maître faisant partie de la galerie de M. le baron de Rothschild, à Paris.
Belle épreuve, avec marge.

VERMEULEN (Corneille), graveur au burin; né à Anvers,
vers 1644; mort à Paris en 1710.

2676. Mezetin en pied, d'après F. de Troy. Très-rare et
superbe épreuve avant toutes lettres.

2677. Le même. Belle épreuve avec la lettre.

VICO (Eneas), dessinateur et graveur au burin; né à Parme,
entre 1510 et 1520; mort à Ferrare, vers 1570.

2678. Les Amours de Mars et de Vénus (B. 21). Très-
belle épreuve du premier état, avant l'adresse : *Ant.
Sal. exc.* au milieu de la marge du bas.

2679. Sujet d'une des histoires fabuleuses d'Albert d'Eyb,
représentant la punition d'une courtisane qui s'était
moquée du poète Virgile (B. 46.). Ancienne épreuve
de l'édition d'Antoine Salamanca.

2680. L'Académie de Baccio Bandinelli, d'après ce maître (B. 49). Très-rare et superbe épreuve du premier état, avant le nom du graveur sur le feuillet blanc du livre ouvert, etc. Cabinet Gérard.

VIEN (MARIE-JOSEPH), peintre et graveur à l'eau-forte; né à Montpellier en 1716; mort à Paris en 1809.

2681. Suite de trente pièces numérotées de 1 à 30, représentant les divers habillements de la mascarade turque faite à Rome en 1748, par les pensionnaires de l'Académie royale de France. Très-belles épreuves avec de grandes marges.

VIGNON (CLAUDE), peintre et graveur à l'eau-forte; né à Tours, en 1590 ou 1593; mort à Paris en 1670.

2682. Le Baptême de l'eunuque de Candace (R.-D. 22). Superbe épreuve du premier état, avant l'adresse de *Mariette*.

VILLAMENA (FRANÇOIS), dessinateur et graveur au burin; né à Assise en 1566; mort à Rome en 1626.

2683. La sainte Famille, d'après Raphaël. Superbe épreuve. Cabinet Perichon.

VILLEREY (ANTOINE-CLAUDE-FRANÇOIS), graveur à l'eau-forte et au burin; né à Paris en 1768.

2684. La Cruche renversée, d'après P. P. Prud'hon. Superbe épreuve avant la lettre; seulement les noms d'auteur. Elle est à toutes marges.

VINCENT (FRANÇOIS-ANDRÉ), peintre et graveur à l'eau-forte; né à Paris en 1746; mort dans la même ville en 1816.

2685. Vieillard à barbe, vu à mi-corps. Au bas de la gauche, le nom du maître et la date de 1782 écrits à rebours. Morceau rare. Superbe épreuve.

VISSCHER (JEAN-NICOLAS), dessinateur, graveur à l'eau-forte et marchand d'estampes; né à Amsterdam, vers 1580; l'année de sa mort n'est pas connue.

2686. Trois petits Paysages en largeur, faisant partie d'une suite. Ils portent les n°s 3, 5 et 12. Belles épreuves.

VISSCHER ou DE VISSCHER (CORNEILLE), dessinateur et graveur à l'eau-forte et au burin; né à Harlem, dans la première moitié du dix-septième siècle.

2687. Le Christ au tombeau, d'après le Tintoret (n° 4 des sujets). Très-belle épreuve.

2688. Les quatre Évangélistes (10). Superbes épreuves
du premier état, avant que les mots *et Excudebat Har-
lemi* et l'année 1650, au-dessous du nom du graveur,
n'aient été effacés.

2689. La Fricasseuse (14). Superbe épreuve du premier
état, avant toute adresse.

2690. La même. Épreuve du quatrième état, après que
la dernière adresse, celle de Nicolas Visscher, a été enlevée et la planche retouchée par Basan, épreuve qu'il
ne faut pas confondre avec celle du premier état.

On observera que lors de cette retouche, les chairs, principalement le front
de la fricasseuse, ont été empâtés avec de gros points, qu'en effaçant le nom de
l'éditeur on a empiété sur la partie ombrée où se voit le nom de Corn. Visscher,
et que cette place n'a pas été raccordée du même ton que la partie ombrée.

2691. La Bohémienne (17). Très-belle épreuve tirée
avant que l'adresse de Clémendt de Jonghe n'ait été
effacée.

2692. Attaque d'un convoi, d'après P. de Laer (18).
Très-belle épreuve du premier état, avant la lettre.
Cabinet Verstolk de Soelen.

2693. Scène de voleurs au clair de lune. Pièce en hauteur, d'après P. de Laer (21). Très-rare et superbe
épreuve avant la lettre.

2694. Le même sujet (21); Villageoise et jeune Garçon
gardant des animaux (22). Ce morceau, qui fait le
pendant du précédent, est aussi d'après P. de Laer.
Deux estampes. Belles épreuves avec la lettre.

2695. Un Homme et une femme assis devant une table
ronde, d'après A. Van Ostade (25). Belle épreuve,
mais laissant à désirer pour la conservation.

2696. Chirurgien pansant le pied d'un homme, d'après
Brouwer (29). Superbe épreuve du premier état, *non
décrit*, ayant l'inscription dans la marge du bas, et
avant le nom du peintre au-dessous du pied droit du
chirurgien. Extrêmement rare. Cabinet Verstolk de
Soelen.

2697. Le même sujet. Rare et très-belle épreuve du deuxième état, avec le nom du peintre, mais avant la lettre dans la marge inférieure. Cabinet Verstolk de Soelen.

2698. Le même sujet. Épreuve du troisième état, avec l'inscription, dans la marge : *Ure, seca, purga...., est medicina dolor*, et au-dessous l'adresse de *J. Covens et C. Mortier.*

2699. L'Antiquaire (3o). Belle épreuve avant la lettre, mais tachée d'eau dans la marge du bas.

2700. L'Hôtellerie, d'après P. de Laer (33). Très-rare et superbe épreuve du premier état, avant la lettre et le numéro. Cabinets de Graves et Verstolk de Soelen.

2701. Le même sujet. Belle épreuve du deuxième état, avec le nom du peintre, l'adresse de *Frederick de Widt* et le n° 1. Cabinet Verstolk de Soelen.

2702. Chat accroupi, derrière lequel est un rat (5i). Très-belle épreuve.

2703. Gellius de Bouma, ministre de l'Evangile à Zut-phen (n° 4 des portraits). Superbe épreuve du premier état, avant la totalité de l'écriture sur les feuillets du livre. A cette épreuve, dite *au livre blanc*, il n'y a d'écriture qu'au feuillet gauche, à l'endroit où le livre est ouvert ; des douze lignes qui y sont tracées, le mot *Amsterdam* qui forme la douzième, est le seul visible. Elle a de la marge. Extrêmement rare. Cabinet Verstolk de Soelen.

2704. Le même. Superbe épreuve du deuxième état, avec l'écriture figurée sur les feuillets du livre ; mais avant l'adresse : *Tot Amsterdam by Johannes Covens en Cornelis Mortier*, et avant l'année 1656.

Nota. Aux épreuves du dernier état, l'adresse et l'année ont été enlevées ; ces épreuves sont, en général, assez faibles de ton, et imprimées sur un papier plus fort que celui qu'on a employé lors du tirage des épreuves du second état.

110. 2705. Vondel, célèbre poète hollandais, représenté à mi-corps et assis, tenant un papier à la main (15). Rare et superbe épreuve avant la lettre. Cabinet Debois.

3. 2706. Hélène-Éléonore de Sieveri, d'après Ant. Van Dyck (18). Très-belle épreuve.

14. 2707. Portrait du pape Alexandre VII (19). Rare et très-belle épreuve du premier état, avec les mots *et excud.* à la suite de ceux-ci : *Corn. Visscher delin. sculp.*

3.7 2708. Le même. Très-belle épreuve du deuxième état, avec l'adresse de *Clémendt de Jonghe* substituée à celle du graveur.

39 2709. Coppenol, maître écrivain de Hollande, vu jusqu'aux genoux, assis, tenant de la main droite une plume. Portrait connu sous le titre de *l'Écrivain* (22). Très-belle épreuve avant toutes lettres.

6. 2710. Le même. Très-belle épreuve avec la lettre.

40 2711. Pierre Scriverius, de Harlem, d'après P. Soutman (23). Superbe épreuve du premier état, avec le mot *hac* pour *hæc*, au commencement de l'avant-dernier vers. Elle a de la marge. Extrêmement rare.

9.10 2712. Le même personnage. Très-belle épreuve du deuxième état, avec le mot *hæc*, la faute ayant été corrigée.

19.0 2713. Jean de Paep, représenté en buste * (25). Très-rare et superbe épreuve du premier état, avant toutes lettres ; elle a de la marge et elle porte, au verso, la signature de *P. Mariette* et la date de 1671. Cabinet Debois.

* Le rédacteur du Catalogue Debois a décrit la présente estampe comme étant le portrait de Jean de Paep, montrant d'une main la Bourse d'Amsterdam et tenant de l'autre un cartouche.... de sorte que c'est le n° 24 du Catalogue de C. de Visscher qu'il a décrit, d'après le livre d'Hecquet, à la place du n° 25, qui seul se trouvait dans la vente, et qu'il devait avoir sous les yeux, puisqu'il l'annonce avant la lettre.

8.10 2714. Le même. Belle épreuve du troisième état, avec le nom du graveur et avec la lettre ; mais avant le changement de l'inscription commençant par *Aen Alle H. H. Cooplieden* et finissant par *inde St Jans straet*, laquelle inscription a été remplacée, dans le quatrième état, par cette autre : *Vive E. E. zy kenbaer....* finissant par *ten dienst.*

2715. Charles Louis, palatin du Rhin, duc de Bavière, etc. ; d'après *Ger. Van Hondthorst* (44). Superbe épreuve.

2716. Amélie de Solms, femme de Fr. Henri, prince d'Orange, d'après *Ger. Van Hondthorst* (45). Superbe épreuve.

VISSCHER ou **DE VISSCHER** (Jean), frère du précédent, dessinateur et graveur à l'eau forte et au burin ; né à Amsterdam, en 1636 ; l'année de sa mort n'est pas connue.

2717. Paysages avec figures et animaux : la Conseuse, la Fileuse. Deux beaux morceaux en largeur, faisant pendants, d'après N. Berghem. Superbes épreuves avec l'adresse de *Frederick de Widt;* celle du second morceau porte, au verso, la signature de *P. Mariette* et la date de 1667. Elles ont de la marge.

Nota. Aux épreuves du dernier état des deux planches précédentes, l'adresse de Frederick de Widt a été enlevée.

2718. Paysans jouant au trictrac sous la treille. Morceau en hauteur, d'après A. Van Ostade. Très-belle épreuve.

2719. Homme dévidant près d'une femme qui file *. Morceau en hauteur, d'après A. Van Ostade. Très-rare et superbe épreuve avant la lettre.

* Il nous serait impossible d'expliquer comment le rédacteur du Catalogue Debois a pu décrire deux estampes en hauteur là où il n'y en avait qu'une seule en hauteur, laquelle renferme, comme on le voit, un dévideur et une fileuse. Nous ne concevons pas non plus comment a pu se faire dans son esprit la confusion d'une partie de cette pièce avec *la Fileuse* gravée par le même graveur, Jean de Visscher, d'après N. Berghem, morceau qui est en largeur.

2720. Le même sujet. Superbe épreuve avec la lettre ; elle porte, au verso, la signature de *P. Mariette* et la date de 1678.

2721. Intérieur où sont deux fumeurs, une femme et un

enfant. Morceau presque carré en largeur, d'après le même peintre. Très-belle épreuve.

2722. La Danse à la porte d'un cabaret. Morceau en travers, d'après A. Van Ostade. Très-belle épreuve avant que l'adresse de Nicolas Visscher n'ait été effacée.

2723. Le Bal dans la grange. Ce morceau, d'après le même, fait pendant au précédent. Très-belle épreuve avec l'adresse de Nicolas Visscher.

2723. Noce de villageois, d'après A. Van Ostade; on lit dans la marge du bas, à gauche les noms du peintre et du graveur, et à droite l'adresse de J. Danckerts. Très-belle épreuve avant que la planche, qui offre ici la composition en largeur, n'ait été divisée par le milieu, pour faire deux pendants en hauteur.

2725. Epreuves tirées après que la planche a été coupée en deux; l'une et l'autre portent dans la marge inférieure, ainsi que dans l'épreuve précédente, les noms du peintre et du graveur et l'adresse de J. Danckerts, qui ont été rétablis.

2726. Pierre Proclius, ecclésiastique d'Amsterdam, d'après Jean van Noort. Extrêmement rare et superbe épreuve, avant toutes lettres et avant divers travaux sur le rideau.

2727. Le même. Très-belle épreuve avec la lettre; elle a de la marge.

2728. Portrait de Corneille de Witt, bourguemestre de Dordrecht. Belle épreuve.

VISSCHER ou **DE VISSCHER** (Lambert), autre frère de Corneille, graveur à l'eau-forte et au burin; né à Amsterdam, en 1634; on ignore l'année de sa mort.

2729. Jeune homme portant un chat et lui pinçant l'oreille. Morceau plein d'expression, d'après J. V. Loo. Très-belle épreuve du premier état, avant le trait carré renforcé au burin et avant la lettre; seulement les noms du peintre et du graveur.

Le même. Belle épreuve du deuxième état, avec le trait carré renforcé, quatre vers français et l'adresse de Deunel, graveur: Deux estampes.

2730. Nicolas Tulpius. Très-belle épreuve.

VIVARÈS (François), dessinateur et graveur à l'eau-forte et au burin; né en 1709, dans le village de Saint-Jean-du-Bruel en Rouergue; mort à Londres, en 1780.

2731. The enchanted castle (le Château enchanté). Beau paysage, d'après Claude le Lorrain. Très-rare et fort belle épreuve d'eau-forte pure; dans la marge du bas, près du trait carré, on lit à gauche : *Claudio Gillee Lorense pinx*, et à droite : *F Viuares sculp* 1780, légèrement tracés à la pointe.

2732. Le même. Superbe épreuve de la planche terminée au burin par William Woollett, mais avant la lettre; seulement les indications que nous avons mentionnées dans l'état précédent.

2733. Le même. Très-rare et belle contre-épreuve avant la lettre, sur papier de Chine.

VIVIER (G. . . . DE ou DU), dessinateur et graveur à l'eau-forte; florissait dans la deuxième moitié du dix-septième siècle.

2734. La Tentation de saint Antoine, d'après Ant. van Heuvel (R. D. 3). Ce morceau, le plus beau de ce maître, est très-rare. Très-belle épreuve.

VLIEGER (Simon DE), peintre et graveur à l'eau-forte; né à Amsterdam, dans la première moitié du dix-septième siècle.

2735. L'Auberge (B. 8). Belle épreuve. Cabinet Robert Dumesnil.

2736. Le Bourg (B. 9). Très-belle épreuve.

2737. Les Pêcheurs (B. 10). Superbe épreuve. Cabinet Robert Dumesnil.

2738. Les Moutons (B. 15). Belle épreuve.

VLIET (Jean-Georges Van), peintre et graveur à l'eau-forte et au burin; né à Delft, vers 1608; l'année de sa mort n'est pas connue.

2739. Loth et ses filles, d'après Rembrandt (1) B. 1.

Très-belle épreuve du deuxième état. Cabinet Verstolk
de Soelen.

2740. Isaac et Esaü, d'après J. Livins (2) B. 2. Superbe
épreuve.

2741. La Résurrection du Lazare (4) B. 4. Superbe
épreuve.

2742. Jésus-Christ saisi par les Juifs (6) B. 6. Très-
belle épreuve.

2743. L'Ecce Homo (7) B. 7. Très-belle épreuve.

2744. La Résurrection (10) B. 10. Très-belle épreuve.

2745. Saint Jérôme, d'après Rembrandt (13) B. 13. Su-
perbe épreuve du premier état, avant l'adresse de
Duncker Danckerts, au-dessous de l'année (1631).
Cabinet de Fries.

2746. Saint Jérôme lisant dans un livre (14) B. 14.
Morceau rare. Belle épreuve du premier état, avant
l'adresse de *I. C. Visscher*.

2747. Le Vendeur de chansons (15) B. 15. Très-belle
épreuve du premier état, avant toute adresse.

NOTA. Aux épreuves du second état, l'adresse de *I. C. Visscher*; à celles du
troisième, l'adresse de *J. Covens et C. Mortier.*

2748. Les Débauchés (16) B. 16. Superbe épreuve avant
les mots *Peyenaar excu.*, à la suite du mot *fecit.* Cabinet Debois *.

* A la vente de ce cabinet, cette même épreuve a été annoncée par erreur
comme portant l'adresse de Peyenaar, qui n'y s'y trouve point, et, par consé-
quent, comme étant du second état, quand elle est du premier.

2749. Vieille Femme lisant, d'après Rembrandt (18) B.
18. Très-rare et superbe épreuve du premier état, *non
décrit*, avant les tailles horizontales sur le fond, du
milieu de la hauteur jusqu'à la chaufferette, et avant
divers travaux; le visage du personnage a un reflet de
lumière très-marqué. Cabinet François Lousbergs, de
Gand.

2750. La même. Superbe épreuve du deuxième état,

avec le reflet de lumière beaucoup diminué, les tailles
horizontales sur le fond et nombre d'autres travaux.

2751. La même. Épreuve ordinaire de l'état précédent.

2752. Buste d'homme, d'après Rembrandt (19) B. 19.
Superbe épreuve.

2753. Buste d'un Oriental, d'après Rembrandt (20)
B. 20. Superbe épreuve du premier état, avant divers
travaux.

2754. Buste d'homme riant, d'après Rembrandt (21)
B. 21. Superbe épreuve du premier état, avant la retouche.

2755. Buste d'officier, d'après Rembrandt (26) B. 26.
Très-belle épreuve du premier état, avant que les
noms d'auteurs et l'année n'aient été enlevés et que
la planche n'ait été retouchée.

2756. Les cinq Sens de nature, en une suite de cinq
morceaux, savoir :

Le Goût (27) B. 27. Superbe épreuve du premier état,
non décrit, avant que l'angle droit supérieur du cuivre
n'ait été arrondi. Cabinet Debois.

Le même sujet. Très-belle épreuve du deuxième état,
avec l'angle du haut de la droite arrondi pour rendre
plus facile l'impression de la planche.

L'Ouïe (28) B. 28. Très-belle épreuve. Cabinet Debois.

L'Odorat (29) B. 29. Superbe épreuve, mais ayant deux
angles restaurés : celui du bas de la gauche, et celui
du haut de la droite.

Le même sujet. Épreuve moins belle que la précédente.

Le Toucher (30) B. 30. Superbe épreuve du premier
état, *non décrit*, avant que les angles du cuivre n'aient
été arrondis. Cabinet Debois.

Le même sujet. Très-belle épreuve du deuxième état,
avec les angles du cuivre arrondis, mais avant les mots :
Clemendt de Ionghe excud., à la suite de *fec.*

311

Le même sujet. Belle épreuve du troisième état, *non dé-crit*, avec l'adresse de Clemendt de Ionghe.

La Vue (31) B. 51. Superbe épreuve. Cabinet Debois.
En tout neuf estampes.

2757. Les Arts et Métiers, en une suite de dix-huit es-tampes (32 à 49). B. 32 à 49. Belles épreuves du pre-mier état, avant *C. Danckerts excud.*, au dernier morceau (le Tisserand), sur le fond, à la droite du haut; les n°⁵ 39 et 48 tachés. Cabinet Debois.

2758. La même suite (les n°⁵ 34, 37, 38, 45 manquent). Epreuves du deuxième état, avec l'adresse de C. Danc-kerts à la dernière pièce. Plus, la copie du n° 43 (le Chapelier), par Testolini. En tout quinze estampes.

2759. Le Mathématicien (50) B. 50. Superbe épreuve du premier état, *non décrit*, avant divers travaux ad-ditionnels; la boule qui sert d'ornement au lit, se dé-tache en vigueur sur le fond.

Le même. Belle épreuve du deuxième état, avec les di-vers travaux faits depuis à la planche; la boule ornant le lit se détache à peine du fond. Deux estampes.

1760. Les Joueurs de trictrac (54) B. 54. Superbe épreuve.

2761. *La Famille* (56) B. 56. Très-belle épreuve du premier état, avec les angles du cuivre très-aigus; elle a de la marge.

Le même sujet. Belle épreuve du deuxième état, avec les angles du cuivre arrondis.

VOET (Alexandre ou Alexis), le jeune, graveur au burin; né à Anvers en 1613; l'année de sa mort n'est pas connue.

2762. Sénèque debout, prêt à expirer dans le bain, dic-tant ses dernières paroles à ses amis. Morceau en hauteur, d'après P. P. Rubens (Basan, 19 des sujets d'histoire). Très-belle épreuve du premier état, avant l'adresse de Corn. Galle.

VOOGD (H. . .), peintre et graveur à l'eau-forte, sur lequel on n'a pas de données.

2763. Paysage en largeur : à gauche, des rochers surmontés de grands arbres; du côté opposé, deux vaches au bord d'une pièce d'eau. Très-belle épreuve.

VORSTERMAN (Lucas), dit *le Vieux*, graveur à l'eau-forte et au burin; né à Anvers, en 1578; l'année de sa mort n'est pas connue.

2764. Loth sortant de Sodome. Beau et rare morceau en largeur, d'après P. P. Rubens (Basan, 3 de l'Ancien Testament. Très-belle épreuve.

2765. Le retour d'Égypte. Pièce en hauteur, d'après P. P. Rubens (Basañ, 3o du Nouveau Testament. Très-belle épreuve.

2766. *La Descente de croix*, d'après P. P. Rubens (Basan, 99 du Nouv. Test.). Rare et très-belle épreuve du premier état, avant l'adresse de Corn. Van Merlen; elle a de la marge.

2767. Paysans se battant à la suite d'une querelle de jeu. Ce beau morceau, connu sous le titre du *Coup de fléau* est vraisemblablement gravé sur un dessin de P. P. Rubens, d'après Pierre Breughel le vieux (Basan, 5g des sujets allég. et part.). Très-belle épreuve d'une grande vigueur de ton. Cabinet Debois.

2768. La Vierge du rosaire; dans la marge du bas, l'inscription commençant par *Illvstrissimo Revenrendissimo* et finissant par *A consiliis et C: D. D. L. Vorsterman*. Beau morceau en hauteur, d'après Michel-Ange Amerighi, dit *le Caravage*. Très-belle épreuve.

2769. Pierre de Jode le vieux, d'après Ant. Van Dyck. Rare et très-belle épreuve, avec le nom du graveur et les deux lignes de titre, mais avant les initiales de Gillis Hendriex, qui ont été effacées dans le dernier état. Elle porte au verso la signature de *P. Mariette* et la date 1669.

¹ Nous croyons devoir, à ce propos, rectifier une erreur commise par des hommes d'ailleurs fort compétents, tels que M. Weber, de Bonn.
Dans son Catalogue raisonné des portraits gravés par et d'après Van Dyck,

Bonn, 1852, M. Weber a prétendu qu'il n'existait que quatre états du portrait de Pierre de Jode : le premier avec l'adresse de Mart. Van den Enden, mais avant les qualités du personnage et le nom du graveur; le second avec le nom du graveur, mais avant les qualités du personnage; le troisième, où l'adresse de Martin Van den Enden a été effacée et où l'on a ajouté les qualités du personnage et les initiales de Gillis Hendriex; le quatrième, enfin, où ces initiales ont été enlevées.

Or, nous avons eu bien des fois sous les yeux, des épreuves de l'état décrit par M. Weber comme étant le quatrième, et, en les comparant à celles qu'il regarde comme appartenant à l'état précédent, nous avons reconnu que celles-là sont, au contraire, d'un tirage antérieur à celles-ci; que M. Weber a confondu les épreuves où les initiales G. H. sont effacées, avec celles où ces initiales ne sont pas encore gravées, lesquelles, évidemment, proviennent d'un tirage intermédiaire entre le second et le troisième état, décrits par M. Weber. En effet, sans même s'arrêter à l'incontestable supériorité des épreuves qui, d'après lui, seraient du dernier état, et dont la beauté ne peut tenir simplement aux soins de l'imprimeur, il est clair pour nous qu'il n'y a sur ces épreuves aucune trace de l'effacement des initiales G. H., trace qui est cependant visible sur d'autres épreuves, même médiocres, il nous paraît certain que l'éditeur, avant d'indiquer son nom sur la planche, en aura fait tirer quelques épreuves, qui sont fort rares. Aussi, l'auteur du Catalogue Alibert, M. Regnault-Delalande, a-t-il mentionné dans la plupart des portraits de cette collection célèbre, l'état intermédiaire dont nous parlons.

Ajoutons que les estampes d'Alibert provenaient pour la plupart du cabinet de Mariette, et que c'est, à n'en pas douter, sur les notes manuscrites de cet illustre connaisseur, que M. Regnault-Delalande, qui a longtemps possédé ces manuscrits, aura rédigé son Catalogue.

Nous en appelons, au surplus, au jugement des amateurs, qui pourront vérifier eux-mêmes qu'il n'y a jamais eu sur l'épreuve qui leur est offerte, aucune initiale de gravée, puisqu'on y remarque certaines traces d'imperfection du cuivre que l'effacement des initiales n'aurait pas manqué de faire disparaître.

2770. Josse de Momper, d'après Ant. Van Dyck. Rare et très-belle épreuve avec une seule ligne de titre, l'adresse de Mart. Van den Enden et le nom du graveur.

Nota. La planche de ce portrait a été commencée à l'eau-forte par Ant. Van Dyck, et terminée par Lucas Vorsterman.

2771. Thomas Morus, d'après H. Holbein. Superbe épreuve.

2772. Léopold Guillaume, archiduc d'Autriche, d'après J. *Vanden Hoecke*. Très-belle épreuve, avec de grandes marges; elle porte au verso la signature de *P. Mariette* et la date de 1684.

2773. Le connétable de Bourbon, d'après le Titien. Superbe épreuve.

VORSTERMAN (Lucas), dit *le Jeune,* graveur à l'eau-forte et au burin; né à Anvers, au commencement du dix-septième siècle.

2774. Le Satyre et le Passant; dans la marge, six vers latins :

Iste frigus et ardorem
. . . .
Et quem Deus deseret.

Morceau de forme carrée, d'après *I. Iordaens.* Epreuve tachée de couleur rousse sur la hanche droite du satyre.

2775. Homme remettant une épée dans son fourreau, d'après Palme le vieux.

VOUET (Simon), peintre et graveur à l'eau-forte; né à Paris, en 1582; mort dans la même ville, en 1641.

2776. La sainte Famille (R.-D. 1). Très-belle épreuve.

Nota. C'est la seule pièce que l'on connaisse de ce maître.

VOYEZ (Nicolas-Joseph), graveur à l'eau-forte et au burin ; né à Abbeville, en 1742; l'année de sa mort n'est pas connue.

2777. La Servante congedié (*sic*), d'après Greuze. Très-belle épreuve avec l'adresse de Beauvarlet.

2778. Le Ramoneur, d'après le même. Morceau faisant pendant au précédent. Très-belle épreuve avec l'adresse de Beauvarlet.

VUIBERT (Remy), peintre et graveur à l'eau-forte; né à Paris, vers 1607; l'année de sa mort n'est pas connue.

2779. Le Miracle de saint Paul à Ephèse (R.-D. 2). Belle épreuve.

2780. Le Martyre de saint André (R.-D. 26). Très-belle épreuve du premier état; avec l'adresse de *Ganiere* remplacée depuis par celle de Bonnart.

2781. Le même. Belle épreuve du deuxième état, avec l'adresse de *Bonnart,* qui a été supprimée dans le dernier.

2782. L'Ensevelissement de Notre Seigneur, d'après N⁰ᵇ Poussin (R.-D. 28). Très-belle épreuve du premier état, *non décrite*, avant toutes lettres. Extrêmement rare, sinon unique.

WAEL (Jean-Baptiste), *le Vieux*, peintre et graveur à l'eau-forte; né à Anvers, en 1557; mort en 1633.

2783. Différents sujets mêlés de figures et d'animaux. Suite de quatorze estampes : le Titre, portant la dédicace à Gaspard Roomer et l'adresse de Vincent Billij (B. 1); le Pêcheur (B. 2); les Fauconniers (B. 3); le Chariot (B. 4); le Mulet chargé de deux oies (B. 5); la Femme montant l'âne (B. 6); les Joueurs (B. 7); les Pèlerins (B. 8); les Joueurs de cornemuse (B. 9); les Querelles (B. 10); les Voyageurs en repos (B. 11); l'Enfant pouilleux (B. 12); les Mères (B. 13); le Chirurgien de village (B. 14). Très-rares et fort belles épreuves du premier état, *non mentionné par Bartsch,* avant l'adresse de Vincent Billij et les numéros.

2784. La même suite. Belles épreuves du deuxième état (le seul décrit par Bartsch), avec l'adresse et les numéros *.

* Aux épreuves du troisième état, l'adresse de Vincent Billij a été enlevée; les numéros y sont restés.

WATELET (Claude-Henri), amateur, homme de lettres, dessinateur et graveur à l'eau-forte et dans différents autres genres; né à Paris en 1718; mort dans la même ville en 1786.

2785. Jeune fille malade; elle est couchée dans un lit placé à la gauche d'une chambre, où sont sept assistants. Morceau presque carré en largeur, d'un trèsbel effet, d'après Rembrandt. Rare et superbe épreuve sur papier de Chine.

WATERLO ou **WATERLOO** (Antoine), peintre et graveur à l'eau-forte; né à Amsterdam selon les uns, à Utrecht selon les autres, vers 1618; l'année de sa mort n'est pas connue.

2786. L'Anier (B. 48). Belle épreuve; mais coupée au trait carré, à droite et à gauche.

2787. Le Voyageur près du bois (B. 53). Très-belle épreuve avant divers travaux ajoutés depuis au burin, notamment à la gauche du devant.

2788. La Maison garnie de verdure, au bord de la rivière (B. 54). Très-belle épreuve avant des tailles
ajoutées sur les devants vers la droite, et à gauche, aux
terrains et aux arbres.

2789. Les deux Hommes à la barrière (B. 56). Très-
belle épreuve ayant des tailles ajoutées à la partie ombrée du terrain, à gauche.

2790. L'Homme et la Femme près du petit pont (B. 59).
Deux belles épreuves avant divers travaux repris dans
les parties ombrées; la première est avant l'adresse de
R. et I. Ottens, au-dessous du nom du maître; la seconde est avec cette adresse, qui a été enlevée dans les
épreuves du dernier état.

2791. Le Voyageur et son chien (B. 60). Très-belle
épreuve, d'ancien tirage.

2792. L'Allée au bois (B. 62). Deux très-belles épreuves; la première avant quelques travaux repris au burin, notamment sur le tronc du gros arbre du milieu;
la seconde avec les travaux repris au burin, mais
avant que la planche n'ait été remordue à l'eau-forte.

2793. Suite de six estampes : les deux Chemins au ruisseau (B. 89); Vue d'une ville de Hollande (B. 90);
le Village au bord du canal (B. 91); le Village sur la
colline (B. 92); le Village dans la vallée (B. 93); et le
Moulin à eau, au pied d'une montagne (B. 94). Superbes épreuves, avant les travaux ajoutés au burin.
Cabinet Verstolk de Soelen.

2794. L'Homme et la Femme traversant le ruisseau
(B. 109). Très-belle épreuve avant divers travaux
ajoutés au burin, dans les parties ombrées.

2795. Les deux Hommes dans le creux (B. 112). Très-
belle épreuve, d'ancien tirage.

2796. La Ferme au bord de l'eau (B. 116). Superbe
épreuve, presque qu'à l'eau-forte pure : l'arbre tronqué et peu feuillé sur le devant à droite, est tout à
fait sec, et on n'y voit pas les branches qui sor-

tent au bas du tronc, à la hauteur du hateau; le
groupe d'arbres à l'extrémité du bord de l'eau, ne con-
siste qu'en deux saules et un arbre élevé; tandis que
dans les épreuves des états postérieurs on remarque le
tronc d'un quatrième arbre. Extrêmement rare.

2797. La même. Belle épreuve avec les branches et les
feuilles ajoutées à l'arbre tronqué, qu'on remarque
vers le devant à droite, et avec beaucoup d'autres travaux, ajoutés pour donner plus d'effet à ce paysage;
mais avant la retouche. Elle a de grandes marges.

2798. Le Cavalier près de la haie (B. 117). Superbe
épreuve, presque qu'à l'eau-forte pure; elle est avant
grand nombre de travaux, notamment une petite
branche sèche, au bas de la gauche du gros arbre sur
le devant de la droite. Extrêmement rare.

2799. Le même. Superbe épreuve de la planche terminée, mais avant la retouche; la marge du bas
coupée.

2800. Le Berger endormi sur le monticule (B. 118).
Superbe épreuve, presque qu'à l'eau-forte pure. On la
reconnaît par l'arbre isolé à haute tige, qui est sur
le devant de la gauche; il est privé des petites branches sèches qu'on voit au nombre de six, dans les
épreuves des états postérieurs, savoir : une à la gauche
du tronc et cinq à la droite. De plus, la touffe d'herbes
au bas de cet arbre ne s'y trouve pas encore. Extrêmement rare.

Le même, Épreuve de l'état ordinaire.

2801. Le Chien buvant dans le ruisseau (B. 120). Très-
belle épreuve avant les travaux repris au burin aux
parties ombrées des troncs d'arbres.

2802. Le petit Bossu (B. 121). Belle épreuve avant divers travaux repris au burin au corps des arbres et sur
les terrains de devant.

2803. Les deux Voyageurs en repos dans le bois (B.
123). Très-belle épreuve avant divers travaux repris

au burin, notamment aux troncs des deux gros arbres qu'on remarque vers la droite.

2804. Paysages ornés de sujets de l'Ancien-Testament. Suite de six estampes : le Départ d'Agar (B. 131); Agar consolée par l'ange (B. 132); le Prophète de Juda (B. 133); le jeune Tobie et l'ange (B. 134); Séphora circoncisant son fils (B. 135); et Elie dans le désert (B. 136). Superbes épreuves. Cabinet Verstolk de Soelen.

2805. Agar consolée par l'ange (B. 132). Très-belle épreuve.

2806. Le jeune Tobie et l'ange (B. 134). Très-belle épreuve.

WATTEAU (Antoine), peintre et graveur à l'eau-forte ; né à Valenciennes, en 1684 ; mort à Nogent-sur-Marne, en 1721.

2807. Trois pièces faisant partie de la suite des figures de modes : L'Homme appuyé (R.-D. 3); la Femme marchant à gauche (R.-D. 5); la Femme marchant à droite (R.-D. 6).

2808. La Troupe italienne (R.-D. 8). Belle épreuve tirée de la planche terminée, mais avant que le nom de *Watteaux* n'ait été corrigé et l'adresse de Sirois effacée et remplacée par celle de F. Chereau. Elle a de grandes marges.

WAUMANS (Conrad), graveur au burin ; né à Anvers, vers 1630.

2809. La Vierge et l'Enfant-Jésus, d'après Ant. Van Dyck. Dans la marge, le titre : *Dilectvs mevs Mihi, et Ego illi. Cant. 2.* Superbe épreuve avec l'adresse de Jean Meyssens. Cabinet François Lousbergs, de Gand.

2810. Frédéric Henri, prince d'Orange, comte de Nassau, marquis de Vère et de Flessingue, d'après Antoine Van Dyck. Très-belle épreuve du premier état, avant que l'adresse de Jean Meyssens n'ait été effacée.

WEERDT (Jacques de), graveur au burin; né en Flandre,
dans le dix-septième siècle.

2811. Homme représenté vu de face, assis et endormi,
d'après *D. Rycaert*. Très-belle épreuve.

WEIROTTER (François-Edmond), peintre et graveur à l'eau-
forte et à l'aqua-tinta; né à Inspruck en 1730; mort à Vienne
en 1771.

2812. Deux jolis Paysages de forme carrée, numérotés
11 et 12. faisant partie des XII Vues de la Normandie, dédiées à M. Brillon Dupéron, écuyer. Très-belles
épreuves.

2813. Vue de Vernonnet, en Normandie, dédiée à
M. Philippe-Jacques Louterbourg, peintre du roi.
Très-belle épreuve avant la lettre et les armes.

2814. Autre Vue de Vernonnet. Très-belle épreuve avant
la lettre.

2815. Village près de Bruxelles; Village près d'Anvers.
Deux pièces en largeur. Rares épreuves tirées avant
le titre et l'adresse, et avant que les planches n'aient
été terminées.

2816. Chute d'eau, et Pont rustique. Deux pièces en largeur, d'après Dietricy. Très-belles épreuves avant que
l'adresse de Wille n'ait été effacée et remplacée par
celle de Basan et Poignant.

2817. Ruines de l'abbaye de Saint Maur, et Fontaine
près de Meulan. Deux pièces en largeur, d'après J. G.
Wille. Très-belles épreuves ayant la même remarque
que les deux précédentes.

WIERX ou **WIERIX** (Jean), dessinateur et graveur au burin;
né à Amsterdam en 1550; l'année de sa mort n'est pas
connue.

2818. Adam et Ève. Très-belle copie d'après l'estampe
d'Albert Durer (B. 1). Superbe épreuve.

2819. La Mélancolie. Copie d'après l'estampe d'Albert
Durer, B. 74.

Nota. Cette copie est par Jean Wierx, et non par Jérôme Wierx, comme
l'annonce Bartsch.

WIERX ou **WIERIX** (Jérôme), frère du précédent, dessinateur et graveur au burin; né à Amsterdam, en 1551; on ignore
l'année de sa mort.

2820. Jésus-Christ et les douze apôtres. Suite de treize
pièces. Très-belles épreuves.

2821. Henri III, roi de France. Rare. Superbe épreuve.

WIERX ou **WIERIX** (Antoine), frère de Jean et de Jérôme,
graveur au burin; né à Amsterdam, en 1552 ou 1555; l'année de sa mort n'est pas connue.

2822. L'Eternité. Composition allégorique de beaucoup
de figures. Très-belle épreuve.

WILLE (Jean-Georges), dessinateur et graveur à l'eau-forte et
au burin; né à Kœnisberg, en 1715; mort à Paris, en 1808.

2823. Le Repos de la Vierge, d'après C. W. E. Dietricy (Le B. 2). Toute première et superbe épreuve,
non décrite, avec la bordure à simples traits; elle est
fortement retouchée de bistre par le graveur, ce qui
lui donne un effet admirable. De la plus grande rareté, sinon unique. Cabinet Verstolk de Soelen.

2824. La Récureuse (Le B. 16); le Moulin à eau (Le
B. 47). Deux pièces. Belles épreuves.

2825. La Tricoteuse hollandaise, d'après F. Mieris (Le
B. 64). Très-belle épreuve; les mots *Fünfte Platte*
(cinquième planche) et la date de 1757, légèrement
tracés à rebours, dans la marge du haut sont très-
apparents.

2826. La Sœur de la bonne femme de Normandie (Le
B. 72). Belle épreuve.

2827. Le Sapeur des Gardes suisses (Le B. 86). Superbe
épreuve avec les armes, mais avant la lettre; seulement les mots : *J. G. Wille fecit*, très-légèrement tracés par des points. Elle a de grandes marges.

2828. Louis Phelypeaux, comte de Saint-Florentin, ministre de la maison du roi; d'après Louis Tocqué (Le
B. 124). Rare et très-belle épreuve avant la qualité du
ministre et avant les maillets teintés, dite *épreuve aux
maillets blancs*.

13. 2829. Abel-François Poisson de Vandières, marquis de Marigny, directeur-général des bâtiments; d'après L. Tocqué (Le B. 125). Belle épreuve, avec de très-grandes marges.

4.10 2830. Jean de Boullongne, contrôleur général des finances, d'après H. Rigaud (Le B. 126). Très-belle épreuve du troisième état, avec la lettre en trois lignes; elle a de grandes marges.

92 2831. Jean-Baptiste Massé, peintre; d'après L. Tocqué (Le B. 130). Rare et superbe épreuve du premier état, avant toutes lettres et avant que l'habit du personnage n'ait été entièrement terminé; elle a de très-grandes marges. Cabinet Verstolk de Soelen.

11. 2832. Le même. Très-belle épreuve du troisième état, avec la lettre et l'adresse du graveur; elle a de grandes marges.

Nota. Cette épreuve provient du cabinet de M. le baron de Joursanvault, amateur auquel J. G. Wille en avait fait hommage.

24. 2833. Henri Liébaux, géographe ordinaire du roi (Le B. 131). Très-rare et superbe épreuve du premier état, avant toutes lettres; elle a de grandes marges.

6 2834. Le même. Superbe épreuve du troisième état, avec la lettre et l'adresse de Chevalier; elle a aussi de grandes marges. Cabinet Verstolk de Soelen.

12.50 2835. François Quesnay, médecin (Le B. 139). Rare et très-belle épreuve du premier état, avant la lettre. Cabinet Debois.

8.10 2836. Le même (Le B. 139). Très-belle épreuve du deuxième état, avec la lettre, mais avant la dédicace.

8.10 2837. Jérôme d'Erlach, Advoyer de la ville de Berne et général feld-maréchal de l'Empereur Charles VI, d'après le chevalier Rusca (Le B. 167). Rare et très-belle épreuve du premier état, avec la lettre en allemand.

WITDOECK, WITHOUC ou **WITDOUC** (Hans ou Jean), graveur au burin; né à Anvers, en 1604; l'année de sa mort n'est pas connue.

15. 2838. Melchisedech ayant béni du pain et du vin, les

présenté à Abraham; d'après P. P. Rubens (Basan, 10 de l'Anc. Test.). Très-belle épreuve.

2839. *Adoration des Rois.* Morceau en hauteur, d'après P. P. Rubens (Basan, 18 du Nouv. Test.). Très-belle épreuve.

2840. Elévation en croix. Beau et rare morceau en trois feuilles, d'après P. P. Rubens (Basan, 78 du Nouveau-Testament). Superbes épreuves, non assemblées.

2841. L'apparition de saint Nicolas à Constantin-Auguste, d'après Corn. Schut. Superbe épreuve.

WOOLLETT (WILLIAM), graveur à l'eau-forte et au burin; né à Maidstone, dans le comté de Kent, en 1735; mort à Londres, en 1785.

2842. *Jacob and Laban.* Riche paysage où sont représentés, sur le premier plan, Jacob et Laban. Morceau connu sous le titre du *Grand Pont,* d'après Claude Lorrain. Superbe et très-rare épreuve, à l'eau-forte seulement.

WORLIDGE (THOMAS), peintre et graveur à l'eau-forte et à la pointe sèche; né à Petersborough, dans le Northamshire, vers 1700; mort à Hammersmith, en 1766.

2843. Vierge lisant dans un livre. Très-belle épreuve.

2844. Hamet, compagnon de Mahomet. Pièce rare. Très-belle épreuve.

WYCK (THOMAS), peintre et graveur à l'eau-forte; né à Harlem, en 1616; mort à Londres, en 1686.

2845. La Colonnade (B. 8) et le Puits (B. 10). Deux pièces. Anciennes épreuves; à celle du dernier morceau : *Just. Danckers Exc.*

WYNGAERDE (FRANÇOIS VANDEN), dessinateur, graveur à l'eau forte et marchand d'estampes; né à Anvers, vers 1612.

2846. Samson déchirant un lion, d'après Rubens (Basan, 17 du Nouveau-Testament). Deux très-belles épreuves avec marges; la première, *non décrite,* avant le ciel terminé.

2847. La tentation de saint Antoine, d'après D. Teniers. Très-belle épreuve.

> **ZAGEL, ZINGEL** ou **ZATZINGER** (Martin), dessinateur et graveur au burin; né en Allemagne, dans le quinzième siècle; florissait vers l'année 1500.

2848. La Vierge assise sur le bord du bassin d'une fontaine (B. 2). Superbe épreuve. Cabinet B. Delessert.

> **ZEEMAN** (Reinier ou Remy Nooms, dit), peintre et graveur à l'eau-forte; né à Amsterdam, en 1612; l'année de sa mort n'est pas connue.

2849. Diverses Marines, en deux parties. Première suite composée de huit pièces, *a* 1 à *a* 8; au premier morceau, un homme en manteau, devant un écriteau où on lit, en six lignes : *Qvelqe port de meer faicts par R. N. Zeeman A: Amsterdam A*[b] *1656*; au milieu du haut du ciel : *Eerste deel* (B. 23 à 30). Très-belles épreuves avec l'adresse de *Clément de Ionge*, à laquelle on a depuis substitué celle de Dancker Danckerts.

2850. Seconde suite pareillement composée de huit pièces, 1 à 8; au premier morceau, vers la droite, à la voile d'un vaisseau, quatre lignes d'inscription : *Tweede deel: Verscheyde Binne-waters; Nieuwlijcx ghetecekent en in't Cooper gebracht door R. N. Zeeman* (B. 31 à 38). Très-belles épreuves du premier état, avec cette adresse : *T' Amsterdam by Dancker Danckerts inde Calverstraat inden Danckbaarheyt.*

2851. La même suite. Très-belles épreuves du deuxième état, avec l'adresse de *Clément de Ionge* substituée à celle de Dancker Danckerts.

2852. La même suite. Belles épreuves du troisième état, où les mots *Tweede deel* sont effacés; le titre : *Verscheyde Binne-waters;...* est remplacé par *Het Nut en Vermakelik Gerbruyck van Verscheyde Binne-waters; Constigh afgeteeckent en in't Cooper gebracht door R. N Zeeman*; et à la suite, mais un peu plus bas : *W. de Broen Excudit ;* l'adresse qui se trouvait dans la marge inférieure a été enlevée.

NOTA. Aux épreuves du dernier état, les mots *chez Pittel* ont été substitués à l'adresse de W. de Broen. Ces mots sont sur la même ligne que le nom de Zeeman.

2853. *Quelques Navires.* Suite de huit estampes (B. 39 à 46). Très-belles épreuves, avant que l'adresse de J. Van Merlen n'ait été effacée; elles ont de grandes marges.

ZŸVELT (Adam Van), dessinateur et graveur à l'eau-forte et au burin; né à Amsterdam, dans le dix-septième siècle.

2854. Suite de quatre vues de ports d'Italie, d'après J. Lingelbach. Très-belles épreuves avec l'adresse de *Clemendt de Ionghe*, au premier morceau.

2855. Trente pièces représentant différents sujets, par divers graveurs.

2856. Vingt-quatre vues de Paris et d'autres lieux de France; 12 vues de lieux célèbres d'Italie. En tout 36 Estampes, en un volume oblong relié en parchemin, trente sont gravées par Israël Silvestre, six par Perrelle. Superbes épreuves, avec de grandes marges.

2857. Suite de six paysages en largeur; au premier morceau, sur un cartouche, on lit : *Divers Paysages dédiez A Messire Jean Paul Bignon, Conseiller d'Estat ordinaire abbé de S^t.-Quentin. Par son tres humble et tres obeissant serviteur François Silvestre.* Belles épreuves, avec marges.

2858. Sept morceaux réduits au diagraphe, sur des tableaux du Musée français, savoir : Mariage mystique de sainte Catherine d'Alexandrie, et Jupiter et Antiope, d'après le Corrège; le Christ sur la croix, et l'Assomption de la Vierge, d'après P. P. Prud'hon; la Belle Jardinière, d'après Raphaël; la Courtisane, d'après Sigalon; le Titien et sa maîtresse, d'après le Titien. Epreuves à toutes marges.

FAC SIMILE de quelques dessins du Musée du Louvre, savoir :

2859. La Vierge à l'écuelle, d'après le Corrège, par Alphonse Leroy; le portrait de Robert Van Voerst, d'après Ant. Van Dyck, par Alphonse Masson; la Vierge

portant l'Enfant-Jésus, saint Joseph et le petit saint
Jean, d'après le Pérugin, par Paul Chenay. Trois pièces.
Très-belles épreuves à toutes marges.

2860. Moïse défendant les filles de Jethro, d'après Ni-
colas Poussin, par Ed. Rosotte; Pâris, l'Amour et
Mars, d'après le même, par Ramus. Deux pièces.
Très-belles épreuves à toutes marges.

2861. La Sainte-Vierge tenant sur ses genoux l'Enfant-
Jésus, d'après Raphaël Sanzio, par Alphonse Leroy;
la Vierge faisant lire l'Enfant-Jésus, d'après le même,
par Frilley; étude pour la figure de la Vierge dans la
Sainte-Famille, d'après le même, par Lucien Butavand.
Trois pièces. Très-belles épreuves à toutes marges.

2862. La Vierge et l'Enfant-Jésus (première pensée pour
la Vierge au palmier), d'après Raphaël Sanzio, par
Jean Bein; le Pape porté sur la *sella gestatoria* par ses
estafiers, d'après le même, par M. F. Dien; Feuille
d'études de trois enfants dont on ne voit que la tête de
l'un d'eux, d'après le même, par Rosotte. Trois pièces
Très-belles épreuves à toutes marges.

2863. Psyché apportant à Vénus la boîte de fard que
celle-ci l'avait envoyé chercher, d'après Raphaël Sanzio, par Lucien Butavand; Portrait de jeune femme en
buste, d'après le même, par J. Bein; une Caryatide,
d'après le même, par L. Butavand; Jeune homme debout et tourné vers la droite, d'après le même, par
M. F. Dien. Quatre pièces. Très-belles épreuves à toutes
marges.

2864. Tête d'enfant tourné à droite et souriant, d'après
André del Sarte, par Ferdinand Lefman; Homme appuyé contre un mur et tenant une hallebarde, d'après
le Titien, par Alph. Leroy. Deux pièces. Très-belles
épreuves à toutes marges.

2865. Autres Fac simile: un Pélican et ses petits, d'a-
près Jules Romain, par W. Mayor; Charles IX et une
Tête de vieillard, pièces marquées d'un monogramme

formé des lettres A P R. Trois estampes. Belles épreuves.

2866. Portrait de Rembrandt jeune, avec une chaîne sur son habit, d'après le tableau de ce peintre, par Alph. Masson. Très-belle épreuve sur papier de chine; elle est à toutes marges.

2867. Sous ce numéro, seront vendues les estampes non cataloguées.

LITHOGRAPHIES

AUBRY LECOMTE.

2868. Eve d'après Raphaël; elle est représentée debout, appuyée contre un arbre. Très-belle épreuve à toutes marges, sur papier de Chine.

2869. Danse d'amours, d'après Raphaël. Très-belle épreuve à toutes marges, sur papier de Chine; elle porte la signature manuscrite du maître.

2870. La Vierge, d'après un tableau de Prud'hon. Très-belle épreuve à toutes marges, sur papier de Chine; elle porte la signature manuscrite du dessinateur.

2871. Une pensée. Femme assise dans un riche fauteuil, d'après Prud'hon. Très-belle épreuve à toutes marges, sur papier de Chine.

2872. L'Amour et Psyché, d'après le tableau de François Gérard. Superbe épreuve sur papier de Chine; elle est avec toutes ses marges.

2873. La paix du ménage, d'après Greuze. Morceau en

hauteur, d'une grande finesse d'exécution. Très-belle épreuve à toutes marges, sur papier de Chine.

2874. L'Amour et l'Amitié; sujet de quatre figures, en hauteur, d'après Prud'hon. Belle épreuve à toutes marges, sur papier de Chine.

2875. Les petits Fileurs et les petits Dévideurs. Deux charmants morceaux en largeur, composés chacun de deux figures, d'après Prud'hon. Superbes épreuves à toutes marges, sur papier de Chine; elles portent la signature manuscrite de l'auteur.

2876. L'Etude guide l'essor du Génie. Composition de deux figures pleines de grâce, dans une forme ronde, d'après Prud'hon. Très-belle épreuve à toutes marges, sur papier de Chine; elle porte la signature manuscrite du maître.

2877. Marguerite, d'après Prud'hon. Morceau d'une charmante expression. Très-belle épreuve à toutes marges, sur papier de Chine; elle porte la signature manuscrite de l'auteur.

2878. Danaé, d'après le tableau de Girodet–Trioson. Ce morceau, d'une grande finesse d'exécution, est de 1849. Très-belle épreuve sur papier de Chine; elle est à toutes marges.

2879. Les Vendanges. Délicieux petit morceau en largeur, d'après Prud'hon. Superbe épreuve sur papier blanc, avec les mots *Imprimé par Auguste Bry;* elle porte l'autographe suivant de l'auteur : *Les premières épreuves sont sur papier blanc, il n'en a été tiré que deux, les suivantes sont sur papier de Chine.*, signé *Aubry Lecomte.* Cette annotation est très-légèrement écrite à la mine de plomb.

2880. Le même sujet. Très-belle épreuve sur papier de Chine, avec ces mots : Imp. par Jacomme et Cie, rue de Lancry, 12, à Paris; elle est ainsi que la précédente à toutes marges.

BARGUE (C. . . . .).

2881. Les Sylphides : *les petits Secrets ; l'Oracle des bois.*
Deux pièces en hauteur. Très-belles épreuves à toutes
marges, sur papier de Chine.

BELLIARD.

2882. Marguerite d'Aubray, marquise de Brinvilliers,
d'après Lebrun (Charles). Belle épreuve à toutes
marges.

BENJAMIN.

2883. *Grand chemin de la Postérité,* ou les hommes de
lettres du jour, en caricatures.

BERTIN (Albert-Henri), dessinateur; né à Paris, en 1803;
mort à Rome, en 1831.

2884. *Album de douze planches extrait du voyage d'E-
gypte, fait par Albert Bertin... lithographié par ses
amis, à sa mémoire.*

BOILLY (Jules).

2885. Joseph et la femme de Putiphar, d'après Prud'hon.
Très-belle épreuve à toutes marges.

2886. Vénus sur son char, d'après Prud'hon. Très-belle
épreuve à toutes marges.

2887. Le Crime conduit devant la Justice, d'après Pru-
d'hon. Très-belle épreuve à toutes marges.

2888. Les quatre Eléments, sur la même feuille, d'après
P. P. Prud'hon. Très-belle épreuve à toutes marges.

2889. Les quatre Saisons, sur deux feuilles, d'après
P. P. Prud'hon. Très-belles épreuves à toutes marges, sur papier de Chine.

2890. Les quatre Heures du jour, sur la même feuille,
d'après P. P. Prud'hon. Très-belle épreuve à toutes
marges, sur papier de Chine.

2891. Danse de trois femmes, d'après P. P. Prud'hon.
Très-belle épreuve à toutes marges.

CUCINIELLO et BIANCI.

2892. Bataille entre les Grecs et les Perses, grande mosaïque de Pompei, d'après le dessin de S. Cammarano.

FELON (Joseph).

2893. Vénus debout sur les eaux. Très-belle épreuve à toutes marges, sur papier de Chine.

2894. Nymphe dormant dans un bois. Très-belle épreuve à toutes marges, sur papier de Chine.

2895. Les Nymphes des bois; suite de six pièces, savoir : le *Brin d'herbe*, les *Cerises*, l'*Epine*, l'*Entrée au bain*, les *Guêpes*, le *Hamac*. Très-belles épreuves à toutes marges, sur papier de Chine.

2896. Alarme! Hésitation. Deux pièces. Très-belles épreuves à toutes marges, sur papier de Chine.

GREVEDON.

2897. Zéphyre, d'après le tableau de Prud'hon. Très-belle épreuve avant la lettre, sur papier de Chine; elle a de grandes marges.

2898. Le même. Belle épreuve avec la lettre; elle a aussi de grandes marges.

HESSE (. . . . .).

2899. Dumourier. Très-belle épreuve à toutes marges.

JACOB (N.-H.).

2900. G. Van Spaendonck, professeur d'Iconographie au Museum d'histoire naturelle, d'après *Tonay*, membre de l'Institut. Très-belle épreuve à toutes marges.

LE ROUX (Eugène).

2901. Nymphe couchée dans un bosquet, d'après Jeanron; elle observe deux colombes. Très-belle épreuve à toutes marges, sur papier de Chine.

MAUZAISSE (. . . . .).

2902. Louis-Joseph de Bourbon, prince de Condé. Très-belle épreuve à toutes marges.

2903. Louis-Antoine-Henri, duc d'Enghien. Très-belle
épreuve à toutes marges.

PRUD'HON (PIERRE-PAUL).

2904. La Famille malheureuse. Très-belle épreuve du
premier état, avant les travaux ajoutés depuis; elle a
de grandes marges.

DESSINS

ANCIEN MAITRE ANONYME.

2905. Cinq portraits de princesses représentées en pied,
en hauteur, à la plume et lavés au bistre. A la gauche de
la marge du haut de chacun de ces portraits, se trouvent les indications suivantes : 1° *Virida Barnabæ*
Vice comitis Mediolani ducis, F. Leopoldi uxor;
2° Isabella Jacobi Junioris Aragoniæ Regis F. Fede-
rici III Pulchri uxor II; 3° Blanca Philippi III Galliæ
Regis F. Rudolphi Boemiæ Regis uxor I; 4° Elisabe-
tha Othocari Boemiæ Regis F. Rudolphi Boemiæ
Regis uxor II; 5° Agnes Othonis Burgundiæ ducis
F. Rudolphi I uxor II.

ANONYME.

2906. Jésus célébrant la Cène avec ses disciples. Morceau
en travers, exécuté à la plume sur peau de vélin, dans
le goût de Jacques Callot. Plus, un petit paysage, exécuté aussi à la plume sur peau de vélin. Deux pièces.

ANONYME.

2907. La Mort de sainte Magdelaine; elle est soutenue
par deux anges. Cette composition en hauteur, pleine
de sentiment, est à la plume et lavée au bistre.

ANONYME FLAMAND, dans le goût de Jean Breughel.

2908. Fête de village. Morceau en travers, à la plume et lavé en couleurs.

ANONYME, dans le genre d'Israël Silvestre.

2909. Vue de la Mayore, à Marseille. Morceau de forme ronde, très-bien exécuté à la plume sur peau de vélin.

ANONYME HOLLANDAIS.

2910. Vue de l'hôtel de ville d'Amsterdam, ornée d'un grand nombre de figures. Morceau en largeur, soigneusement exécuté à la plume et au lavis d'encre de Chine.

AVERKAMP (Henri).

2911. Bohémienne disant la bonne aventure à une paysanne. Composition de six figures, à la plume, lavée en couleurs.

BARBIERI (Jean-François), dit *le Guerchin*.

2912. La Vierge assise sur les nues, tenant l'Enfant-Jésus, apparaît à trois religieux. Dessin indiqué à la plume et lavé de bistre.

2913. Saint François en prière; au-dessus de lui, un ange joue du violon. Beau morceau en hauteur, très-terminé à la plume avec du bistre. On a joint à ce dessin, l'estampe que F. Bartolozzi en a gravée avec quelques changements dans la figure de l'ange.

2914. Vieux magicien suivi d'un homme nu, les jambes dans l'eau, se dirigeant vers la gauche d'un terrain sur lequel est un livre ouvert. Ce morceau, habilement exécuté à la plume, a été lithographié par mademoiselle Bouteiller. On y a joint une épreuve de la lithographie.

2915. Croquis à la plume, représentant deux femmes vues à mi-corps.

2916. Joli paysage, où l'on voit, au milieu, trois arbres près desquels sont trois figures debout, et à gauche, deux hommes assis. Ce morceau, de beaucoup d'effet, est librement exécuté à la plume et au bistre. Cabinet Denon.

2917. Riche paysage, où l'on voit à droite un homme et une femme, sur un large chemin; plus loin et au milieu, deux voyageurs s'acheminent vers le fond; à gauche, un pont et des fabriques. Ce morceau est vigoureusement dessiné à la plume avec du bistre.

2918. Paysage : vers la droite, un groupe d'arbres; du côté opposé, deux figures assises au bord de l'eau, et au delà deux hommes se dirigeant vers le fond. Morceau très-énergiquement exécuté à la plume avec du bistre.

2919. Grand paysage, largement exécuté à la plume avec du bistre. Sur la gauche, un bouquet d'arbres au pied duquel un homme est assis sur un tronc; plus loin, on remarque deux figures vers le milieu, et deux autres vers la droite; au fond, deux tours et des fabriques.

BARDON (Michel-Ange-Dandré).

2920. Fragment imité du Triomphe de Jules César, de Mantègne. Des soldats paraissent amener des prisonniers. Morceau en hauteur, très-terminé à la plume avec du bistre.

2921. Sujet pouvant faire pendant au précédent; on y voit des figures qui sonnent de la trompette et qui jouent du tambour de basque.

BARTOLOZZI (François).

2922. Etudes de huit têtes de vieillards, énergiquement traitées à la plume. Ce dessin pourrait être attribué plutôt à Cajetan Gandolfi.

BAUDUINS ou **BAUDOUINS** (Antoine-François).

2923. Riche et grand paysage à la plume, lavé à l'encre de Chine. On y remarque, au bord d'un chemin tour-

nant, trois bouquets d'arbres dont le plus grand est au
milieu; plus loin, à droite et à gauche, des fabriques.

BEAUVARLET (Jacques-Firmin).

5924. Les Couseuses, d'après le tableau du Guide, à la
sanguine. Cette composition est connue par l'estampe
de cet habile graveur.

BEGA (Corneille).

2925. Figure d'homme assis une jambe sur l'autre. Il est
coiffé d'un bonnet fourré. Etude à la sanguine, d'après
nature.

BELLA (Etienne Della).

2926. Etude pour une chasse, un cavalier et son chien
poursuivent un sanglier, à la plume et lavé. Cabinet
William Esdaile.

BELLAY, de Lyon.

2927. Une paysanne sur son âne, allant au marché. Dessin à la pierre noire, rehaussé de blanc, sur papier
roux, très-fini.

BERGHEM (Nicolas).

2928. Croquis spirituel à la pierre d'Italie. Etude de plusieurs groupes de figures pour un port de mer. Cabinet J. J. de Boissieu.

2929. L'Anier. Très-joli dessin à la plume, lavé de bistre.
On y voit un homme en manteau parlant à un paysan
qui chasse devant lui deux ânes; à gauche, un chien;
du même côté, sur le ciel, la signature du maître et la
date 1656. Ce morceau est connu par l'estampe de
Jean de Visscher qu'on y a jointe. Il provient du cabinet de Claussin.

2930. Joli paysage où l'on voit un berger et une bergère gardant leur troupeau, composé de six vaches,
deux moutons et un chien; au haut du ciel, à gauche :
C. Berghem f. 1653. Ce morceau en largeur, d'une
touche légère et spirituelle, est indiqué à la pierre
d'Italie et lavé à l'encre de Chine. Il est d'un bel effet.

2931. Etude d'après nature, de quatre moutons. Charmant dessin à la pierre d'Italie.

BLOEMEN (Pierre Van).

2932. Deux hommes ferrant un cheval. Etude lavée à
l'encre de chine. Cabinet William Esdaile.

BOISSIEU (Jean-Jacques de).

2933. Vue d'un château situé sur une éminence, bordée
au bas par une route, où l'on remarque un chariot
attelé de trois chevaux; une rivière coule vers la droite
du devant, on y voit deux hommes à cheval dont un a
un enfant en croupe. Au haut du ciel, à droite, le
monogramme du maître et la date de 1786. Morceau
capital, vigoureusement et précieusement lavé à l'encre
de Chine.

2934. Le pendant du précédent. Un bac sur le Rhône.
On y compte quinze figures, deux chevaux, un âne et
un chien. Plus loin une barque à voile, et sur la droite
un rocher sur lequel est une maisonnette. Ce morceau,
fait comme le précédent, n'est pas moins admirable.
Il porte également le monogramme du maître avec la
date de 1784.

BORESUM (Abraham Van).

2935. Intérieur de village. Au milieu d'une rue, un
homme chargé d'un paquet, se dirige vers le fond. A
la plume, lavé au bistre et en couleurs. Cabinet de
Claussin.

BOTH (André).

2936. Intérieur d'un cabaret où divers paysans boivent
et semblent écouter un ménétrier. A la plume, lavé de
bistre. Cabinet de Claussin.

2937. Intérieur de chaumière éclairé par une lampe. On
y voit une femme assise avec son enfant devant son
mari également assis, à droite un autre enfant. Dessin
terminé et plein d'effet. A la plume et au bistre.

BOUCHARDON (Edme).

2938. La Peinture et la Sculpture représentées dans un

médaillon ; au bas : *Acad. Royale de Peint. et de
Sculpt.* 1764. Morceau à la sanguine.

BOUCHER (François).

2939. Tête de jeune fille, couronnée de roses. Charmant
dessin au pastel sur papier bleu clair.

BRAUWER ou **BROUWER** (Adrien).

2940. Buveur et fumeur, vus à mi-corps. Petit morceau en hauteur, spirituellement exécuté à la plume et
au lavis d'encre de Chine.

BRIL (Paul).

2941. Joli paysage connu par l'estampe qu'en a gravée
Guillaume Nieulant ; à gauche un bouquet d'arbres sur
un rocher ; à droite, sur le devant, trois figures ; plus
loin un moulin à eau. A la plume et lavé à l'encre de
Chine. On a joint l'estampe.

BUONACORSI (P.), dit *Perin del Vaga.*

2942. La Résurrection de Lazare. Morceaux en largeur
à la plume et lavé de bistre. Cabinets Révil et Rossi.

CAMBIASO (Luca), dit *le Cangiage.*

2943. Tentation de saint Antoine. Grand morceau en
hauteur, savamment indiqué à la plume et lavé de
bistre. On y compte neuf à dix figures.

CANTA GALLINA (Remigio).

2944. Beau paysage soigneusement exécuté à la plume.
On y remarque six figures, dont trois à l'ombre d'un
grand arbre.

CANTARINI (Simon), dit *le Pesarèse.*

2945. Un jeune homme et une femme représentés debout. Etude à la sanguine.

CARRACHE (Louis).

2946. Etude pour l'Adoration des mages. Composition
de cinq figures ; la Vierge est à droite. A la plume et
chaudement lavé de bistre.

CARRACHE (Annibal).

2947. L'Amour instruisant le dieu Pan à jouer du chalumeau. Admirable composition à la plume.

CASTELLI (Alexandre).

2948. Vue prise en Italie : la Rocca dell' Antico Veio. Grand morceau en travers, à la plume, lavé de bistre et d'encre de Chine.

CESARI D'ARPINO (Joseph), dit *le Josepin*.

2949. La Charité; elle est représentée par une femme et trois enfants. Très-beau morceau en hauteur, à la pierre d'Italie et à la sanguine.

CONSTANTIN (Jean-Antoine), dit *Constantin d'Aix*.

2950. Halte de paysans et de voyageurs. On remarque à droite des hommes et des femmes assis sous une tente; du côté opposé, une charrette. Ce morceau en largeur, d'un grand nombre de figures et de beaucoup d'effet, est à la plume et au lavis d'encre de Chine.

2951. Vue de la porte d'une ville; sur le chemin qui y conduit, on voit des voyageurs et des animaux. Morceau en largeur, non moins beau que le précédent et exécuté de la même manière.

2952. Paysage avec ruines. Sur un chemin, à la gauche du premier plan, une femme, debout, parle à un homme assis. Morceau en largeur, à la plume, lavé à l'encre de Chine et en couleurs.

COSTE.

2953. Le Temple de la Concorde et le Capitole à Rome. Belle étude en largeur, à la sanguine.

CRETI (Donato).

2954. Un Ange assis et sonnant de la trompette; il est représenté deux fois sur la même feuille. Etude, d'une plume spirituelle.

DAGOMMER (Charles).

2955. Portrait de Claude Mellau, vu presque de face, le

corps dirigé vers la droite. Morceau très-délicatement
exécuté à la pierre d'Italie.

DALENS (Thierry).

2956. Paysage boisé, traversé par une rivière qui coule
de la droite du fond vers la gauche du devant. Très-
fini au lavis d'encre de la Chine.

DAVID (Louis).

2957. Une Lacédémonienne présente un bouclier à son
fils qui part pour la guerre, en lui recommandant de
revenir *dessus* ou *dessous*. Magnifique dessin à la
plume, lavé d'encre de Chine; il est signé : *David f.
et inv. in Napoli* 1779.

DEBUCOURT (Philibert-Louis).

2958. Plusieurs personnages élégamment vêtus se livrant
au plaisir de la danse, dans un riche paysage; à droite
et à gauche, quelques groupes d'hommes et de femmes
complètent la composition. Morceau très-capital et du
plus grand effet, à la plume, lavé en couleurs. C'est le
plus beau dessin que l'on connaisse de ce maître.

DEMARNE (Jean-Louis).

2959. Jolie étude d'une église gothique de village, entourée d'arbres; à gauche, une vache qui s'abreuve.

2960. Deux feuilles d'études, représentant des figures et
des animaux, très-spirituellement indiqués au pinceau avec de l'encre de Chine.

DESFRICHES (Agnan-Thomas).

2961. Paysage où l'on remarque à droite un homme debout appuyé sur son bâton, parlant à une femme assise devant une chaumière.

2962. Autre paysage, avec moulin à eau et barque de
pêcheurs.

2963. Autre paysage où l'on voit vers la gauche du second plan, un homme conduisant des vaches.

22

2964. Autre paysage représentant une habitation sur le
bord d'une rivière, avec des laveuses.

* Ces quatre morceaux, en largeur, des plus beaux que l'on connaisse de ce
maître, sont exécutés à la pierre d'Italie et à la plume, et lavés à l'encre de
Chine. Les deux premiers portent la signature du maître et la date de 1762.

DIETRICY ou **DIETRICH** (Chr.-W.-Ern.).

2965. Apollon écorchant Marsyas. Composition de trois
figures, vigoureusement exécutée à la plume et soutenue d'un lavis d'encre de Chine. Au haut de la droite :
C. W. E. Dietrich fe. 1733.

DOES (Simon Vander).

2966. Une femme allaitant son enfant ; elle garde un
troupeau composé de trois moutons, une vache et une
chèvre. Charmant dessin à l'encre de Chine légèrement
mêlée de sanguine.

DONGEN (D. . . . Van).

2967. Beau paysage en hauteur, où l'on voit deux hommes qui conduisent trois chevaux à l'abreuvoir. Morceau d'un très-grand effet, lavé en couleurs, d'après
un superbe tableau de Nicolas Molenaer.

DURANT (Henri).

2968. Deux hommes assis à une table ; l'un fait la lecture d'un journal ; l'autre tient à la main un verre. Ce
morceau, destiné à servir de carte de visite, est
très-soigneusement exécuté à la plume.

DYCK (Antoine Van).

2969. Hérodiade recevant la tête de saint Jean, qu'un
bourreau lui présente. Précieux croquis de quatre
figures.

2970. L'incrédulité de saint Thomas. Composition de
cinq figures vues jusqu'aux genoux, à la pierre
d'Italie.

2971. Portrait de Langlois dit Ciartres, célèbre éditeur
d'estampes, ami de Van Dyck. Première étude du portrait connu par la belle estampe de Pesne.

ECHARD ou **ESCHARD** (CHARLES).

2972. Etude d'une vieille femme vue à mi-corps et assise, le bras droit appuyé sur le dossier d'un fauteuil; à
la plume, lavée d'encre de Chine et rehaussée de blanc.
Très-finie. A droite, sur le mur : *C. Eschard f.*

EECKOUT (GERBRAND VAN DEN).

2973. La Visitation. Admirable dessin, à la plume et
lavé de bistre. Un des plus beaux connus. Cabinet Revil.

ESSELENS (JACQUES).

2974. Paysage en largeur. On remarque au milieu, sur
le bord d'un chemin, une figure debout entre deux
autres figures assises. Librement exécuté à la plume.

FRAGONARD (JEAN HONORÉ).

2975. *Honni soit qui mal y pense.* Intérieur de chambre
où est représentée une femme couchée dans son lit, la
poitrine découverte. Morceau en hauteur d'un bel
effet, à la plume et au lavis de bistre, rehaussé de blanc.

2976. Vue prise d'après nature dans un jardin à
Rome. Sur le devant, à gauche, deux figures assises à
terre. Morceau en largeur, lavé à l'encre de Chine et
au bistre.

2977. Vue de l'entrée d'un parc. On y remarque, à droite
et à gauche, deux groupes de figures. Joli morceau à
la plume et à l'aquarelle.

2978. Vue des Cascatelles, à Tivoli. Belle étude d'après
nature, largement exécutée à la sanguine.

FREUDENBERG, de Berne.

2979. Deux gracieux dessins en pendants. Une dame
assise jouant de la harpe, et une autre dame jouant du
clavecin. Ce dernier porte la signature du maître. Ils
sont exécutés aux trois crayons.

GELDER (ARNOLD DE).

2980. Le Bon Samaritain. Composition en hauteur de
cinq figures, énergiquement exécutée à la plume, avec
du bistre. Cabinet de Claussin.

GELLÉE (Claude), dit *Claude le Lorrain*.

2981. Fuite en Egypte. A la plume et au lavis d'encre de Chine. Ce dessin a souffert. Il provient de la collection Denon (N° 742 du catalogue).

GILLOT (Claude).

2982. Le Christ descendu de la croix. Composition de huit figures, d'un bel effet; à la plume, lavée de bistre.

2983. Scène de carnaval. Morceau en travers, très-spirituellement exécuté à la plume et lavé de sanguine.

GIORDANO (Luca).

2984. David fuyant la colère de Saül. Grand dessin à la plume et au bistre, rehaussé de blanc au pinceau. Treize figures.

GOLTZIUS (Henri).

2985. Riche composition représentant quatre figures, un homme et trois femmes, dans une cuisine, au milieu de toutes sortes de denrées. Dans le fond, on voit le mauvais riche assis à table. Morceau en largeur, très-terminé à la plume et au lavis de bistre, rehaussé de blanc.

On a joint à ce dessin l'estampe qu'en a gravée Jacques Matham.

GREUZE (Jean-Baptiste).

2986. Etude de trois figures pour le tableau de la Malédiction paternelle. Superbe dessin à la plume, lavé à l'encre de Chine et au bistre, et de la plus belle expression.

2987. Tête de femme, vue presque de face et éclairée par la gauche. Très-belle étude d'après nature, à la sanguine.

HAFTEN (Nicolas Walraven Van).

2988. Trois paysans jouant aux cartes; l'un d'eux est assis sur un tonneau. A la plume et lavé au bistre.

HIMPEL (A. Ter).

2989. Deux dessins de forme ronde. Ils représentent, l'un des cavaliers près d'une tente, l'autre des

paysans sous une treille à la porte d'un cabaret. A la
plume et au lavis d'encre de Chine.

HOGSTRAETEN (Samuel Van).

2990. A la droite d'un intérieur de chambre, une femme assise dans un fauteuil est occupée à coudre du
linge. Morceau en largeur, d'un bel effet, à la plume,
lavé à l'encre de Chine mêlée de bistre.

HUGTENBURGH (Jean Van).

2991. Combat de cavalerie. Riche composition en largeur, à la plume et au lavis d'encre de Chine et de
bistre. Dessin d'un très-bel effet.

HUYSUM (Jean Van).

2992. Joli paysage en hauteur, à la pierre d'Italie, lavé
en couleurs.

JACQUE (Charles).

2993. Intérieur de ménage, où l'on voit une fileuse assise et une femme vue debout. Morceau en hauteur,
librement exécuté à la mine de plomb.

2994. Un artisan dans sa chambre. Ce morceau en hauteur, est à la pierre noire et à l'estompe.

JORDAENS (Jacques).

2995. Le Christ descendu de la croix; belle composition de huit figures, connue par l'estampe que le peintre en a gravée lui-même. A la plume, lavée et rehaussée de blanc; d'un grand effet.

KONING (Philippe de).

2996. Philosophe assis dans un fauteuil, lisant dans un
livre placé sur une table. Morceau en hauteur, à la
plume, lavé au bistre.

2997. Vue prise d'après nature, en Hollande; à gauche, au bord d'une rivière, un groupe de chaumières
et un moulin à vent; du côté opposé, une autre rivière
qui se perd à l'horizon. Morceau en largeur, lavé à
l'encre de Chine sur papier gris, rehaussé de blanc.

KONINCK (Salomon de).

2998. Vieillard assis et réfléchissant. A la plume, d'une exécution légère et facile. Cabinet de Claussin.

LA FAGE (Raymond).

2999. Petite Bacchanale en largeur, à la plume, lavée à l'encre de Chine. Elle est composée d'un grand nombre de figures.

LA FOSSE (Charles de).

3000. Jésus devant Pilate. Morceau en hauteur, à la pierre noire sur papier gris, rehaussé de blanc.

LAGRENÉE (Jean-Jacques).

3001. Deux jolis petits Dessins montés sur la même feuille. On voit dans l'un la Sainte-Famille, dans l'autre saint Sébastien, auquel un ange retire les flèches. A la plume, lavés de bistre.

LANFRANC (Jean).

3002. L'Incrédulité de saint Thomas. Morceau en hauteur, à la sanguine lavée, d'un bel effet.

LAVALLÉE-POUSSIN (Etienne de).

3003. Repos de la Sainte-Famille. L'Enfant-Jésus, soutenu par un ange, pose le pied sur un lion; dans les airs, deux anges tiennent des banderolles sur lesquelles on lit : *In manibus*, etc. A la plume et lavé de bistre.

LE BAS (Jacques-Philippe).

3004. La Tentation de saint Antoine. Morceau en hauteur, d'après David Téniers, à la mine de plomb. Ce dessin a servi pour la gravure.

LEBRUN (Charles).

3005. Saint Michel dans les airs foudroyant le démon, représenté sous la forme d'un dragon; au bas, six figures. Morceau de forme ovale, en hauteur, à la sanguine et à la plume, lavé d'encre de Chine.

LECLERC (Sébastien).

3006. Vue du Pont-Neuf, prise du Pont-Royal. On y

voit, à droite, le collége des Quatre-Nations, et dans
le fond les tours de Notre-Dame. Précieux dessin en
forme de frise; à la plume et lavé d'encre de Chine.

LEPRINCE (Jean-Baptiste).

3007. Un jeune Paysan conduisant un âne, vers la gauche; plus loin, à droite, une femme vue de dos, entre
dans un jardin ; au bas, du même côté : *Le Prince*,
1777. A la mine de plomb et vigoureusement lavé de
bistre.

LESSORE.

3008. Deux jeunes Filles et un Garçon s'amusent à donner à manger à des canards. A la plume et lavé en couleurs.

3009. Un Homme, une Femme et un Enfant, dans un
paysage. Même genre d'exécution.

LE SUEUR (Eustache).

3010. Décollation d'un saint. Trois anges lui apportent
des fleurs et la palme du martyre. Belle composition à
la plume, lavée à l'encre de Chine sur papier blanc.

LE SUEUR (Louis).

3011. Paysage avec pont sur lequel passe un chariot.
Morceau en travers, à la pierre noire et lavé d'encre
de Chine.

LIEGDAN (D.).

3012. Paysage, où l'on voit, vers la gauche, trois figures
près d'un tombeau. Morceau en travers, à la pierre
d'Italie.

LIENDER (Pierre Van).

3013. Vue d'une ville de Hollande, au bord d'un canal,
sur lequel on voit plusieurs barques. Morceau très-
fini au lavis d'encre de Chine, signé et daté de 1755.

LINGELBACH (Jean).

3014. Etude d'après nature, de quatre figures d'hommes.
Morceau en hauteur, à la sanguine.

MEER (Jean Van der), de Jonghe.

1015. Deux morceaux des plus beaux de ce maître.
L'un représente un troupeau de moutons au repos et
au loin trois figures dans un joli paysage; l'autre un
troupeau de moutons et de chèvres conduit par un
berger, et, plus loin, trois figures, dont une femme
montée sur un âne. A la pierre d'Italie et lavés en couleurs.

MEULEN (Antoine-François Van der).

3016. Episode d'une bataille. Morceau très-spirituellement exécuté à la sanguine.

MEYERINGH (Albert).

3017. Paysage d'un site sauvage d'une grande beauté.
A gauche, un arbre renversé; plus loin, sous un bouquet d'arbres, un berger gardant ses moutons. A droite,
une masse de rochers d'où tombe une cascade formant
rivière sur le devant. A la plume, lavé de bistre.

MICHALLON.

3018. Beau paysage historique. Grand morceau en travers, savamment exécuté à la pierre noire et à l'estompe,
sur papier roux, rehaussé au crayon blanc.

MIGNARD (Pierre).

3019. Riche composition de figures et d'ornements pour
la décoration d'un palais; elle est entourée d'une bordure de fleurs. Sur peau de vélin, à la plume, lavée en
couleurs et d'un grand effet.

MILATZ (F.... A....).

3020. Riche paysage boisé, orné de figures et d'animaux.
Très-beau morceau en largeur, du plus grand effet, à
à la pierre d'Italie et lavé en couleurs.

MOLENAER (Jean).

3021. Intérieur de cabaret. Croquis spirituel de sept
figures, à la sanguine.

MONNET (Charles).

3022. Sujet d'ornements en hauteur, destiné à un frontispice ; au bas de la gauche : *C. Monnet inv. del.* 1788.
A la plume et lavé à l'encre de Chine.

MOUCHERON (Isaac).

3023. Deux jolis paysages en hauteur, ornés de figures.
Morceaux d'une exécution très-finie, à la plume et lavés
en couleur.

NICOLLE (Victor).

3024. Ruines d'un temple circulaire à colonnes ; sur le
devant, deux figures parmi des débris. Dessin de forme
ronde, à la plume, et lavé en couleurs, très-fini et d'un
bel effet.

3025. Ruines d'un bâtiment circulaire, en briques ; sur
le devant, un guerrier assis. Même exécution et même
forme que le précédent.

NORBLIN (Jean-Pierre).

3026. Choc de cavalerie, à la mine de plomb, à la plume
et lavé de bistre. Morceau d'un joli effet en largeur.

3027. Prise d'un moulin à vent, au clair de lune. Morceau en hauteur, piquant d'effet ; à la plume, lavé d'encre de Chine et de bistre, et rehaussé de blanc.

NUMAN (H.).

3028. Paysage orné de deux figures à cheval que précède
un chien. Joli morceau à la plume, lavé de bistre mêlé
d'encre de Chine. Il est signé.

OMMEGANCK.

3029. Berger conduisant un troupeau de deux vaches,
neuf moutons et une chèvre. Cette riche composition,
en largeur, lavée à l'encre de Chine et du plus bel
effet, porte le signature du maître, à la gauche du bas
du terrain.

OPPENORD (G. M).

3030. Sujet d'architecture et d'ornements avec figures.
Morceau en hauteur, d'une exécution très-énergique ;

à la plume. Il porte, en haut de la gauche, la signature du maître.

ORLEY (RICHARD VAN).

3031. Suzanne et les Vieillards. Belle composition exécutée avec soin à la plume et à l'encre de Chine. .

OSTADE (ADRIEN VAN).

3032. Cinq paysans assis occupés à boire et à fumer. Une femme leur apporte un pot de bière; à gauche, un chien couché. Morceau d'une admirable exécution, à la plume et lavé d'encre de Chine. On y a joint l'eau-forte qu'en a gravée, en plus petit, F. Hillemacher.

3033. Un petit garçon vu de dos portant sous le bras une cruche. Très-joli petit morceau lavé à l'encre de Chine et au bistre; signé A. V. O.

OUDRY (JEAN-BAPTISTE).

3034. Deux hommes et une femme faisant de la musique en présence de deux autres personnes. Ce morceau en hauteur, d'une expression vraie, est indiqué à la plume, lavé à l'encre de Chine et rehaussé de blanc.

PALMA (JACQUES), le jeune.

3035. L'Adoration des rois. Belle composition en hauteur, de beaucoup d'effet, à la plume et au lavis de bistre.

PARROCEL (JOSEPH).

3036. Deux sujets de batailles faisant pendants. Grands morceaux en travers, très-énergiquement exécutés à la plume, lavés d'encre de Chine et de bistre. Du plus grand effet.

PORTA (JOSEPH), dit Salviati.

3037. Naïades et Tritons. Petite composition ovale en travers, à la plume, lavée de bistre.

PUGET (PIERRE).

3038. Quatre enfants jouant avec un chien au pied d'un vase posé sur un piédestal. Morceau en hauteur, à la plume, vigoureusement lavé de bistre.

QUELLINUS (Jean-Erasme).

3039. Sujet pris dans la Mythologie. Riche composition en travers, exécutée au lavis d'encre de Chine et d'indigo, sur papier roux; rehaussée de blanc et de jaune.

REMBRANDT.

3040. Le Songe de Jacob. Il est couché à gauche. Trois anges lui apparaissent. A la plume et d'une expression admirable.

3041. Sujet de l'Ancien-Testament. Belle composition en largeur, de sept figures, à la plume avec du bistre.

3042. La Synagogue des Juifs. Composition de sept à huit figures, très-énergiquement traitée à la plume.

Étude de deux figures, dont une est la première pensée de la femme malade dans la *Pièce de cent florins*. A la plume, avec un peu de lavis, et d'un beau sentiment. Ces deux dessins sont montés sur la même feuille.

3043. Jésus-Christ guérissant la belle mère de St-Pierre. Cette composition, pleine de sentiment, est exécutée à la plume avec du bistre.

3044. Une femme à cheval. Sa coiffure est ornée d'une plume. Elle porte un carquois. Sur le devant, une femme assise vue de dos, et auprès d'elle un homme tenant un vase à la main. Le fond indique un riche paysage. Très-beau morceau en hauteur, à la plume et vigoureusement lavé de bistre. Cabinet Six, d'Amsterdam.

3045. Deux études montées sur la même feuille: l'une représente un vieillard debout, vu de profil et en bonnet; l'autre, une femme debout, vue de dos, portant un enfant. A la plume.

3046. Croquis de trois figures de femmes. A la plume.

3047. Superbe étude d'arbre d'après nature; à droite, une figure vue de dos, coiffée d'un chapeau. A la plume et chaudement lavée de bistre. Cabinets Révil et Van Os.

RENI (Guido), dit *le Guide*.

3048. Saint Jean–Baptiste dans le désert. Morceau en hauteur, à la plume et lavé au bistre.

3049. La Mort d'Adonis. Composition de trois figures en hauteur, à la sanguine.

3050. Étude de paysage en largeur, à la plume.

ROBERT (Hubert).

3051. Deux compositions en hauteur. Dans l'une on remarque une femme qui appelle un enfant ; dans l'autre, des blanchisseuses. A la plume et lavées au bistre.

3052. Homme faisant boire des chevaux à une fontaine. A la sanguine et à la plume, lavé à l'encre de Chine.

3053. Paysage orné de quatre figures. Morceau en travers, librement exécuté à la sanguine.

3054. Deux morceaux en pendants, représentant des monuments en ruine, ornés de figures et d'animaux. Riches compositions en travers à la plume et lavées en couleurs, dont l'une porte la signature du maître et la date 1766.

ROSSO, dit *Maître Roux*.

3055. La Boîte de Pandore. Composition en largeur de neuf figures, à la plume et lavée au bistre.

3056. Personnage de l'antiquité écrivant sous l'inspiration des neuf Muses. Morceau en hauteur, exécuté à la plume et au lavis de bistre.

ROTTENHAMER (Jean).

3057. La Vierge, l'Enfant-Jésus et le petit saint Jean. Très-beau morceau en hauteur, à la pierre d'Italie et au lavis d'encre de Chine, sur papier gris roussâtre, rehaussé de blanc. Ce dessin a été gravé.

3058. Actéon changé en cerf. Composition de onze figures, de forme ronde, à la plume et lavée à l'encre de Chine.

RUBENS (Pierre-Paul).

28.50 3059. Sujet de figures allégoriques renfermé dans un ovale en largeur, énergiquement exécuté, à la pierre noire et à la sanguine.

RUISDAEL ou **RUYSDAEL** (Jacques).

52 3060. Deux Paysages en largeur, études d'après nature à la pierre noire, d'une exécution pleine de vérité.

SALY (Jacques).

10 3061. Portrait en profil et en pied de Nicolas Zabaglia, célèbre machiniste romain. Grand morceau en hauteur, à la sanguine. Cabinet Mariette.

SIRANI (Elisabeth).

13.50 3062. La Vierge et l'Enfant-Jésus. Morceau en hauteur, plein de sentiment, à la plume.

15: 3063. Cinq enfants jouant aux boules. Morceau en largeur. A la plume et légèrement lavé à l'encre de Chine.

STELLA (Jacques).

40.50 3064. La Visitation. Composition en hauteur, de quatre figures, à la plume et lavée en couleur.

7. 3065. Groupe de deux anges en l'air. A la sanguine, sur papier gris.

STORCK (Jean).

3066. Vue d'une ville de Hollande. On remarque à gauche un palais, et du côté opposé, une barque dans laquelle sont cinq figures. Ce morceau en largeur et lavé à l'encre de chine, porte la signature du maître et la date de 1661. Cabinet William Esdaile.

3067. Autre vue de Hollande, faisant pendant à la précédente et faite de la même manière. Elle porte la signature du maître et la date de 1678. Cabinet William Esdaile.

STRY (Jacques Van).

91 3068. Paysage avec personnages et animaux, près de

quelques ruines. Morceau en largeur, d'un grand effet,
très-énergiquement exécuté à la plume et lavé en couleur.

TENIERS (DAVID).

3069. Les Politiques au cabaret. Composition en hauteur, de cinq figures indiquées à l'essence.

TOUSSAINT.

3070. Deux vues de Versailles : l'une du château ; l'autre de l'Orangerie. Morceaux en travers, très-soigneusement exécutés à la plume et lavés de sépia.

ULFT (JACQUES VAN DER).

3071. Vue d'une ville d'Orient; on voit sur la gauche
une colonne. Morceau en largeur, à la plume, lavé à
l'encre de Chine.

VERBOECKHOVEN (EUGÈNE-J....).

3072. Vache dans une prairie; elle est vue presque de
profil, dirigée vers la droite et éclairée par la gauche.
Précieux morceau de beaucoup de vérité et d'un grand
effet, au crayon noir et lavé à l'encre de Chine.

VLIEGER (SIMON DE).

3073. Paysage : à droite un chemin sur lequel on remarque trois figures ; plus loin, une porte d'entrée de
ville. Morceau en largeur, d'un bel effet, à la plume,
lavé à l'encre de Chine.

3074. Autre morceau, faisant pendant au précédent, où
l'on voit à gauche une voiture arrêtée au pied d'un escalier, près de la porte d'une ville. Même exécution que
le précédent.

WAEL (CORNEILLE DE).

3075. Grande réunion de personnages des deux sexes, à
la porte d'un palais. Morceau en largeur, spirituellement exécuté à la plume.

WATERLO ou **WATERLOO** (ANTOINE).

3076. Vue d'un chemin au milieu d'une forêt ; sur le

devant, à gauche, une mare. Grande étude d'après
nature, en hauteur, à la pierre noire et lavée à l'encre
de Chine.

3077. Intérieur de forêt avec ravins et ruisseaux. Très-
belle étude d'après nature, de forme presque carrée,
exécutée de même que la précédente.

WEIROTTER (François-Edmond).

3078. Riche paysage en largeur, animé par des figures.
Ce morceau, d'un très-grand effet et très-terminé, est
à la plume, lavé de bistre et de couleurs.

WILLE (Jean-Georges).

3079. La mort de Marc-Antoine, d'après le tableau de
Pompeo Battoni. Morceau exécuté avec le plus grand
soin à la plume et au lavis d'encre de Chine, sur papier roux, rehaussé de blanc, pour servir à graver la
planche qu'on connaît de cet illustre graveur, et qui
est décrite sous le n° 4 du catalogue de son œuvre,
publié par M. Le Blanc.

WOLF (André).

3080. Sujet mystique. Au milieu, la Vierge assise et couronnée par deux anges. A ses pieds, un religieux et
une religieuse. Joli morceau en hauteur à la plume,
avec quelques teintes légères de bistre, sur papier gris
bleuâtre, rehaussé de blanc.

WOUWERMANS (Philippe).

Les deux dessins qui suivent ont été vendus comme étant
de ce maître, par un marchand de Londres à M. Van
den Zande, qui les a payés un très-grand prix.

3081. Deux morceaux en largeur, faisant pendants, exécutés au lavis d'encre de Chine. Au milieu du premier, on remarque un cheval vu de profil, tourné à
gauche, où de ce côté un homme est assis près d'une
femme endormie. On voit à la gauche du second, un
âne couché près d'une jument qui pisse, et du côté
opposé, non loin d'une fileuse et d'un enfant, un
homme qui porte un panier rempli de foin.

ZUCCARELLI ou **ZUCCHERELLI** (François).

3082. Paysage, où l'on remarque au milieu du premier plan, un cavalier allant vers la droite; du côté opposé, un pêcheur à la ligne, près d'un homme assis à terre. Morceau en largeur, à la plume, lavé à l'encre de Chine.

LIVRES SUR LES ARTS, etc.

3083. Catalogue raisonné d'un choix précieux de dessins, d'estampes et de tableaux qui composaient le cabinet de feu P. F. Basan père, graveur, par L. F. Regnault. Paris, an VI. Catalogue raisonné d'estampes anciennes et modernes, du cabinet de M. Prevost, par F.-L. Regnault Delalande. Paris, 1809. 2 vol. en un in-8°, demi, rel. veau.

3084. Catalogue d'un choix précieux d'estampes composant le cabinet de Bervic. 1822, 40 pages in-8°.

3085. Catalogue des objets d'antiquité et de curiosité qui composaient le cabinet de l'abbé Campion de Tersan. Paris, 1819, in-8°. br.

3086. Catalogue des objets d'art formant la collection de feu M. le comte de Choiseul-Gouffier. Paris, 1818, in-8°. br.

3087. Catalogue de dessins originaux provenant du cabinet de M. le chevalier de Claussin, avec prix. Paris, 1844, in-8°. br.

3088. Catalogue des estampes anciennes formant la collection de M. Delbecq, de Gand. Paris, 1845, 3 parties, in-8°. br.

3089. Description des objets d'art qui composent le cabinet de feu M. le baron V. Denon. Paris, 1826. Estampes et ouvrages à figures, un vol. in-8°. Tableaux,
dessins et miniatures, 1 vol. in-8°. Monuments anti-
ques, historiques et modernes; ouvrages orientaux, etc.
1 vol. in-8°.

3090. Catalogue de la collection d'estampes recueillie
par M. E. D... (Durand), rédigé par N. Bénard. Paris,
1821, in-8°. br.

3091. Catalogue des Tableaux provenant de l'ancienne
galerie du palais de l'Elysée, rédigé par Ch. Paillet.
Paris, 1837, in-8, br.

3092. Catalogue des Tableaux formant la galerie de feu
S. M. Guillaume II, roi des Pays-Bas. — Souvenir de
cette galerie, avec annotation authentique des prix et
des acquéreurs. Amsterdam, 1852. 2 parties in-8. br.

3093. Catalogue raisonné des différents Objets de curiosité qui composaient le cabinet de feu Mariette,
contrôleur-général de la grande chancellerie de
France, etc., par Basan, graveur. Paris, 1775, in-8.
dem. rel. (grav.), avec les prix.

3094. Catalogue de la Collection d'estampes composant
le cabinet de M. de la Motte Fouquet. Cologne, 1847,
in-8. br.

3095. Catalogue des Estampes, Tableaux, Dessins, etc.,
qui composaient le cabinet de Pallière, peintre, rédigé
par Regnault Delalande. Paris, 1820, in-8. br.

3096. Catalogue des Tableaux composant la galerie du
feu prince royal. Paris, 1853, in-8. br.

3097. Catalogue raisonné des Estampes du cabinet du
comte Rigal, par Regnault Delalande. Paris, 1817,
in-8. dem. rel. v.

3098. Catalogue des Estampes colligées par M. A. P. F.
Robert Dumesnil. Paris, 1837, in-8. br.

3099. Catalogue raisonné du Cabinet de feu C. L. de

Saint-Yves, par Regnault Delalande, peintre et graveur. Paris, 1805, in-8. br.

3100. Catalogue raisonné d'Objets d'art du cabinet de
feu M. de Silvestre, par Regnault Delalande. Paris,
1810, in-8. dem. rel.

3101. Catalogue de la seconde partie du Cabinet de
M. Verstolk de Soelen, avec prix. Amsterdam, in-8.
broché.

3102. Catalogue de la rare et nombreuse Collection
d'estampes et de dessins qui composaient le cabinet de
M. Pierre Wouters. Bruxelles, 1797, in-8. br., avec
les prix.

3103. Recueil de différents Sujets gravés à l'eau-forte,
par J. Duplessi-Bertaux. In-4 obl., dem. rel., cuir de
Russie.

3104. La Divina Comedia di Dante Alighieri, sive l'In-
ferno, il Purgatorio, ed il Paradiso. Composta ed in-
cisa da Sofia Giacomelli. Paris, Salmon, in-4. br.

3105. Recueil général de coiffures de différents goûts,
où l'on voit la manière dont se coiffaient les femmes
sous les différents règnes, depuis 1589 jusqu'en 1778.
Paris, Desnos. Petit in-4. br.

A la suite il y a un recueil de costumes.

3106. Illustration de l'ancienne imprimerie troyenne.
210 gravures sur bois. Troyes, 1850, in-4. br.

Tiré à 80 exemplaires.

3107. Plans de la nouvelle église Sainte-Geneviève,
dessinés par Soufflot et gravés par Bellicard. Six
planches. Une septième, gravée par J. Marot et représentant les anciennes églises Saint-Estienne et Sainte-
Geneviève, a été ajoutée. In-4. oblong, br.

3108. Elegantissimorum emblematum corpusculum la-
tinis Belgicisque versibus elucidatum. Lugduni Bata-
vorum ex chalcographia Petri Vander AA, Bibliop.
1796, in-4. cart. Belles épreuves.

3109. Le Peintre-Graveur, par Adam Bartsch. Vienne,
1803-21. 21 vol. in-8. dem. rel. v., plus un volume
de planches.

3110. Dictionnaire des graveurs anciens et modernes, par Basan, 2ᵉ édition, Paris, 1789, 2 vol. in-8 réunis en un, dem. rel. veau (fig.).

3111. Catalogue raisonné de toutes les estampes qui forment l'œuvre de Rembrandt. Nouvelle édition, par M. le chevalier de Claussin. Paris, Didot, 1824. Supplément, Paris, Didot, 1828. 2 tomes en 1 vol. dem. rel. v.

3112. Essai d'un catalogue de l'œuvre de la Belle, peintre et graveur florentin, avec la vie de cet artiste, traduit de l'italien et enrichi de notes, par Ant. Jombert. Paris, 1762, in-8.

3113. Manuel de l'amateur d'estampes, par Joubert. Paris, 1821, 3 vol. in-8. dem. rel.

3114. Catalogue raisonné de l'œuvre de Sébastien Leclerc, par Jombert. Paris, chez l'auteur, 1774. 2 vol. in-8. veau f., portrait.

3115. Histoire des arts en France, et Description chronologique des statues en marbre, bronze, etc., des hommes et des femmes célèbres, qui sont réunies dans le Musée impérial, par Alex. Lenoir. Paris, 1810, in-8. broché.

3116. Description historique et chronologique des monuments de sculpture réunis au Musée impérial des monuments français, suivie d'une dissertation sur la barbe et les costumes de chaque siècle, et d'un Traité de la peinture sur verre, par Alex. Lenoir. Paris, 1810, in-8. br.

3117. Le Peintre-Graveur français, par Robert Dumesnil. Paris, 1835-1850, 8 vol. in-8. dem. rel.

3118. Portefeuilles, papier blanc, etc.

FIN.

Imprimerie de A. GUYOT et SCRIBE, rue Neuve-des-Mathurins, 18.

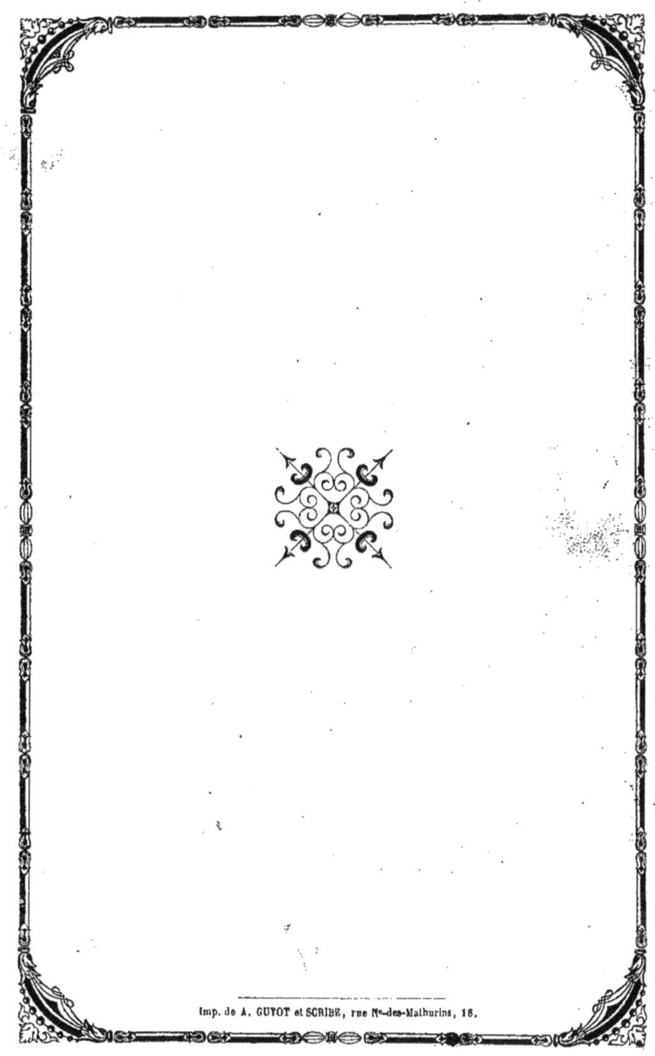

Imp. de A. GUYOT et SCRIBE, rue N⁰-des-Mathurins, 18.